KB209557

트럼프 코리아

트럼프
코리아

2024 미국 대선,
도널드 트럼프의 말과
한국의 미래

구갑우·박유현 엮어 옮김

사회평론

왜 '트럼프의 말'에 주목하는가

도널드 트럼프는 2022년 11월 15일 출마를 공식 선언한 후 2년 만인 2024년 11월 5일 대선을 완주하며 미국인의 선택을 받았다. 오랜 기간 유지해온 '물샐틈없는' 한미 동맹관계를 감안할 때, 미국 대통령의 발언이 북한과 적대적 관계에 놓여 있고 수출 중심의 경제 성장 모델을 가진 한국에 미치는 파장은 결코 작지 않다.

이 책은 미국의 제47대 대통령 당선인인 도널드 트럼프가 선거 기간에 했던 발언을 주제별로 나누어 우리말과 영어로 제시하고 해설을 곁들인 것이다. 2024년 대통령 선거 유세에서 트럼프는 종종 한 시간 반이 넘는 긴 연설을 하며 다양한 주제를 넘나들었다. 그의 연설은 때로는 통렬한 공격으로, 때로는 방어로 일관하는 독특한 스타일을 선보이는데, 이러한 언변은 많은 논란과 관심을 불러일으켰다.

특히 트럼프의 발언 중 한국과 북한 관련 부분은 한미 관계, 북미 관계의 변화상과 그의 한반도 상황 인식을 엿볼 수 있는 중요한 단서다. 정책 발표와 연설 등에서 나온 그의 발언을 체계적으로 정리하고 그 배경과 의미를 짚어보는 것은 중요한 작업이라 할 수 있다. 그러나 한국에서 보도된 트럼프의 연설 내용은 지면의 한계와 언어적 제약으로 인해 본래의 메시지가 단편적으로 전달될 때가 많았다.

그동안 트럼프를 다룬 책들은 주로 전기나 학술 연구의 형태로 그의 발언을 저자의 관점에서 '해석'해 전달하는 데 초점을 맞춰왔다. 그에 반해 이 책은 트럼프의 연설을 주제별로 큐레이션해 그의 발언을 날것 그대로, 가능한 한 충실히 '번역'하고, 원문과 함께 맥락적 정보를 추가해 전달하고자 한다. 트럼프의 귀환과 새로운 시작을 맞아 그의 발언을 깊이 있게 분석하고 이해하는 일을 더 미룰 수 없다고 판단했기 때문이다.

한국은 트럼프가 이끄는 미국과의 관계에서 위기와 기회를 동시에 맞게 될 것이다. 이에 대비한 전략과 정책을 서둘러 수립해야 한다. 그전에 우리는 트럼프가 어떤 사람인지, 무엇을 이야기하는지, 어떤 부분에서 오해받고 있으며 어떤 부분을 강력히 주장하는지 이해할 필요가 있다. 이 책이 그러한 궁금증을 해소할 기초 자료가 되기를 바란다.

2024년 11월 5일

구갑우, 박유현

트럼프와
한반도

트럼프가 돌아왔다

2024년 11월 '문제적 인간' 트럼프가 다시금 미국 대통령으로 선출되었다. 얼마 전부터 우리는 혹시나 돌아올지 모르는 트럼프가 선거 유세 기간 동안에 했던 발언들이 대단히 중요한 의미를 지닐 것으로 생각해 서둘러 정리해보고자 했다.* 누구보다도 트럼프는 말을 전략적으로 사용한다. 정치가는 말로써 자신이 만들고 싶은 현실을 설득하는 사람이다. 물론, 많은 정치가가 흔히 그렇듯 트럼프는 말이 몹시 거칠고, 때론 현란하다. 그래서 대중에게는 매력적으로 들릴 수 있다. 2017년 1월부터 2022년 1월까지 트럼프가 집권할 당시(트럼프 1기) 미국과 세계 그리고 한반도가 한 번도 경험하지 못한 요동을 겪었기에, 우리는 다시 대선 무대에 등장한 트럼프의 말에 주목했다.

트럼프는 기존의 정치문법을 벗어난 '문제적 인간'이다

무엇보다 우리는 트럼프 집권기에 미국 대통령과 조선민주주의인민공화국 국무위원장이 만나는 장면을 지켜보았다. 두 국가는 한국, 중국과 더불어 무승부로 끝난 전쟁을 했다. 미국은 북한을 악의 축, 깡패국가로 불러왔고, 북한은 미국을 철천지원수로 생각한다. 그럼에도 미국과 북한의 정상이 2018년 6월, 아세안국가 싱가포르에서 만났다. 물론, 전쟁의 악연으로 얽힌 미국과 베트남도 중국 견제라는 공동의 이익 때문에 1995년 수교를 한 바 있다. 필요에 따라 때론 적과도 악수를 할 수 있다. 따라서 미국과 북한의 정상이 만난 것이 놀라운 일이 아닐 수도 있다. 문제는 그다음이었다. 트럼프는 북미 정상회담 직후 기자회견에서 한미 연합군사훈련이 "도발적인 전쟁 게임"이라고 했다. '문제적 인간' 트럼프가 아니라면 할 수 없는 발언이었다. 트럼프는 당연하게도 한국 정부에 동의를 구하지 않은 채, 북한이 가장 듣고 싶어 하는 말을 서슴없이 기자들 앞에서 할 수 있는 인물이다. 2019년 2월, 또다른 아세안국가인 베트남 하노이에서 미국과 북한의 정상이 다시 만났다. 한반도 비핵화와 평화 체제를 논의했던 그 협상은 결렬되었다. 절대 쉽게 합의해주지 말라는, '부동산 사업가' 출신 트럼프의 거래 원칙이 작동하지 않았다면 일어나지 않았을 외교 참사였다. 대체로 정상회담은 사전 합의에 기초한 의례다.

트럼프는 '정치적 올바름(political correctness)'을 정면으로 깬 문제적 정치인이다

트럼프는 선거에 도움이 되지 않는다면, 인간 진화의 증명이라고도 할 수 있는 정치적 올바름도 쓰레기통으로 보낼 수 있는 몇 안 되는 정치인이다. 『트럼프의 귀환』에 따르면, 트럼프는 2015년 8월 여성을 "구역질 나는 동물"이라고 말했다. 그 발언에 대한 비판이 일자, 그는 "정치적 올바름에 대해 이야기하는 모양인데 나는 그런 데 매달릴 시간이 없다. 미국도 그런 데 매달려 있을 시간이 없다"고 대응했다. 트럼프가 가진 권력의지의 단면을 보여주는 사례다. 그는 자기 진영을 똘똘 뭉치게 하는 말의 달인이다. 정치적 양극화가 극단적일 때 이 전략은 효율적으로 작동한다. 물론 트럼프는 정치적 올바름이 필요할 때는 거기에 기대기도 한다. 사실과 탈사실(post-fact)을 가로지르는 인물인 셈이다.

트럼프는 사적 이익을 공적 이익으로 포장하는 정치적 능력의 소유자다

2020년 11월, 공화당의 트럼프와 민주당의 바이든이 경쟁한 대통령 선거에서 트럼프는 졌다. 그러나 '문제적 인간' 트럼프는 선거 결과에 승복하지 않았다. 트럼프가 백악관을 나오기 전인 2021년 1월 트럼프 지지자들은 미국 국민의 대표기관인 의사당에 난입했다. 트럼프의 선동도 이 사건에 한몫했다. 한국 국민은 부당한 정치권력에 맞서 광장을 만들어왔지만, 한 번도 여의도 국회를 점령하지는 않았다. 트럼프에게는 사실 이 트럼프적 시민행동이 다음 대선에 나갈 수 있게끔 한 동력이 되었다. 2022년 11월 15일 트럼프는 사유지인 팜비치 마러라고 자택에서 대선 출마를 선언했다. 트럼프에게는 사적 이익과 공적 이익이 분리되지 않곤 한다. 트럼프는 대통령이 되면 자신을 수사한 FBI 등의 권력기관을 개혁하겠다고 공언했는데, 이는 선출되지 않은 권력기관, '딥 스테이트(Deep State)'를 무너뜨리겠다는 논리로 정당화한다. 트럼프에게 딥 스테이트는 정부 내의 "전쟁 상인들, 글로벌주의자(globalists)"와 함께 미국에서 제거해야 할 세력이다.

이 책에서 우리가 돌아온 트럼프를 추적하는 첫 지점은 출마 선언이다.

> 미국의 재도약이 지금 시작됩니다. 2년 전 제가 퇴임할 당시, 미국은 황금기를 맞이할 준비가 되어 있었습니다. 그때 미국은 힘, 번영, 명망의 정점에 있었으며, 모든 경쟁국 위에 우뚝 서서 모든 적을 분쇄하고, 강력하면서도 자신감 넘치는 모습으로 미래를 향해 발을 내딛고 있었습니다.

진정 말의 성찬이다. '미국을 다시 위대하게' 즉 MAGA(Make America Great Again)는 트럼프와 그가 속한 공화당이 공표한 말의 절정이다. 우리는 자신의 국가가 최고가 되어야 한다는 낡고 오래된 이야기를 만난다. 이는 곧 미국이 지금 세계에 공공재를 제공할 수 있는 패권국가가 아니라는 선언이다.

트럼프의 '미국 우선주의(America First)'는 패권국가의 쇠퇴를 막으려는 구호다

위대한 미국의 재건을 위한 논리는 간단하다. 친기업적 세금 감면, 친기업적 규제 완화 정책을 통해 세계의 기업들이 미국에 와서 생산하고, 고용하게 만들겠다는 것이다. 미국에서 생산되지 않은 제품에 대해서는, 전가의 보도인 '관세'를 부과하겠다는 뜻이다. 일명 '관세 예찬'이다.

> 관세는 제가 들어본 가장 아름다운 단어 중 하나입니다. 제 귀에 아름다운 음악 소리처럼 들립니다. 많은 나쁜 사람들이 그 단어를 좋아하지 않았죠. 하지만 이제 저들은 제가 옳았다는 것을 알게 되었고 우리는 수천억 달러를 국고로 가져와 미국 시민들에게 혜택을 주기 위해 사용할 것입니다.

제2차 세계대전 이후, 더욱 자유로운 무역 질서를 구축하고자 했던 '패권국가' 미국의 보호무역주의로의 회귀다. 바이든 행정부도 걸었던 길이다. 트럼프는 조금 더 고강도의 관세 정책을 펼치려 한다. 미국 제조업의 복원을 위해서는 이민 제한도 필요하다고 보는 것 같다.

> 우리는 국경에서 21만 명의 사람들이 알 수 없는 곳으로부터 불법 입국하게 두는 건 말할 것도 없고, 너무 많은 분야에서 추락했습니다. 하지만 우리는 제가 항상 사용해온, 매우 아름답고 단순한 용어, 미국 우선주의를 구현할 것입니다.

추락하는 미국에 날개를 달아 다시 상승시키는 것, 그것이 바로 미국 우선주의다

트럼프의 미국 우선주의 실현을 위한 대외 목표물은 부상하는 패권국가 중국이다. 트럼프의 출마 선언에서 중국은 다음과 같이 등장한다.

> 중국이 휘청이며 균형을 잡기 위해 애쓰는 모습은, 사람들의 기억 속에 없던 새로운 광경이었습니다. 당시 미국은 모든 면에서 중국을 앞지르고 있었고, 중국은 수십억 달러의 세금과 관세에 허덕이고 있었습니다. 그 재원으로 280억 달러를 지원받은 농민들은 이 사실을 잘 알 것입니다.

> 사상 처음으로 일자리와 공장이 미국을 떠나 중국으로 간 것이 아니라, 오히려 중국을 떠나 미국으로 돌아왔습니다. 로널드 레이건 시대에 대대적인 규모로 진행된 것으로 잘 알려진 감세와 규제 완화보다 더 크게, 사상 최대 규모로 단행한 결과, 기업들이 다시 미국으로 몰려들었습니다.

'트럼프 1기'의 치적은 이렇게 정리된다. 중국이 생산하고 수출한 재화에 고율의 관세를 매김으로써 미국 농민들의 삶이 풍요로워졌다는 것이다.

그는 친기업적이지만, 그에 기반한 정책이 농민과 노동자에게도 도움이 될 거라는 담론을 구사한다. 전형적 포퓰리스트 트럼프다. 신자유주의 시대에 패배자가 된 미국의 농민과 노동자들은 그에게 표를 던졌다.

트럼프의 고립주의 외교 정책은 군사력 증강에 기반할 것이다

트럼프는 지구상의 나머지 세계보다 더 많은 군비를 지출하는 미국의 정책을 옹호한다. 향후 트럼프가 만드는 세계질서의 핵심어는 '공포'일 것이다. 그의 개인사를 관통하는 핵심 명제는, "진정한 힘은 공포다"이다. 힘을 통한 평화는 그의 구호 중에서 맨 앞에 나오는 구호다.

> 제가 우리 군, 특히 핵 역량을 재건한 것처럼, 저는 미사일 공격으로부터 미국을 방어할 방패막을 구축할 것입니다. 우리는 힘을 통한 평화를 실현할 것입니다. 우리는 이런 힘을 가지고 있었습니다. 트럼프 행정부 기간에는 전쟁이 없었습니다. 우리에게 전쟁이 없었다는 사실을 기억하십시오. 우리가 강했기 때문에, 상대방도 그것을 알고 감히 우리를 상대로 게임을 걸거나 도발하지 못했습니다.

정말로 힘을 통한 평화가 올지는 미지수다. 미국의 군비 증강은, 반미(反美), 비미(非美) 진영 국가들의 군비 증강으로 이어질 것이다. 미국이 미사일 방어를 하면 러시아, 중국, 북한은 그 방어망을 교란하는 무기를 개발할 것이다. 러시아의 우크라이나 침공은, 부분적이지만 미국 주도로 나토(NATO)가 동유럽국가로 확장하면서 함께 구축한 미사일 방어 체계 때문이기도 했다. 따라서 오히려 트럼프의 군비 증강은 미국의 안보 이익을 훼손할 수도 있다. 그럼에도 트럼프는 그 길을 가려 한다.

트럼프에게 한국은 중국처럼 미국 우선주의 시각에서 만나야 하는 국가다

특히, 탈식민국가 가운데 1인당 국민소득으로 식민 모국을 앞선 한국은 주요 공격 대상이다. 트럼프에게 한국은 '머니 머신(money machine)'을 쥐고 있는 국가다. 트럼프는 1987년 9월 2일 〈뉴욕타임스〉에 미국의 외교 정책을 비판하는 '개인 광고'를 실었을 때, 미국이 스스로를 방어할 수 있는 국가들에 비용을 지불하는 것을 멈추어야 한다고 주장했다. 당시 주요 목표물은 일본이었다. 일본에 엔화절상을 강제한 1985년 9월 플라자 합의 이후 2년이 지난 시점이었다. 이제 트럼프는 한국과의 군사동맹에 경제논리를 적용하려 한다.

"유감이지만 당신들은 이제 주한미군 주둔 비용을 지불해야 한다. 한국에는 4만 명의 미군이 배치되어 있다. 그 비용은 당신들이 내야 한다. 한국은 이제 매우 부유한 나라가 되지 않았나." 그러자 그들은 이렇게 답했습니다. "아니, 우리는 그 돈을 낼 수 없다. 한국전쟁 이후로 한 번도 그런 비용을 낸 적이 없다."

현재 주한미군은 최대 2만 8천여 명으로 추산된다. 트럼프에게 그 수는 별 의미가 없다. 때론 주한미군 수가 3만 5천 명이 되기도 한다. 정확한 통계를 제시하는 것은 그의 덕목이 아니다. 트럼프는 바이든이 당선된 것을 가장 기뻐했던 사람들은 한국 사람들이었다는 말까지 했다. 바이든 행정부가 한국과 합의한 방위비분담금이 적절하지 않았다는 트럼프식 지적이다. 서막을 올린 '2기 트럼프' 정권하에서 방위비분담금 재협상은 불가피할 것이다.

트럼프에게 한미 FTA는 미국이 체결한 최악의 무역협정 가운데 하나다

트럼프는 미국이 한국의 경제를 돌봐주고 있을 뿐 아니라, 군대까지 돌보고 있다고 생각하는 정치인이다.

한국은 엄청난 돈을 벌고 있습니다. 그들은 우리의 조선 산업과
컴퓨터 산업을 가져가고, 다른 많은 산업을 장악하면서 막대한
수익을 올리고 있죠. 한국은 충분히 국방비를 스스로 부담할 수 있는
나라입니다.

2기 트럼프 행정부에서 트럼프가 재앙으로까지 묘사한 한미 FTA에 대한 재협상이
일어날 수도 있다. 트럼프는 자신의 지난 행정부에서 한미 FTA를 개정해 미국의
자동차 산업을 구했다고 생각한다. 한국산 재화에 대한 관세 폭탄은 이미 예고되어
있다. 수출을 성장동력으로 생각하는 한국에 트럼프의 재등장은 재앙일 수 있다.
미국과 중국은 한국의 최대 수출국으로서 앞서거니 뒤서거니 하고 있기 때문이다.

트럼프에게 북한은 핵전쟁을 일으킬 수도 있는 핵국가다

트럼프는 1기 행정부에서 북한을 사실상 핵국가로 인정했다. "여러분이 믿지
못할 정도로 위력적인 핵무기를 가진 김정은과도 아주 좋은 관계를 유지했다"는
것이 트럼프의 주장이었다. 국제관계를 최고지도자의 개인관계로 환원하곤
하는 트럼프는, 자신이 대통령이 되어야 하는 이유로 핵국가인 중국의 시진핑,
러시아의 푸틴, 북한의 김정은을 소환했다.

외국 지도자들을 사로잡으려면 매력이 필요합니다. 시진핑 주석이
상대하기 쉽다고 생각하시나요? 푸틴은요? 북한의 김정은은
어떻습니까? 만약 힐러리가 대선에서 이겼다면 우리는 이미
핵전쟁에 돌입했을 겁니다. 지금 여러분이 어디에 있을지 아무도
모를 겁니다. 핵무기는 그 누구도 상상하고 싶지 않은 수준의
파괴적인 무기니까요.

미국은 중국, 러시아, 이란, 북한을 성공적으로 견제했고, 그들은
미국을 존경했습니다. 솔직히 말해서, 그들은 저를 존경했습니다.
저는 그들을 잘 알고 있었습니다.

북한이 느끼는 안보 우려를 이야기할 때는 매우 구체적이다.

> 제가 대통령으로 재임하는 동안 알게 되어 잘 지냈던 북한의
> 김정은은 미국과 한국이 함께 진행하는 대규모 군사훈련과
> 공중 연합연습을 달가워하지 않습니다. 그는 이를 위협으로
> 느낍니다. 저조차도 한국이 이렇게 엄청나게 비싸고 도발적인
> 훈련을 하면서도 우리에게 돈을 거의 지불하지 않는 데 대해
> 줄곧 불만스러웠습니다.

북한이 한미 연합군사훈련을 위협으로 생각하고 있다는 것에 대한 트럼프의
동의다. 물론, 이 훈련이 지속되기 위해서는 한국이 비용을 지불해야
한다는 의미일 것이다. 북한이 적대적인 한반도 두 국가론을 내세우며
남북을 연결하는 철도를 폭파했을 때도, 트럼프는 "이제 한국은 러시아와
중국, 그리고 다른 여러 나라로부터 단절된 상태입니다. 철도가 끊겼다는
거죠"라고 발언했다. 북한의 선택이 한국에 미치는 영향도 트럼프의 고려
대상 가운데 하나다.

트럼프 2기 행정부가 핵국가 북한과 공식적 외교관계까지 수립할 수 있는
직접 대화를 다시 추진할지는 아직 모른다. 무엇보다도 러시아-우크라이나
전쟁에 파병까지 할 정도로 북한이 러시아 편에 서 있기 때문이다. 트럼프는
러시아-우크라이나 전쟁을 전임 바이든 행정부의 대표적 실책으로
생각하고 있다. 러시아-우크라이나 전쟁이 자칫 핵전쟁에 돌입해 제3차
세계대전으로 비화된다면, 그것은 바로 전임 바이든 행정부의 잘못된
정책 때문이라는 것이다. 바이든 행정부의 "무능"을 대체할 후보가 바로
자신이라는 주장을 하기 위해서였다. 트럼프의 호언처럼, 트럼프와 푸틴의
개인적 관계로 러시아-우크라이나 전쟁이 종식될지 알 수 없다. 만약
전쟁이 종료된다면, 트럼프는 북한을 핵국가로 인정하며 핵전쟁 예방을
위해 직접 협상에 나설 가능성이 있다. 다시금 한반도를 격동에 휩싸이게 할
변수다. 한국은 안보와 통상의 측면에서 미국과 마찰을 빚고, 북한은 미국과

협상하는 형국의 도래다.

트럼프가 선거 기간에 했던 말들이 현실이 될지는 미지수다. 그러나 1기 트럼프 행정부에서 본 것처럼 트럼프의 말은 상당 부분 현실이 되었다. 이제 다시 요동칠 세계질서와 한미 동맹의 변화에 대비해야 할 때다. 이 책이 세계와 한반도의 미래를 고민하는 분들에게 작은 도움이라도 되었으면 한다.

✽ 조병제 전 국립외교원장은 2024년 5월 『트럼프의 귀환』이란 제목의 책을 냈다. 트럼프의 성장과 성격, 트럼프의 정치, 재집권을 향한 도전으로 구성된 그 책은 우리에게 트럼프의 귀환이 위기인가 기회인가 하는 질문을 던지고 있다. 이 책은 『트럼프의 귀환』을 트럼프가 선거 기간에 했던 발언들을 통해 보완한다. 이 서론도 상당 정도 그 책에 빚을 지고 있다.

1장

트럼프 외교와 한국

1 한미 동맹 (북한)

대통령 후보 출마 선언

플로리다주 팜비치 마러라고 자택 [2022.11.15]

미국은 중국, 러시아, 이란, 북한을 성공적으로 견제했고, 그들은 미국을 존경했습니다. 솔직히 말해서, 그들은 저를 존경했습니다. 저는 그들을 잘 알고 있었습니다.

저와 우리의 위대한 전사들은 어떤 대통령도 격퇴하지 못했던 사악한 ISIS 칼리프 국가를 단 3주 만에 전멸시켰고, ISIS의 창시자 알바그다디를 추적해 사살했습니다.

북한은 제가 김정은 위원장과 정상회담을 가진 이후 거의 3년 동안 단 한 차례도 장거리 미사일을 발사하지 않았습니다. 이는 나쁜 일이 아니라 좋은 일입니다. 사실, 아주 좋은 일입니다. 오늘날 무슨 일이 일어나고 있는지 보세요.

저의 반대자들은 저를 전쟁광이자 당장이라도 전쟁을 일으킬 끔찍한 사람으로 몰아갔습니다. 그들은 2016년 선거 운동 기간 내내 트럼프가 대통령이 되면 몇 주 안에 전례 없는 전쟁이 일어날 것이라고 경고했습니다. 전쟁이 즉시 발발할 것이라고 주장했죠.

그러나 저는 오히려 수십 년 만에 처음으로 전쟁 없이 통치했습니다. 그렇게 한동안 전쟁을 벌이지 않은 최초의 대통령이 되었습니다. 세계는 평화로웠고, 미국은 번영했으며, 우리나라는 놀라운 미래를 향해 나아가고 있었습니다. 제가 미국 국민에게 한 약속을 지켰기

2019.1.27. 미군 특수부대는 시리아에 은신중이던 IS(이슬람 국가)의 수괴 아부 바르크 알바그다디를 사살했다. IS는 ISIS(이라크·시리아 이슬람국가) 또는 ISIL(이라크·레반트 이슬람국가)로 알려진 수니파 이슬람 무장 테러 단체다.

2022.11.2. 북한은 남북 분단 이후 최초로 NLL 이남 동해와 황해상에 탄도 미사일을 발사하고 완충 해역에 포 사격을 비롯, 2022.9.25~12.31까지 총 26회의 미사일을 발사했다.

때문입니다. 다른 대통령들과 달리, 저는 국민과 맺은 약속을 지켰습니다.

우리의 리더십 아래, 미국은 위대하고 영광스러운 나라였습니다. 이런 말을 오랫동안 들어보지 못했을 것입니다. 우리는 강한 나라였고, 무엇보다 중요한 것은 자유로운 국가였습니다. [...]

Former President Trump announces 2024 presidential bid

China, Russia, Iran and North Korea were in check and they respected the United States, and quite honestly, they respected me. I knew them well.

The vicious ISIS caliphate, which no president was able to conquer, was decimated by me and our great warriors in less than three weeks, and Al-Baghdadi, its founder, was hunted down and killed.

North Korea had not launched a single long range missile since my summit with Chairman Kim Jong-un nearly three years before we developed a relationship, and that's a good thing, not a bad thing. It's a good thing. Very good thing actually, because look at what's happening today.

My opponents made me out to be a war monger and just a terrible person who would immediately go into war. They said during the 2016 campaign that if he becomes president, there will be a war within weeks and we will have wars like you've never seen before. It will happen immediately.

And yet, I've gone decades, decades without a war. The first president to do it for that long a period. The world was at peace, America was prospering, and our country was on track for an amazing future because I made big promises to the American people, and unlike other presidents, I kept my promises. I kept them.

Under our leadership, we were a great and glorious nation, something you haven't heard for quite a long period of time. We were a strong nation, and importantly, we were a free nation. [...]

김정은은 나를 좋아한다

아이오와주 수 센터 유세 [2023.1.5]

외국 지도자들을 사로잡으려면 매력이 필요합니다. 시진핑 주석이 상대하기 쉽다고 생각하시나요? 푸틴은요? 북한의 김정은은 어떻습니까? 만약 힐러리가 대선에서 이겼다면 우리는 이미 핵전쟁에 돌입했을 겁니다. 지금 여러분이 어디에 있을지 아무도 모를 겁니다. 핵무기는 그 누구도 상상하고 싶지 않은 수준의 파괴적인 무기니까요.

현재 우리는 이란과도 갈등을 겪고 있으며, 이란이 곧 핵을 보유하게 될 것입니다. 제가 이란 상황을 박살 낸 후, 저들 바이든 행정부는 협상에 나서야 했습니다. 하지만 저들은 아무것도 하지 않았고, 이제 이란은 핵무기를 갖게 될 것입니다.

저는 당시 중국에 "이란에서 석유를 사면 미국과 교역할 수 없다"고 경고했습니다. 그러자 그들은 "더는 이란산 석유를 사지 않겠다. 고맙다"라고 답했습니다. 저는 여러 나라에 같은 방침을 적용했고, 그 결과 이란은 손발이 묶여 아무것도 할 수 없었죠. 그들의 돈줄은 바닥났습니다.

그런데 바이든 행정부가 들어서자 하루 만에 모든 제재를 해제했습니다. 그 순간, 세계 최대의 테러 후원국이 다시 등장했고, 그들은 테러 단체에 막대한 자금을 퍼붓고 있습니다. 우리는 이런 상황을 원하지 않았지만, 그게 지금의 현실입니다.

그래도 저들은 아무것도 하지 않았어요. 당시 저는 이란의 경제력을 완전히 무너뜨렸습니다. 참고로, 저도 이란에 좋은 합의를 해주고 싶었어요. 하지만 이란은 절대로 핵무기를 가질 수 없다. 그게 제가 건 유일한 조건이었죠. 제가 말한 단 한 가지는 "당신들은 가질 수 없다"입니다.

만약 선거가 조작되지 않았다면, 우리는 첫 주안에 이란과의 협상을 마쳤을 겁니다. 아니, 적어도 1월에는 협상이 끝났을 겁니다. 하지만 민주당은 아무것도 하지 않았습니다. 저는 핵 합의를 중단시켰고, 그것 자체도 쉬운 일은 아니었어요. 우리는 그 뒤에 새로운 협상을 진행했어야 합니다. 그러나 민주당은 무능하게도 그 일을 하지 않았고, 이는 우리 국가에 매우 위험한 상황을 초래했습니다. 민주당은 그렇게 하지 않았어요. 저들은 무능하고 우리나라에 매우 위험한 존재입니다. [...]

3년 전만 해도 모든 것이 순조로웠습니다. 이란은 아무것도 하지 않을 것 같았습니다. 아무도 움직이지 않았습니다. 우리는 모두와 잘 지내고 있었어요. 그들도 알았던 것입니다.

북한의 김정은은 최근 다시 행동에 나섰죠. 하지만 그때 그는 저를 좋아했습니다. 언론은 제가 "그가 나를 좋아한다"고 말하는 걸 매우 싫어합니다. 그는 나를 좋아했어요. 저들은 질색하면서 끔찍한 일이라고 말해요. 하지만 김정은이 저를 좋아한 것은 결코 나쁜 게 아닙니다. 그는 수많은 핵무기를 보유하고 있었어요. 그렇다면 그가 당신을 조금이라도 좋아한다는 것은 긍정적인 일이죠.

김정은은 오바마의 전화를 받지 않았어요. 오바마와는 만날

생각이 전혀 없었습니다. [...]

Trump Rally in Sioux Center, IA

You need a personality to charm foreign leaders. You think President Xi is easy to deal with? And Putin? And do you think Kim Jong Un, North Korea. You're going to get into a nuclear war. If Hillary won that election, you would be in a nuclear war. Who knows where you'd be right now? Because nuclear is a level that nobody wants to even think about.

And again, now we have the problem with Iran, and they're going to have it. When I busted up that whole Iran situation, they were supposed to make a deal, but they didn't do anything. They didn't do anything, and now they're going to have a nuclear weapon.

They allowed them to sell. I told China, "If you buy oil from Iran, you can't do business in the United States." They said, "Well, we're not going to buy any more oil. Thank you very much." And I said that to many countries, and they were doing literally no business. They were broke.

And then Biden came along, took off all those sanctions in one day and, all of a sudden, you have the greatest sponsor of terror anywhere in the world, probably in history, and they're giving money to everybody that wants to blow people up. But we didn't like that. But it is what it is.

But they didn't do anything. I took away all of their economic power. By the way, I wanted to make a good deal for them, too. But they cannot have a nuclear weapon. That was the only thing. The one thing I said, "You cannot have."

Had that election not been rigged, we would have had a deal with Iran in the first week. In the first week after the election, not even in January, after the election, we would have had a deal with Iran, but they didn't do anything. I terminated the deal, which was not easy to do. And then you were supposed to make a deal. They didn't do that. These people are incompetent, and they're very dangerous for our country. [...]

Three years ago, everything was good. Iran was not going to do anything. Nobody was. We were getting along with everybody. They knew.

North Korea's now acting up again, as you know, Kim Jong Un. But he liked me. The press hates when I say that I like him, he liked me. They hate it. They say it's terrible. It's not a bad thing. He's got a lot of nuclear weapons. It's nice if he likes you a little bit.

He wouldn't return Obama's phone calls. He didn't want to even meet with him. [...]

아이언 돔을 미국으로

어젠다 47 - 신미사일 방어 체계 구축 (동영상 연설) [2023.2.2]

조 바이든의 집권으로 세계는 훨씬 더 위험해졌습니다. 핵무기와 극초음속 미사일의 치명적인 위협보다 더 큰 위험은 없습니다.

극초음속 미사일은 음속의 몇 배 속도로 움직이며, 기존 미사일보다 6배나 빠릅니다. 핵탄두가 탑재될 경우, 몇 분 안에 도시 전체는 물론 나라 자체를 전멸시킬 수 있습니다. 우리는 이런 일이 일어나도록 절대 내버려둘 수 없습니다.

지금 이 순간에도 '핵'이라는 단어가 끊임없이 언급되고 있습니다. 이 단어는 사용이 금기시되어야 마땅한 단어입니다. 트럼프 행정부 시절에는 결코 이 단어를 사용하지 않던 나라들이, 우리 리더십을 존중하지 않는 지금 우리를 상대로 이 단어를 거침없이 사용하고 있습니다. 제3차 세계대전이 발발한다면, 그 전쟁은 다른 어떤 전쟁과도 비교할 수 없는 재앙이 될 것이며 제1차 세계대전과 제2차 세계대전조차 아주 작은 전투처럼 보이게 만들 것입니다.
이러한 분쟁을 막는 가장 좋은 방법은 타의 추종을 불허하는 기술과 독보적인 힘으로 대비하는 것입니다.

어젠다 47은 동영상 형태로 발표한 트럼프의 대선 공약 (https://www.donaldjtrump.com)

2024.1.14 북한의 관영 '조선중앙통신'은 "극초음속 기동형 조종 전투부를 장착한 고체 연료 기반의 중장거리 탄도미사일(IRBM) 시험 발사에 성공했다"고 보도했다.

이를 위해, 제가 군 통수권자이던 시절, 우리는 미군 재건 작업에서 큰 성과를 거두었습니다. 저는 다시 한번 의회와 우리의 위대한 군 지도부와 협력하여 미군 전체를 재건할 것입니다. 하지만 이들은 여러분이 텔레비전에서 보는 그런 지도부가 아닙니다. 저는 그들을 진정한 지도부라고 생각하지 않습니다.

우리는 진정한 지도부와 협력해 최첨단 차세대 미사일 방어막을 구축할 것입니다. 이스라엘이 한때 불가능하다고 여겼던 아이언 돔으로 보호받고 있는 것처럼, 미국도 우리 국민을 보호하기 위해 무적의 돔을 갖춰야 합니다. [...]

2023.10.7. 팔레스타인 무장 정파 하마스가 3천 발 이상의 미사일을 동원해 시차 공격과 신형 무기로 아이언 돔을 무력화했다.

Agenda47: President Trump Will Build a New Missile Defense Shield (Video)

Under Joe Biden, the world has become vastly more dangerous—and there is no greater danger than the deadly menace of nuclear weapons and hypersonic missiles.

Hypersonic missiles move at many times the speed of sound, and six times faster than current missiles. Armed with nuclear weapons, they could annihilate entire cities and even countries within minutes—and we cannot let this happen.

If you take a look right now, the nuclear word is being mentioned all the time. This is a word that you're not allowed to use. It was never used during the Trump administration, but now other countries are using that word against us because they have no respect for our leadership. World War Three would be a catastrophe unlike any other. This would make World War One and World War Two like very small battles.

The best way to ensure that such a conflict never happens is to be prepared with unmatched technology and unrivaled strength.

To this end, when I am Commander-in-Chief—which we did an awfully good job at rebuilding our military. We rebuilt the entire military—once again, I will work with Congress and our great military leaders. Not the ones you see on television, I don't consider them leaders.

We're going to work with them to build a state-of-the-art next-generation missile defense shield. Just as Israel is now protected by the Iron Dome, a dream once thought impossible, America must have an impenetrable dome to protect our people. We worked with Israel to develop that Dome. They relied on us, not just them, they relied on us. [...]

묻지도 따지지도 않는 한국 편 바이든

트루스 소셜 동영상 [2023.3.13]

저는 북한의 김정은을 알게 되었고 그와 좋은 관계를 유지했습니다. 사람들은 "아, 그런 말 좀 하지 마라"고 하지만 저는 "그러면 안 될 이유가 뭐냐"고 반문합니다. 잘 지내는 것은 좋은 일이지 나쁜 일이 아닙니다.

제가 대통령으로 재임하는 동안 알게 되어 잘 지냈던 북한의 김정은은 미국과 한국이 함께 진행하는 대규모 군사훈련과 공중 연합연습을 달가워하지 않습니다. 그는 이를 위협으로 느낍니다. 저조차도 한국이 이렇게 엄청나게 비싸고 도발적인 훈련을 하면서도 우리에게 돈을 거의 지불하지 않는 데 대해 줄곧 불만스러웠습니다.

한국은 마땅히 돈을 내야 합니다. 그리고 그들은 매우 큰 비용을 막 지불하기 시작했는데, 바이든 행정부는 그 후 한국 측에 아무것도 요구하지 않았습니다. 아무런 후속 조치도 없었어요. 이건 정말 말도 안 되는 일입니다. 현재 미군 장병 3만 5천 명이 한국에서 위험 속에서 복무하고 있습니다.

'트루스 소셜'은 2021년 1월 국회의사당 폭동 사태 이후 엑스(X·구 트위터)와 페이스북 등 기존 소셜서비스(SNS)에서 연달아 트럼프의 계정이 중지되자 그가 직접 만든 SNS 플랫폼이다. 트럼프는 2022년 일론 머스크가 트위터를 인수하면서 계정이 복구되었지만 거의 사용하지 않다가 2024년 8월 12일 엑스에서 활동을 재개했다.

주한미군 규모가 3만 5천 명에 가장 가까이 근접했던 것은 1997년경이다. 출처는 1997년 10월 발표된 미일 신방위지침.

저는 한국처럼 대단히 부유한 나라에서 수십억 달러에 달하는 금액을 전액 지불하는 합의를 이뤄냈습니다. 그런데 제가 이임하고 새로운 집단이 들어오더니, 그들은 이 일을 그냥 잊어버렸어요. 정말 안타깝고 안타깝습니다.

감사합니다.

Trump's Truth Social Video

Kim Jong-un of North Korea, who I got to know and I got along with very well. They say, "Oh, don't say that." I say, "Why wouldn't I say that?" That's a good thing, not a bad thing.

But I got along with him very well during my years as president. He's not happy with the United States and South Korea doing big training and air exercises together. He feels threatened. Even I would constantly complain when I was President that South Korea pays us very little to do these extremely expensive and provocative drills.

They have to pay. They were starting to pay very big, but then the Biden administration didn't ask for anything. There was no follow-up. It's really ridiculous. We have 35,000 soldiers in jeopardy.

In South Korea, I had a deal for full payment to us — billions and billions of dollars — from a very wealthy country as South Korea. And when I left and the new group came in, they sort of forgot about it. What a shame, what a shame, what a shame.

Thank you.

조 디마지오, 당신은 어디에

트루스 소셜 게시물 [2023.3.19]

중국, 러시아, 이란, 북한 등 미국에 그다지 우호적이지 않은 다른 국가들은, 한때 위대했던 미국이 뒷짐 지고 지켜보는 사이 "세계를 조각하며" 활발히 움직이고 있습니다. 현재 미국은 국경 개방, 부정 선거, 극심한 인플레이션으로 인한 경제 문제 등에 시달리는 '실패 중 국가'입니다. 우리는 더 이상 기준을 설정하는 나라가 아니며, 오히려 우리가 기준에 맞추는 상황입니다. 우리의 이른바 "지도자"는 먹고, 자고, ○○하는 것 외에 아무것도 하지 않습니다! "조 디마지오, 당신은 어디에 있습니까?"

Trump's Truth Social Post

China, Russia, Iran, North Korea and other Nations of a less than friendly nature, are busy "CARVING UP THE WORLD" as our once great United States of America sits back and watches. We are a Failing Nation, with Open Borders, Fake Elections, and a horrible Inflation Riddled Economy. We no longer set the standard, the standard sets us. Our so-called "Leader" does NOTHING except Eat, Sleep, and S..t! Where have you gone Joe DiMaggio?"

트루스 소셜 게시물 [2023.3.26]

중국, 러시아, 이란, 북한과 그 밖의 나라들이 미국을 매우 불리하고 위험한 처지로 내몰고 있습니다. 그들은 우리가 방관하는 동안 세계를 분열시켰습니다. 그들은 더 이상 미국을 존중하지 않게 될 것입니다!!!

Trump's Truth Social Post

China, Russia, and Iran, not to mention North Korea and other countries, have placed the U.S. in a very bad and dangerous position. They are dividing up the World as we sit around and let them do it. They no longer respect the U.S., BUT THEY WILL!!!

"조 디마지오, 당신은 어디로 갔나요. 우리나라는 당신에게 외로운 눈을 돌립니다"는 영화 <졸업>(1967)에 삽입된 사이먼 앤 가펑클의 <미세스 로빈슨> 가사의 일부이다. 폴 사이먼은 베트남전이 최악의 혼란으로 치닫던 1967년경 기성세대의 위선을 질타하면서 뉴욕 양키스의 조 디마지오와 같은 영웅이 없음을 암시했다.

인디애나주 인디애나폴리스 전미총기협회(NRA) 리더십 포럼 연설 [2023.4.14]

마지막으로 말씀드리자면, 현재 미국은 엉망진창입니다. 경제는 추락하고, 인플레이션은 통제 불능입니다. 러시아가 중국과 손을 잡았습니다. 상상조차 할 수 없는 일이 벌어진 것입니다. 사우디아라비아도—훌륭한 사람들이지만— 이란과 손을 잡았습니다. 중국, 러시아, 이란, 북한이 함께 손을 맞잡고, 위협적이며 파괴적인 연합을 형성했습니다. [...]

전후 미국 대통령 중 전미총기협회 회원이었던 공화당원은 아이젠하워, 닉슨, 레이건, 조지 H. W. 부시와 트럼프다. 민주당원으로는 케네디가 유일하다.

National Rifle Association Institute for Legislative Action Leadership Forum in Indianapolis, IN

And in closing, I have to state, the USA is a mess. Our economy is crashing, inflation is out of control. Russia has joined with China, unthinkable. Saudi Arabia, great people, have joined with Iran. China, Russia, Iran, North Korea have formed together as a menacing and destructive coalition. [...]

플로리다주 포트 마이어스 '리 카운티 링컨-레이건 만찬' 연설 [2023.4.21]

러시아가 중국과 합세했습니다. 사우디아라비아는 이란과 연대했습니다. 중국, 러시아, 이란, 북한이 함께 위협적이고 파괴적인 연합을 형성했습니다. 불과 3년 전만 해도 상상조차 할 수 없었을 일들입니다. [...]

Lee County Lincoln-Reagan Dinner in Fort Myers, FL

Russia has joined with China. Saudi Arabia has joined with Iran. China, Russia, Iran, North Korea have formed together as a menacing and destructive coalition. These are things that would have been impossible to even consider just three years ago. [...]

제3차 세계대전을 막을 유일한 사람

노스캐롤라이나주 공화당 전당대회 연설 (그린즈버러) [2023.6.10]

저는 이 약속을 할 수 있는 유일한 후보입니다. 제가 제3차 세계대전을 막겠습니다. 그 일은 반드시 해내겠습니다. 제3차 세계대전은 일어날 수 있고, 여러분이 생각하는 것보다 훨씬 더 가까이 다가와 있습니다. 그리고 언젠가는 반드시 일어날 것입니다. 하지만 제가 막겠습니다. 그렇게 말할 수 있는 사람은 저뿐입니다. 저는 이 지도자들을 잘 압니다. 그들을 어떻게 다루어야 할지 알고 있습니다. 반드시 해낼 것입니다.

며칠 전 뉴스 보셨나요? 푸틴이 벨라루스에 핵미사일을 보낸다고 발표했습니다. 이런 일들이 실제로 벌어지고 있습니다. 그런데도 우리는 상황 파악조차 못하는 지도자를 두고 있습니다. 아무것도 모르면서, 마치 좀비처럼 아무 생각 없이 걸어 다니는 사람 말입니다.

저는 시진핑 주석과 김정은 위원장을 포함한 여러 지도자와 직접 만났습니다. 김정은과는 역사적인 정상회담을 통해 훌륭한 성과를 냈고, 서로 잘 지냈습니다. 물론 그들은 제가 이렇게 말하는 걸 싫어합니다. "어떻게 감히 독재자와 잘 지낸다고 할 수 있느냐"고요.

하지만 그들은 수백 개의 핵무기를 보유하고 있습니다. 잘 지내는 건 좋은 일입니다. 우리가 약해서 이런 말을 하는 게 아닙니다. 상식에 비추어 잘 지낸다고 말하는 것입니다. 좋잖아요. "어떻게 감히 중국의 시 주석이 탁월하다고 할 수 있느냐?"

하지만 시 주석은 탁월합니다. 그는 14억 인구를 강력한 리더십으로 통치하며, 여러 해 동안 우리에게 큰 타격을 주었습니다.

제가 누군가를 탁월하다고 말하면 사람들이 화를 냅니다. 하지만 사실은 이렇습니다. 그들은 모두 최고의 자리에 오른 사람들입니다. 저는 이 지도자들을 모두 잘 알고 있습니다. 그들은 대단히 똑똑합니다. 강인하고 교활합니다. 그리고 그중 일부는 사악합니다. 사실 대개는 사악합니다. 그리고 그들은 미국이 바보들에 의해 운영되고 있다고 생각합니다. 그들은 모두 미국을 이용해 먹고 있습니다. [...]

North Carolina Republican Convention (Greensboro, NC)

I'm the only candidate who can make this promise. I will prevent World War Three. I will. That could have happened and we're much closer than you think right now to having it. And at some point it will happen, it will happen. I will prevent it. I'm the only one that can say it. I know them all. I know how to deal with them. I deal with them and I'm gonna say I know how, but I will get it done. I will get it done.

Did you see the other day? Putin said they are delivering nuclear missiles to Belarus. Here we go. And we have a man that has no clue. He has no clue. We have a guy that walks around, he has no clue. He's like a walking zombie.

I met these other leaders, President Xi Kim Jong-un of North Korea did a great job with that Kim Jong-un with the meetings and you know, historic got along great. They hate saying that when they, I say they got, "Look, how dare you get along great with a dictator."

The guys got hundreds of nuclear weapons. It's nice to get along and I'm not saying that from weakness. I'm just saying from common sense now I got along with them. Great. "How dare you say that President Xi of China is a brilliant man."

No, he's brilliant. He leads 1.4 billion people and he leads him very powerfully and he's doing things and ripping off our country for years.

But they get upset when I say somebody is brilliant. But here's what I will say. They're all at the top of their game. I know everyone of all these leaders, they're smart as hell. They're tough. They're cunning. Some are vicious. Most of them are vicious. Actually, they think the United States is run by fools. They all take advantage of the United States. [...]

트루스 소셜 게시물 [2023.9.18]

저는 북한을 포함한 여러 나라에서 58명의 인질을 귀국시켰지만, 그 과정에서 단 한 번도 돈을 지불한 적이 없습니다. 그들은 인질들을 결국 돌려보낼 수밖에 없다는 점을 이해했습니다. 나중에는 자기들이 돈을 받지 못할 것을 알기 때문에 돈을 요구하는 말조차 꺼내지 않았습니다. 한 번 돈을 내기 시작하면 계속해서 지불해야 하고, 더 많은 인질이 생길 뿐입니다.

그러나 우리의 대단히 무능한 '지도자'인 사악한 조 바이든은 5명의 인질을 석방시키기 위해 60억 달러를 줬습니다. 이란은 5명에게 한 푼도 내놓지 않았습니다. 정말이지 돌처럼 멍청해요!

2022.9.19. 이란에 억류되어 있던 미국인 5명을 석방하기 위해 바이든 행정부가 한국에 동결되어 있던 원유 수출대금 60억 달러(한화 약 8조 원) 규모의 이란 자산을 동결 해제한 사건을 말한다.

Trump's Truth Social Post

I brought 58 HOSTAGES home from many different countries, including North Korea, and I never paid anything. They all understood they MUST LET THESE PEOPLE COME HOME! Toward the end, it got so that countries didn't even start the conversation asking for money, because they knew they would not get it. Once you pay, you always pay, & MANY MORE HOSTAGES WILL BE TAKEN.

Our grossly incompetent "leader," Crooked Joe Biden, gave 6 BILLION DOLLARS for 5 people. Iran gave ZERO for 5. He's Dumb as a ROCK!

내부의 적, 외부의 적

네바다주 르노 '커밋 투 코커스' 연설 [2023.12.17]

우리는 미국 내부의 정말 사악한 사람들과 싸우고 있습니다. 미국 밖에도 사악한 사람들이 있습니다. 하지만 특히 올바른 대통령이 들어선다면 중국이나 러시아를 잘 다룰 수 있을 것이기 때문에, 내부의 사악한 사람들이 훨씬 더 나쁘다고 생각합니다.

우리는 북한의 김정은도 잘 다룰 수 있습니다. 저는 핵전쟁에서 우리를 구했습니다. 힐러리 클린턴이 대통령이 되었다면, 핵전쟁으로 수백만 명이 죽었을 겁니다. (이런 문제는) 올바른 대통령만 있다면 충분히 감당할 수 있는 일이지만, 문제가 되는 것은 우리 안의 부패한 공산주의자들입니다. [...]

'커밋 투 코커스 (Commit to Caucus)'는 유권자가 캠페인(선거 캠프)에 제출하는, 자신의 연락처 정보가 담긴 카드를 말한다. 여기서 '커밋'은 구속력 있는 약속을 의미하지 않으며, 캠페인은 이를 바탕으로 (1) 유세에 동원된 청중 수를 공신력 있게 집계하고 (2) 공약 홍보, 모금, 자원봉사 모집 등을 위해 유권자와 소통한다.

Trump Speaks at 'Commit to Caucus' in Reno, NV

We're fighting against some really vicious people within our country. We have vicious people outside, but I believe truly that the people inside of our country are far worse because we can handle with the right president, in particular president, we can handle China or Russia.

We can handle North Korea, Kim Jong-un. I saved us from a nuclear war. If Hillary Clinton got in, you would've ended up with millions of people being killed in a nuclear war. We can handle that if we have the right president, but what's very difficult are these corrupt communists that we have within our own country. [...]

트루스 소셜 게시물 [2023.12.13]

정치 전문지 〈폴리티코〉는 가짜 뉴스 기사에서 (늘 그렇듯!) 익명의 소식통을 인용해 저의 북한 핵무기에 대한 입장이 누그러졌다고 주장하고 있습니다. 이는 민주당 소속 요원들이 오해와 혼란을 야기하기 위해 만들어낸 허위 정보입니다. 이 기사에서 유일하게 정확한 사실은 내가 김정은과 잘 지낸다는 점뿐입니다!

Trump's Truth Social Post

A Fake News article in Politico, through anonymous sources (as usual!), states that my views on Nuclear Weapons in North Korea have softened. This is a made up story, DISINFORMATION, put out by Democrat Operatives in order to mislead and confuse. The only thing accurate in the story is that I do get along well with Kim Jong-un!

아이오와주 인디애놀라 유세 [2024.1.14]

우리는 세계에서 가장 강인한 사람들을 상대하고 있습니다. 여러분이 본 적 없는 수준의 사람들을 상대하고 있습니다. 중국의 시 주석, 푸틴 대통령. 푸틴은 우크라이나에 들어올 수 없었을 거예요. 그 선거가 조작되지 않았다면 기회조차 없었을 겁니다. (우크라이나를) 너무 갖고 싶어 했죠.

그리고 북한을 보세요. 김정은은 대단히 명석하고 강인한 인물이지만, 저를 좋아했습니다. 저는 김정은과 잘 지냈고, 우리는 안전했습니다. 당시 우리는 그들과 전쟁을 하려 했었습니다. 북한은 누구 못지않게 대량의 핵무기를 보유하고 있습니다. 그러니 우리는 훌륭한 일을 한

북한은 전날 (한국 기준 2024.1.14) 평양에서 동해상으로 극초음속 고체 중거리 탄도 미사일을 발사했으나 트럼프는 이에 대해 언급하지 않았다.

것입니다. [...]

Trump Rally in Indianola, IA

We are dealing with the toughest people in the world, with people that are on their game at a level that you have never seen. President Xi of China, Putin. Putin would have never gotten into Ukraine. If that election was not rigged, not even a chance. The apple of his eye.

And you can take a look at North Korea. Kim Jong-un, very smart, very tough, but he liked me, and I got along really well with him, and we were safe. We were going to have a war with them, and they have a massive nuclear stockpile, possibly as big as anybody, so we did a great job. [...]

오토 웜비어 구하기의 진실

트루스 소셜 게시물 [2024.1.22]

트럼프 행정부의 힘이 아니었다면 오토 웜비어의 살아 있는 모습은 다시 볼 수 없었을 것입니다. 그는 오바마-바이든 행정부 시절 북한에 억류되었고 그를 구출하기 위한 협상은 그때 이루어졌어야 했습니다. 니키 헤일리는 말뿐이었고, 행동에 나서지 않았습니다. 제가 오토를 미국으로 데려왔습니다. 하지만 제가 취임했을 때 그는 이미 죽음에 매우 가까운 상태였어요. 오토에게 신의 가호가 있기를!

2024.1.20. 뉴햄프셔주에서 니키 헤일리가 주유엔대표부 미국 대사 시절, 오토 웜비어의 문제 해결을 주도했다고 증언한 오토의 모친 신디가 출연한 3분 광고를 내보낸 데 대한 대응이다.

Trump's Truth Social Post

Otto would never have been seen alive again if not for the strength of the Trump Administration. He was taken during Obama/Biden — That's when a deal to get him out of North Korea should have been made. Nikki was all talk and no action. I got him out, but by the time I assumed office, he was very close to death. GOD BLESS OTTO!

트루스 소셜 게시물 [2024.1.23]

오토 웜비어는 오바마가 대통령에 재임 중인 2016년 1월 북한에 억류되었습니다. 오토는 즉시 미국으로 귀국시켰어야 했으나 오바마와 사악한 조 바이든은 중국과 우크라이나에서 돈을 훔치는 데 급급해 아무 일도 하지 않았습니다.

제가 오토를 다른 인질 세 명과 함께 귀국시켰을 때, 그는 이미 위중한 상태였습니다. 저는 취임 첫날부터 오토를 귀국시키기 위해 노력했습니다. 제가 그를 집으로 데려왔을 때 그는 거의 사망하기 직전이었고, 안타깝게도 얼마 지나지 않아 세상을 떠났습니다. 오바마와 바이든은 그가 그런 상황에 처하기 전에 일찍 귀국시켰어야 했습니다.

오토의 아버지에 따르면, 그는 이미 제가 취임하기 훨씬 전인 2016년 3월부터 혼수상태에 빠져 있었습니다. 저는 그를 구하기 위해 끊임없이 노력했고, 다른 인질들과 함께 그를 구해냈습니다. 제가 대통령으로 취임했을 때 그는 거의 1년 동안 혼수상태였고, 제가 그를 집으로 데려왔을 때는 사실상 생명이 위태로운 상황이었습니다. 하지만 그를 미국으로 데려온 것은 바로 저였습니다!

Trump's Truth Social Post

Otto Warmbier was taken on January 2, 2016 under then-President Obama. He should have been brought back, but Obama and Crooked Joe Biden, who was too focused on stealing money from China and Ukraine, did nothing.

By the time I got Otto back, as well as three other Hostages, he was almost dead. From my First Day in Office, I worked to get Otto out of North Korea.

트럼프는 2020년 대선 선거운동 과정에서 조 바이든의 차남 헌터 바이든이 부친의 후광을 이용해 중국과 우크라이나에서 경제적 이득을 취했다고 주장했다.

버지니아 대학생 오토 웜비어는 2015년 12월 패키지 여행으로 북한을 방문했고 2016년 1월 2일 공항에서 체제 선전물 절도 혐의로 체포되어 3월 16일 최고재판소에서 15년 노동교화형을 선고받았다. 2017년 6월 6일 혼수상태 사실이 공표되었고, 13일 미국으로 귀환한 후 가족들의 연명치료 중단 결정으로 19일 사망했다.

Well, I got him out, but he was in very bad condition—close to death. He, sadly, died a short while later. Obama/Biden should have gotten him out early, before he was put in that condition.

Otto's Father said that he was in a coma starting in March of 2016, long before I assumed Office. I worked tirelessly to get him out, and I did get him out, along with other Hostages! By the time I became President, he was in seriously bad condition, in a coma for almost a year, and when I got him out, he was close to death—but I brought him home!

이란 제재, 아브라함 협정으로 이끈 중동 평화

휴 휴잇 쇼 대담 [2024.10.7]

핵무기는 이 세상에서 가장 심각한 문제입니다. 앞으로 500년 안에 바다가 1/8인치(3.175밀리미터) 상승한다는 지구 온난화가 아니라요. 이 사람들은 미쳤어요. 우리가 직면한 가장 큰 문제는 지구 온난화가 아닌 핵 온난화입니다. 그리고 핵무기. 사람들은 핵무기를 가질 수 없습니다. 핵무기는 곧 힘이에요.

저는 우리의 핵무기 전체를 재건했고 우리의 핵무기는 세계 최고 수준입니다. 그리고 우리 뒤를 러시아가 바짝 쫓아오고 있어요. 그거 아세요? 제가 말씀드리죠. 당신은 핵을 절대 사용하고 싶지 않을 겁니다. 만약 사용하게 된다면 우리는 전멸할 겁니다. 대단히 위험한 무기예요. 그리고 이란은 핵무기를 손에 넣기 직전까지 갔습니다. 제가 계속 대통령으로 재임했다면 절대 그렇게 되지 않았을 거예요. 이란은 거의 파산 상태였기 때문에 저는 오래전에 합의를 도출했을 겁니다.

휴 휴잇(Hugh Hewitt, 1966~)은 레이건 행정부에서 백악관 법률 고문 보좌관을 역임한 미국의 보수 정치 평론가이자 라디오 토크쇼 진행자이다. '휴 휴잇 쇼'는 출근 시간대 라디오 시사 프로그램으로 평일 오전 6시에서 9시까지 캘리포니아에서 방송하며 미국 전역의 75개 이상 방송국 신디케이트로 송출한다.

이란은 완전히 파산 상태였어요. 그들은 거래할 준비가 되어
있었고 거래에 응했을 거예요. 그런데 저들은 아무것도 하지
않았어요. 우리가 한 일을 생각해보세요. 아브라함
협정, 골란고원. 우리는 정말 많은 일을 했고, 저만큼
이스라엘이나 유대인들에게 잘한 대통령은 없었습니다.

그들(이란)은 돈벌이가 끊긴 상태였어요. 제가 못하게
했습니다. 아시다시피 저는 이란에 대규모 경제제재를
가했습니다. 저는 중국에 말했죠. 중국은 그들의 최대
구매자였으니까요. 시진핑 주석에게 직접 말했습니다.
"우리는 친구 사이다. 그런데 만약 당신이 이란에서 석유를
단 1배럴이라도 산다면, 앞으로 미국과 거래할 생각은 하지
마라."

이렇게 단번에 끊어주었습니다. 이건 많은 사람이 원하고
있었던 것 같아요. "단 1배럴도 안 된다. 거기다 이란으로
들어가는 모든 것에 대해 200퍼센트 정도의 제재를
가할 것이다." 그랬더니 그가 말했습니다. "그럼 나는
그냥 넘기겠다." 그러고는 넘겨버렸습니다. 모든 사람이
넘겼어요. 이란은 무역 상대가 없었고, 파산 상태였어요.
돈이 없었어요. 그리고 이것은 큰일이었습니다.

제 임기 4년 차를 떠올려 보면, 놀랍게도 트럼프 대통령
시절에는 테러 공격이 한 건도 없었다는 이야기가
여기저기서 나왔습니다. 아무 일도 없었습니다. 이란은
돈이 없었어요. 돈이 없었기 때문에 남에게 돈을 주지
않았습니다. 자기들도 살아남아야 했으니까요. 그리고 저는
이란과 공정한 거래를 했을 것입니다.

2020.9.15.
트럼프 대통령의
중재로 이스라엘과
아랍에미리트,
이스라엘과 바레인은
관계정상화와
국교수립에
합의하고 백악관
트루먼 발코니에서
'아랍-이스라엘
정상화에 관한 양자
간 협정(아브라함
협정 Abraham
Accords)'을 체결했다.

2019.3.25.
트럼프 대통령은 방미
중인 네타냐후 총리를
만나 골란고원에 대한
이스라엘의 주권을
인정하는 포고문에
서명했다. 골란고원은
시리아와 이스라엘
국경 지대에 위치한
고원으로, 1967년
제3차 중동전쟁 이후
이스라엘이 무단으로
점유해왔다.

제가 원한 건 딱 하나, 이란은 핵무기를 가질 수 없다는 거였어요. 그들이 핵무기를 갖게 놔둘 수 없습니다. 그게 뭔지 알기 때문이죠. 김정은을 다루어봤기 때문에 그게 어떤 것인지 압니다. 김정은에게는 핵무기가 있습니다. 그리고 핵무기를 가지고 있는 상대와는 좀 다르게 말하게 됩니다.

닉슨은 마오쩌둥을 만났습니다. 비록 마오가 20세기 최고의 살인자였지만, 핵을 가진 사람이었기 때문입니다. 닉슨은 소련의 브레즈네프 서기장도 만났습니다. [...]

이란은 핵을 가질 수 없습니다. 제가 엄청난 비용을 들여 개조하고 재건한 이 핵무기들의 위력을 본다면요. 제가 미군 전체를 재건했습니다. 그런데, 저들은 그중 850억 달러어치의 장비를 탈레반과 아프가니스탄에 내줬어요. 상상이 되시나요? 850억 달러어치를 그냥 내줬습니다.

그러니 저들은 역사상 최악의 협상가들입니다. 누군가가 납치될 때마다 그들은 60억 달러나 되는 돈을 줬어요. 이란에 산악 등반을 하러 갔다가 억류된 청년들은 또 어떻습니까? 우리는 매번 60억 달러를 지불합니다, 60억 달러. 전 한 푼도 내지 않았어요. 58명을 구출하는 데 성공했지만 한 푼도 지불하지 않았습니다.

그리고 힘든 상황에서도 구해냈죠. 북한에서도 사람들을 구출했어요. 그건 훨씬 더 힘든 일인데도 한 푼도 내지 않았습니다. [...]

1972. 2.21.
닉슨 대통령은 7일 일정으로 중국을 방문한 첫날 마오쩌둥 주석과 회담을 가졌다. 당시 양국은 미수교 상태였으며, 미국이 대만과 단교하고 중국과 수교한 것은 그로부터 7년 후인 1979년의 일이다.

1972.5.26.
닉슨 대통령은 미국 대통령으로서 처음 소련을 방문해 브레즈네프 소련 공산당 서기장과 만나 '전략무기 제한협정(SALT, Strategic Arms Limitation)'에 서명했다.

Hugh Hewitt Show

The nuclear is the biggest single problem the world has. Not global warming, where the ocean will rise one — eighth of an inch in the next 500 years. You know, these people are crazy. The biggest problem we have is nuclear warming, not global warming. And the nuclear, people can't have the nuclear. The nuclear is the power.

I rebuilt our entire nuclear force, and our nuclear is the best in the world. And Russia is right behind us. And you know what? I'll tell you, you never want to use it. If you have to use it, it's obliteration. It's a dangerous thing. And Iran is very close to getting it. They would have never had it with me. I would have had a deal a long time ago because they were bust.

They were totally busted. They were ready to make a deal. They would have made a deal. And these guys didn't do anything. I mean, we did — if you think of what we did, the Abraham Accords, Golan Heights, we did so much, there's never been a president that was so good to Israel or the Jewish people.

They were out of business. I had them out of business. I put, as you know, big sanctions on Iran. I told China, if you — China was their biggest buyer. I said to President Xi directly, I said, "Look, we're friends. If you buy any — if you buy one barrel from Iran, one barrel, you don't do business with the US anymore.

We go cold turkey, which a lot of people would like to do anyway. And just one barrel, plus we're going to put big sanctions on anything that gets through, like 200 percent." And he said "I'll pass." He passed. Everybody passed. They did no business, and they were broke. They had no money. And it was a big story.

If you remember in my fourth year, there were stories all over the place that incredibly, during Trump, we didn't have one terrorist attack. We had nothing. They had no money. They weren't giving any money because they had no money. They had to survive. And I would have made a fair deal with them.

I only wanted one thing. You can't have a nuclear weapon. You cannot let them have a nuclear weapon. Because I know what it is — I know what it is because I dealt with Kim Jong-un. And he has nuclear weapons. And you tend to speak a little bit differently when they have nuclear weapons.

Well, Nixon met with Mao, who was the greatest murderer of the 20th century, because they had nukes. He met with Brezhnev. [...]

No, they can't have nukes. No, they can't have nukes. Nukes, if you would see the power of these weapons that I renovated and rebuilt at great cost — I rebuilt the whole military. And then, they gave $85 billion of it away to the Taliban and to Afghanistan. Can you imagine? They gave $85 billion dollars away.
So, this is the worst group of people, these are the worst negotiators in the history. Every time somebody gets kidnapped, they give — you never notice, it's like $6 billion. Every time — if you catch a mountain climber — how about these kids, they go mountain climbing in Iran, they get caught? We pay $6 billion dollars all the time, $6 billion. I paid nothing. I got 58 people out, and I paid nothing.

And I got tough ones out. I got people out from North Korea. That's a lot tougher, and I paid nothing. [...]

버지니아주 체서피크 유세 [2024.6.28]

2024.6.27. CNN이 주최한 트럼프-바이든 TV 토론 다음 날의 유세.

미국에서는 대단히 무능한 지도자가 국가를 이끌고 있습니다. 그는 푸틴, 중국의 시진핑, 북한의 김정은 같은 강력한 지도자들과 경쟁하고 있습니다. 이들은 각자의 분야에서 정점에 올라 있는 인물들입니다. 반면, 그는 한 번도 최고의 위치에 오른 적이 없습니다. 과거에도 그다지 잘한 적이 없지만 지금은 정말 잘 못하고 있습니다. [...]

Trump Rally in Chesapeake, VA

We have a man who's grossly incompetent heading up our nation. He's competing against Putin and President Xi of China and Kim Jong-un of North Korea. He's competing against people that are at the top of their game. He was never really at the top of his game. He was never very good, but now he's really not good. [...]

리틀 로켓맨과의 회담

미시간주 그랜드 래피즈 유세 [2024.7.20]

자, 저는 그들(시진핑, 푸틴 등) 모두와 좋은 관계를 맺고
있습니다. 그것은 좋은 일이죠. 언론에서는 "트럼프는 김정은
북한 국무위원장과 잘 지낸다"는 말을 많이 합니다. 김정은은
핵무기를 많이 보유하고 있잖아요. 저는 그와 잘 지냈습니다.
제가 대통령으로 있는 한 여러분은 결코 위험에 처하지 않을
것입니다. 잘 지내는 건 좋은 일입니다. 나쁜 게 아니죠.

저는 그에게 이렇게 말하곤 했어요. "왜 다른 일을 하지
않는가?" 그가 하고 싶은 건 오로지 핵무기를 사들이고
만드는 것뿐입니다. 그래서 저는 이렇게 말했습니다. "마음을
좀 가라앉혀. 당신은 이미 충분히 가지지 않았나." 그는
정말로 너무 많은 핵무기를 가지고 있습니다. 너무 많아요.

그래서 저는 이렇게 말했습니다. "좀 느긋한 마음을 가져 봐.
어디 좋은 곳에 … 같이 야구 경기를 보러 가자. 내가 야구가
어떤 건지 보여주겠다. 양키스 경기를 보러 가면 어떻겠나?
아니면 미시간에 홈 개막전 경기를 보러 가자." 어때요,
흥미롭지 않습니까! […]

Trump Rally in Grand Rapids, MI

Now, I have a good relationship with all of them. That's a good thing. A lot of
times the press would say, "He gets along with Kim Jong-un, North Korea."
He has a lot of nuclear weapons. I got along with him great. You are never in
danger with me as your president. It's a good thing to get along. Not a bad
thing.

I used to tell him, "Why don't you do something else?" All he wants to do is buy nuclear weapons and make them. I said, "Just relax. Chill. You got enough. You got … " He got so much nuclear weapons. So much.

I said, "Just relax. Go to a nice … Let's go to a baseball game. I'll show you what a baseball … We'll go watch the Yankees, or we'll come watch Michigan at its home opener. How about that! [...]

에이딘 로스 라이브 방송 (플로리다주 팜비치 마러라고 자택) [2024.8.6]

북한을 은둔의 나라라고 하는데 정말 그렇습니다. 제가 김정은에게 "엘튼 존을 아느냐"고 물었습니다. "모른다"고 대답하더군요. 그래서 "혹시 '로켓맨'이라는 노래를 들어보았느냐"고 물었죠. 그리고 그 노래를 실제로 들려주었습니다. 김정은은 "아니, 들어본 적 없다"고 답했습니다. 그래서 "당신이 '로켓맨'이다"라고 했죠. 그러자 그는 "아니, 당신은 나를 '로켓맨'이 아니라 '리틀 로켓맨'이라고 부르지 않느냐"고 하더군요.

그런데 이렇게 말할 수 있습니다. 우리는 정말 힘겨운 두 달을 보냈습니다. 사람들은 상황이 실제로 매우 위험해질 수 있다고 우려했습니다. 오바마 대통령은 제게 "미국의 가장 큰 위협은 북한의 김정은"이라고 말했을 정도입니다.

어느 날, 전화를 받았습니다. 김정은에 대해 이야기하고 싶다는 사람이었어요. 김정은이 저를 만나려 한다는 겁니다. 오바마를 포함해 그 누구와도 만나지 않았던 사람이 말입니다. 김정은은 가공할 핵 능력을 보유한 인물입니다. 우리는 북한의 핵 능력을 면밀히 검토했고, 실제로 그들이 그런 능력을 갖추고 있음을 확인했습니다.

2024.9.7. 엘튼 존은 〈버라이어티 (Variety)〉'와의 인터뷰에서 '로켓맨' 일화를 이렇게 평가했다. "제가 바로 로켓맨이죠. 도널드는 제 팬이었고 제 콘서트에도 여러 번 왔었기 때문에 항상 친근하게 대해왔고 그의 응원에 늘 감사하는 마음입니다. 그냥 재밌다고 생각했어요. 정말 웃겼습니다." 트럼프는 이 인터뷰 영상을 다음 날인 9월 8일 자신의 '소셜 트루스' 계정에 게시했다.

저는 김정은을 아주 잘 알게 되었고, 그와 좋은 관계를
유지했습니다. 그는 매우 똑똑하고 강인한 사람입니다.
절대권력을 가진 지도자죠. 많은 이들이 "김정은이
진짜 지도자가 아닐 수도 있다"고 하지만, 그는 명백한
절대권력자입니다. 그가 등장하면 모두가 그의 말에
집중하더군요. 그런 장면은 처음 봤습니다. 오찬 자리에서는
북한 쪽에서 20명, 우리 쪽에서 20명이 마주 앉아 있었어요.

2018년 6월 12일
싱가포르에서 열린
북미정상회담 업무
오찬을 말한다.

저는 김정은을 싱가포르에서 만났는데, 아마 그때 제
인생에서 가장 큰 기자회견을 했던 것 같습니다. 파파라치
수백 명이 몰려들었어요. 그런 광경은 저도 처음 봤고,
다른 사람들도 처음 보는 장면이었죠. 저와 김정은이 각각
걸어 들어와 중간에서 만났던 거, 기억나나요? 그야말로
난리였습니다.

이날 오후 4시부터
진행된 기자회견을
말한다. 당시
김정은에게 체제
보장 제공 및
주한미군 철수와
연합군사훈련의 중단
가능성을 언급했다.

하지만 김정은과 저는 잘 지냈습니다. 그는 정말 똑똑했고,
진정한 권력자였어요. 아마 제가 현직에 있지 않게 되어서
김정은은 무척 낙담했을 겁니다. 제가 있었다면 그에게는
아무 일도 일어나지 않았을 거예요. 우리는 계속 좋은
관계를 유지했을 테니까요.

저는 김정은이 더 큰 틀에서 사고하도록 도왔습니다. 북한의
잠재력은 어마어마합니다. 사람들이 입지 이야기를 하는데,
저는 부동산 전문가입니다. 북한은 러시아와 중국 사이에
있고, 다른 한쪽으로는 한국과 국경을 맞대고 있죠. 저는
김정은에게 이렇게 말했습니다. "당신은 훌륭한 부동산을
가지고 있다. 정말 많은 돈을 벌고 멋진 것들을 가질 수 있을
것이다." 그리고 이렇게 덧붙였죠. "해안선을 따라 멋진
콘도가 들어선다고 생각해보라. 국토의 두 면이 바다로

원산 갈마 해안
관광지구를 염두에 둔
제안.

둘러싸여 있지 않은가?"

저는 김정은과 잘 지냈고, 만약 제가 현직에 있었다면 미북 관계에 아무런 문제가 없었을 겁니다. 하지만 지금 김정은은 우리에게 매우 화가 나 있죠. 저는 김정은이 그녀(해리스)를 좋아하지 않는 것도 이해할 수 있어요. 김정은은 그녀를 잘 모르지만 생각을 빠르게 정리하는 사람이고, 분명 그녀를 좋아하지 않습니다. 또한, 그는 바이든을 아주 멍청한 사람이라고 생각했습니다. 흥미로운 건, 저도 비슷한 생각을 하고 있다는 겁니다. 적어도 이 부분에서는 김정은과 제가 의견이 같아요. 바이든과 그의 측근들은 미국에 큰 해를 끼쳤습니다.

김정은은 괜찮았습니다. 제가 현직에 있었을 때까지는요. (만약 제가 있었다면) 아무 문제도 없었을 겁니다. 그건 확실히 말씀드릴 수 있습니다. 저는 김정은을 싱가포르에서 만나 그를 정말 잘 알게 되었습니다. 저는 항상 우리에게는 내부의 적과 외부의 적이 있다고 말합니다. 김정은도 우리의 적으로 간주될 수 있을 겁니다. 하지만 (제가 현직에 있었다면) 그는 절대 문제를 일으키지 않았을 거라고 생각합니다. [...]

Adin Ross' Livestream With Donald Trump

It's the Hermit Nation, and it really is. I said to him, "Do you know Elton John?" "No, no, no," he replied. I asked, "Did you ever hear the song 'Rocket Man'?" And I actually played him the song. He said, "No, I've never heard it." I said, "You're Rocket Man." He said, "No, you call me Little Rocket Man, not Rocket Man."

But I tell you what, we had a very nasty two months. People were actually worried about it because it could have been dangerous. President Obama told me that Kim Jong-un of North Korea was the single biggest threat to the United States.

One day, I got a call from people who wanted to see me about him. Kim wanted to meet. He didn't want to meet with Obama or anyone else. He's got tremendous nuclear capability—he does. We checked that closely, and he really does.

I got to know him very well, and I got along with him great. He's very smart. He's very strong. He's the absolute leader. A lot of people say, "Oh, maybe he's not the leader." But he is the absolute leader. When he's around, his people stand at attention. I've never seen anything like it. We were at a lunch, and there were 20 people on his side and 20 people on ours, facing each other.

We had a meeting in Singapore. It was the biggest press conference I've ever had. There were thousands of paparazzi—hundreds. I've never seen anything like it. People said they'd never seen anything like it. I was walking in, he was walking in, and we met in the middle. Remember? The place just went crazy. But we got along very well.
He's very, very smart, and you know, he's a real power. He's a real power. I think he's upset that I'm not there. Nothing would have happened with him—we would have gotten along fine.

I was trying to get him to think bigger. His country has incredible potential. You talk about location—I'm a real estate guy. He's right between Russia and China on one side, and South Korea on the other. I said to him, "You have a great piece of real estate. You could make so much. You could have gorgeous things." I even said, "Think about gorgeous condos going up on your shore. You've got a lot of ocean—you've got ocean frontage on both sides, right?"

But I got along with him great, and we would have had no problem. Now, though, he's getting very angry with us. I understand he doesn't like her. He doesn't know her, but he forms opinions quickly, and he doesn't like her. He thought Biden was a stupid man—a very stupid man. He said that, but I say the same thing, so at least we agree on something. Biden and his people have really hurt our country.

Kim Jong-un was great, as long as I was there. There was never going to be a problem—that I can tell you. We met in Singapore. I got to know him so well. And you know, I always say we have enemies from within, and we have enemies on the outside. He would be considered, I guess, an enemy. But I think he would have been absolutely fine. [...]

러시아는 더 이상 우리를 존중하지 않습니다. 중국도 더
이상 우리를 존중하지 않아요. 북한의 김정은은 저를
많이 좋아했죠. 김정은은 지금 저 집단(바이든-해리스
행정부)을 좋아하지 않습니다. 우리는 제3차 세계대전이
일어날 큰 위험에 처해 있습니다. [...]

Mar-a-Lago News Conference (Palm Beach, FL)

Russia doesn't respect us anymore. China doesn't respect us anymore.
North Korea Kim Jong-un, he liked me a lot. He doesn't like this group. We
are in great danger of being in World War III. [...]

평화의 대통령, 전쟁의 대통령

위스콘신주 밀워키 공화당 전당대회 후보 수락 연설 [2024.8.19]

이제껏 좀처럼 본 적 없는 국제적 위기가 닥쳐왔습니다.
유럽과 중동에서 전쟁이 벌어지고 있으며, 대만, 한국,
필리핀을 비롯한 아시아 전역에 분쟁의 불씨가 번지고
있습니다. 지구는 지금 제3차 세계대전의 벼랑 끝으로
치닫고 있습니다. 만약 제3차 세계대전이 일어난다면, 그
어느 때보다 치열한 전쟁이 될 것입니다. [...]

저는 현대사에서 새로운 전쟁을 시작하지 않은 최초의
미국 대통령이었습니다. 저의 재임 기간에 유럽과 중동은
평화로웠습니다. 러시아는 부시 대통령 시절 조지아를
침공했고, 오바마 대통령 시절 크림반도를 점령했습니다.

그리고 러시아는 현 행정부 기간 중 우크라이나 전체를
노리고 있습니다.

트럼프 행정부 시절 러시아는 아무것도 얻지 못했습니다.
저는 시리아와 이라크에서 5년이 걸릴 것으로 예상했던
ISIS 격퇴를 단 두 달 만에 100퍼센트 완수했습니다. 북한의
미사일 발사도 막았습니다. 당시 이란은 약체인 데다 파산
상태였고 협상을 원하고 있었습니다. 이란은 하마스,
헤즈볼라 또는 다른 테러 단체에 돈을 쓰지 않았고, 당연히
핵무기도 보유할 수 없는 상태였을 것입니다. 하지만 이제
이란은 90일 이내에 핵무기를 보유할 수 있게 되었고, 3천억
달러의 자금으로 지역 전역에 테러를 확산시킬 수 있는
국가가 되었습니다.

우리의 반대 세력은 평화로운 세계를 물려받아 그것을
전쟁의 세계로 만들어버렸습니다. [...]

Acceptance Speech at the Republican National Congress in Milwaukee, WI

Then there is an INTERNATIONAL CRISIS the likes of which the world has
seldom seen. War is now raging in Europe and the Middle East, a growing
specter of conflict hangs over Taiwan, Korea, the Philippines, and all of
Asia, and our planet is teetering on the edge of World War Three, and this
will be a war like no other. [...]

I was the first president in modern times to start NO NEW WARS. There
was peace in Europe and the Middle East. Under President Bush, Russia
invaded Georgia. Under President Obama, Russia took Crimea. Under the
current administration, Russia is after all of Ukraine.

Under President Trump, Russia took nothing. We defeated 100 percent of
ISIS in Syria and Iraq, something that was going to take five years, and I did
it in two months. I stopped the missile launches from North Korea. Iran was
weak, broke, and wanted to make a deal—they were not spending money
on Hamas, Hezbollah or other carriers of terror, and Iran was never going to

have a nuclear weapon. Now, they can have one within 90 days, and they have $300 billion dollars to spread terror across the region.

Our opponents inherited a world at peace and turned it into a planet of war. [...]

기후 변화냐 핵 위협이냐

위스콘신주 라크로스 타운 홀 (털시 개버드 진행) [2024.8.29]

그녀(해리스)가 더 이상 기후 변화에 대해 이야기하지 않는 것을 눈치채셨나요? 그녀는 기후 변화 이야기를 하지 않습니다. 왜 그런지 아세요? 사람들이 듣고 싶어 하지 않기 때문이죠. 사람들은 좋은 삶을 살고 싶어 하지 기후 변화로 인해 산업이 멈추는 것을 원하지 않아요. 저들은 예전에 기후 변화를 다른 이름으로 불렀죠. 지구 온난화, 기억하시죠? 기후가 조금 차가워지니까 더는 안 되겠으니 이제 어쩌나? 지구 냉각화라고 하면 되겠네. 그래서 그들은 그 모든 것을 포괄하는 기후 변화라는 단어를 생각해냈습니다. 기후 변화.

기후가 변하고 있지만 저들에 따르면 우리에게 앞으로 얼마나, 뭐 3년 정도 남았다는 거죠? 12년이 남았다고 했었잖아요, 기억하시죠? 그래서 3년 정도 지나면 우리에게 문제가 닥친다고 말씀드릴 수 있어요. 기후 변화가 일어나는데, 다른 종류의 기후 변화입니다. 바로 핵에 의한 지구 온난화입니다. 그것도 지구 온난화라고 할 수 있죠.

여러분에게 현명한 대통령이 없다면 어떻게 될까요. 현재 상당 수준의 핵 역량을 보유한 나라는 5개국입니다. 그중

진행자 털시 개버드(1981~)는 전 하와이주 4선 연방 하원의원. 사상 최초의 힌두교도, 사모아계, 참전용사 여성 의원으로 2022년 10월 민주당을 탈당하고 2024년 8월 트럼프를 지지했다.

2019.1.21. 민주당 소속 최연소 여성 하원의원 알렉산드리아 오카시오-코르테즈(AOC)는 마틴 루터 킹 목사를 기념하는 뉴욕의 MLK 나우 행사에서 기후 변화의 영향을 저감하기 위한 투쟁은 우리 세대의 "제2차 세계대전"이며 "기후 변화를 해결하지 않으면 12년 안에 세계가 멸망할 것"이라고 주장했다.

미국과 러시아 등 일부 국가는 위력적인 핵 역량을 보유하고
있어요. 중국은 아직 뒤처져 있죠. 상당히 뒤처져 있지만
4~5년 안에 우리를 따라잡을 것입니다. 우리는 그러지
않았으면 좋겠다고 생각하죠.

보세요, 제 생각에 우리나라의, 전 세계의 가장 큰 문제는
핵무기입니다. 핵무기는 그 누구도 본 적 없는 가공할
위력이며, 누구도 절대 사용하지 못하게 해야 합니다. 그런
일을 결코 허용해서는 안 됩니다. [...]

Trump Town Hall in La Crosse, WI (Tulsi Gabbard)

Do you notice she doesn't talk about climate change anymore? She's not
talking about it. Do you know why? Because people don't want to hear
it. They want to live a good life. They don't want to stop your industry
with climate change. They used to call it different things. Global warming,
remember? That wasn't working because it was getting a little bit cooler, so
they said, what are we going to do? We'll call it global cooling. So they came
up with the words climate change because that takes care of everything.
Climate change.

So climate's changing, but according to them, we're all going to be gone in
about, what do we have, three years left? They had 12 years, remember?
So in about three years, let me tell you, we do have a problem, though. It's
climate change, but a different kind of climate change. It's called nuclear
global warming. We can say that's global warming.

And if we don't have a smart president, you know, you have five nations
now with pretty massive nuclear power. Some have very massive,
including us and Russia. China's behind, way behind, but within four or five
years, they'll catch up, and we don't want them to catch up.

Look, we, the biggest problem, in my opinion, the biggest problem our
country has, the biggest problem the world has is nuclear weapons. They
are a destructive force, the likes of which nobody has ever seen before,
and we have to make sure they're never used. We have to make sure it's
not going to happen. [...]

펜실베이니아주 존스타운 연설 [2024.8.30]

그래서, 저는 '노드스트림 2'를 중단시켰습니다. 완전히 멈추게 했어요. 그 일은 성사되어서는 안 됐습니다. 그런데 바이든이 대통령이 되더니 '노드스트림 2'를 승인해버렸습니다.

그러고는 사람들이 "트럼프가 러시아에 너무 잘했다"고 말했죠. 저는 러시아에 결코 잘하지 않았습니다. 하지만 그거 아세요? 러시아와 잘 지내는 건 좋은 일이지, 나쁜 일이 아닙니다. 그걸 기억하세요. 그 사람들과 잘 지내는 것은 나쁘지 않아요. 좋은 일입니다. 현명한 일이죠.

저는 북한의 김정은과도 잘 지냈어요. 기억하세요. 제가 처음으로 이 나라(북한)에서 군사분계선을 도보로 건넌 미국 대통령이고, 그의 핵 능력도 살펴봤습니다. 그것은 대단히 중요한 일입니다.

잘 지내는 것은 좋은 일입니다. 나쁘지 않죠. 가짜 뉴스에서는 "트럼프가 푸틴을 좋아한다"거나 "푸틴이 트럼프를 좋아한다"고 말하죠. 제가 말씀드리죠. 사람들이 "시진핑 주석이 트럼프를 좋아한다"고 말하는 것은 좋은 일이지, 나쁜 일이 아닙니다. 하지만 우리는 중국에 강경했습니다. 우리는 중국으로부터 수천억 달러에 달하는 세금과 관세를 징수했죠. [...]

Trump Rally in Johnstown, PA

So, I stopped Nord Stream 2, stopped it cold. It wasn't going to happen. This guy comes in. He approves it.

'노드스트림 2(Nord Stream 2)'는 러시아 가스프롬이 러시아에서 유럽으로의 가스 수출을 늘리기 위해 에스토니아 인근 러시아 북서부 우스트-루가(Ust-Luga)와 독일 루브민(Lubmin)을 연결하는 가스 프로젝트다. 우크라이나 침공 문제로 독일이 개통 허가를 보류하여 서비스를 개시하지 못했다.

2019.6.30. 방한한 트럼프 대통령은 판문점 남측 지역에서 김정은 국무위원장을 만나 함께 군사분계선을 넘어 북한 땅을 밟았다.

Then they say, "Oh, Trump was nice to Russia." I wasn't nice to Russia. But you know what? Getting along with Russia is a good thing, not a bad thing. Remember that. Getting along with these people is a good thing, not a bad thing. It's a smart thing to do.

I got along with Kim Jong-un of North Korea. Remember, I walked over the first person to ever walk over from this country, and I — we also looked at his nuclear capability. It's very substantial.

You know, getting along is a good thing. It's not a bad thing. The fake news would say, "He likes Putin," or "Putin likes him." Let me tell you. They said, "President Xi likes Trump." That's a good thing, not a bad thing. But we were tough with China, too. We took in hundreds of billions of dollars' worth of taxes and tariffs. [...]

ABC 트럼프-해리스 TV 토론 [2024.9.10]

세계 지도자들에 대해 말씀드릴까요? 가장 존경받는 인물 중 한 명인 오르반 빅토르를 사람들은 스트롱맨(철권 통치자)이라고 부릅니다. 그는 강한 사람입니다. 똑똑하죠. 헝가리의 총리입니다.

오르반 빅토르(Orban Viktor, 1963-)는 헝가리 총리이자 우파 연합 정권을 이끌고 있는 보수정당 피데스(FDS)의 당 대표이다.

사람들은 이렇게 묻습니다. "전 세계가 왜 이렇게 폭발하고 있는가? 3년 전에는 이러지 않았는데, 왜 폭발하고 있는가?" 오르반은 이렇게 답했습니다. "트럼프가 대통령으로 돌아와야 하기 때문이다. 사람들은 트럼프를 두려워했다. 중국도 트럼프를 두려워했다." 저는 '두려움'이라는 단어를 쓰고 싶지 않지만요. 오르반의 말을 그대로 인용하는 것뿐입니다.

"중국은 그를 두려워했다. 북한도 그를 두려워했다." 참고로, 지금 북한에 무슨 일이 일어나고 있는지 보십시오.

오르반은 또 이렇게 말했습니다. "러시아도 그를 두려워했다." 제가 '노드스트림 2' 파이프라인을 중단시켰지만, 바이든은 취임 첫날 그것을 부활시켰습니다. 그러면서도 '(키스톤) XL 파이프라인'은 그만두었죠. 우리나라의 'XL 파이프라인' 말입니다. 바이든은 그 프로젝트를 그만두었습니다. 그런데도 그는 러시아에서 유럽과 독일로 향하는, 세계에서 가장 큰 규모의 파이프라인을 건설하도록 방치했습니다.

보십시오. 오르반 빅토르가 이렇게 말했습니다. "가장 존경받고 가장 두려운 사람은 다름 아닌 도널드 트럼프이다. 트럼프가 대통령이었을 때는 아무 문제가 없었다." [...]

2021.1.20. 바이든 대통령은 취임 첫날, 미국 텍사스주와 캐나다 앨버타주를 연결하는 송유관인 '키스톤 XL 파이프라인' 프로젝트를 중단시켰다. 미국의 안정적인 에너지 공급을 위해 추진된 사업이지만, 오염 유발이 심각한 오일샌드에서 채굴된 캐나다산 원유에 대해 환경운동가들의 반발이 거셌기 때문이다.

ABC Presidential Debate

Let me just tell you about world leaders. Viktor Orban, one of the most respected men, they call him a strong man. He's a tough person. Smart. Prime Minister of Hungary.

They said, "Why is the whole world blowing up? Three years ago it wasn't. Why is it blowing up?" He said, "Because you need Trump back as president. They were afraid of him. China was afraid." And I don't like to use the word afraid but I'm just quoting him.

"China was afraid of him. North Korea was afraid of him." Look at what's going on with North Korea, by the way.

He said, "Russia was afraid of him." I ended the Nord Stream 2 pipeline and Biden put it back on day one but he ended the XL pipeline. The XL Pipeline in our country. He ended that. But he let the Russians build a pipeline going all over Europe and heading into Germany. The biggest pipeline in the world.

Look, Viktor Orban said it. He said, "The most respected, most feared person is Donald Trump. We had no problems when Trump was president." [...]

그녀(카멀라 해리스)는 지독히 무능합니다. 그녀는 신뢰할 수 없습니다. 그리고 그녀는 미국 대통령직을 수행할 자격이 전혀 없습니다.

저는 그들 모두를 잘 알고 있습니다. 저는 시진핑 주석도 푸틴도 북한의 김정은도 잘 압니다. 바이든은요, "북한은 힘든 상황"이라고 말했습니다. 우리 때는 문제가 없었어요. 저는 김정은과 아주 잘 지냈어요.

저는 "내 책상에도 빨간 버튼이 있지만, 내 버튼은 훨씬 크고 더 잘 작동한다"고 대답했습니다. 시작은 좀 거칠었죠? 기억하시죠? 리틀 로켓맨. 그가 "내 책상에 빨간 버튼이 있다"라고 말했죠. 기억나시나요? 그건 정말 위협적으로 들렸어요. "내 책상에 빨간 버튼이 있다." 그러고 나서 그는 저에게 전화를 걸어 회담을 요청했고, 저는 김정은과 회동했습니다. 제가 그를 처음 만난 미국 대통령이었죠.

벼락 후세인 오바마는 … 우리가 전에 만났을 때 말입니다만, 사실 현직 대통령이 후임 대통령과 마주 앉는다는 것은 아름다운 관행이에요. 오바마는 "우리가 가진 가장 큰 문제는 북한"이라고 말했습니다. 우리 때는 북한과 아무 문제가 없었어요. 멍청한 사람들이 우리나라를 통치한다면, 앞으로 문제가 생길 수 있겠죠. 하지만 우리 때는 문제가 없었습니다.

저는 김정은을 만났습니다. 제가 그를 두 번째 만난 것은 대단한 일이었어요. 우린 좋은 일을 하려던 중이었어요.

2016.11.10.
오바마 대통령은 트럼프 당선인을 백악관으로 초대해 집무실에서 환담을 나누었다.

하지만 그는 핵무기라는 가공할 위력을 가지고 있었죠.
누군가가 그렇게 되도록 허용했으니 가능했던 것입니다.

우리나라는 4년 동안 정말 끔찍한 호러 쇼를 겪었어요.
4년을 또 이렇게 보낼 수 없습니다. 우리는 지독하게 무능한
남자를 대통령으로 뽑았는데, 이제 제가 보기에 그보다
더 나쁜 여자가 나왔습니다. 저는 그 여자가 더 나쁘다고
생각해요. 그리고 우리는 앞으로 그런 일이 일어나도록
방치해서는 안 됩니다. [...]

Trump Rally in Scranton, Pennsylvania

She's grossly incompetent. She cannot be trusted. And she is totally ill-equipped to do the job of being President of the United States.

Let me tell you, I know all of them. I know President Xi. I know Putin. I know Kim Jong-un of North Korea. Biden. He said, "Oh, that's a tough situation in North Korea." We had no problem. I got along with him very good.

A little rough start, right? Remember? Little rocket man. Remember when he said, "I have a red button on my desk"? That was a very threatening sound. "I have a red button on my desk." I said, "I have a red button on mine too, but mine's much bigger and mine works." And then he called me and he asked for a meeting, and we had a meeting. First time anyone's ever met.
Trump Rally in Scranton, Pennsylvania

Barack Hussein Obama [...] told me that the toughest thing when we sit before, it's a beautiful thing, actually. The President sits with a new President coming in. He said, "The biggest problem we have by far is North Korea." We didn't have a problem with North Korea, believe me. You may have in the future if you have stupid people running our country. But we had no problem.

I met with him. It was a big deal that I met with him a second time. We were on our way to doing something fine. But he's got, you know, a lot of, he's got tremendous nuclear power. Somebody let him get there.

Our country just went through four years of really a horror show, and we cannot have four more years. We just had a man who's grossly incompetent as our President, and now we have a woman who is actually, in my opinion, worse than him. I believe she's worse than him. And we can't, we can't allow it to happen. [...]

일리노이주 시카고 경제인 클럽 대담 [2024.10.16]

저는 시진핑 주석이나 푸틴과 아주 좋은 관계를 유지했어요. 여러분이 믿지 못할 정도로 위력적인 핵무기를 가진 김정은과도 아주 좋은 관계를 유지했습니다. 그런데 오늘 그가 한국으로 가는 철도를 폭파했다는 보도가 나왔죠. 이제 한국은 러시아와 중국, 그리고 다른 여러 나라와 단절된 상태입니다. 철도가 끊겼다는 거죠. [...]

2024.10.15. 북한이 군사분계선 북측 도로 일대, 개성시 판문구역 동내리 일대 경의선 도로 및 철도 60미터 구간과 강원도 고성군 감호리 일대 동해선 도로 및 철도 60미터 구간을 폭파한 사건을 말한다.

Trump Speaks to Economic Club of Chicago in Chicago, IL

Look, I had a very, I had a very good relationship with President Xi and had a very good relationship with Putin and a very good relationship with Kim Jong-un, who is a nuclear force that you won't even believe. And by the way, today it was announced that he just blew up the railroad going into South Korea. That means South Korea is now cut off from Russia and China and various other places. I mean, cut off by rail. [...]

김정은은 오바마를 얼간이로 생각해

노스캐롤라이나주 그린즈버러 유세 [2024.10.22]

이들(시진핑, 푸틴)은 터프한 사람들입니다. 그리고 김정은. 북한에는 사방에 핵무기가 널려 있습니다. 제가 김정은에게 물었습니다. "당신 다른 건 안 하나? 경기라도 보러 가는지,

뭐라도 하는 게 있나?"

그는 핵무기 만드는 것을 좋아합니다. 그걸 만드는 게 좋은
겁니다. 지금 김정은은 많은 핵무기를 보유하고 있습니다.
그리고 그는 지금 우리의 리더십을 존중하지 않습니다.

그는 오바마를 존경하지 않았습니다. 그는 오바마가
진짜 얼간이라고 생각했죠. 진짜 얼간이라고. 제가 봐도
그렇습니다. 지난 며칠 동안 오바마가 선거운동 하는 것을
지켜보니, 정말 얼간이처럼 보였습니다. 완전히 분열주의자
아닙니까? 그는 이 나라를 분열시켰어요. [...]

트럼프 행정부가 출범하는 첫날, 저는 카멀라 해리스의
미친 전기자동차 의무화 정책을 종료하고 '그린 뉴
스캠(사기극)'을 완전히 끝낼 것입니다.

'그린 뉴 스캠', 누구 아이디어인지 아시죠? 바로
알렉산드리아 오카시오-코르테스(AOC), 젊은
여성입니다. 아주 좋은 사람이죠. 대학에서 환경을
공부하지도 않았고, 평범한 학생에 불과했습니다. 어느 날
그녀가 나타나 이렇게 말했습니다. "해수면이 상승하고
있으니, 12년 안에 우리 모두 죽게 될 거야." 그런데 벌써
12년이 지났습니다. 무슨 일이 일어나고 있나요?

아니, 우리가 진짜 걱정해야 할 것은 훨씬 더 큰 위협입니다.
바로 핵무기라는 위협, 그리고 국가를 운영하는 멍청한
사람들이 있습니다.

그리고 지구 온난화에 대해 말하자면, 핵무기야말로

진짜 지구 온난화입니다. 앞으로 400년 동안 바다가
3.125밀리미터 상승해서 우리가 절멸할 거라는 말도 안
되는 얘기가 아닙니다. 진짜 위협은 바로 눈앞에 놓여
있습니다. 우리는 제3차 세계대전에 매우 근접해 있습니다.
이제 우리는 현명해질 필요가 있습니다.

지금 무슨 일이 일어나고 있는지 보십시오. 우리는
세계대전의 문턱에 와 있습니다. 우리 앞에 몇 가지 다른
영역이 있겠지만, 그것만이 전부가 아닙니다. 여러분 옆을
한번 보십시오. 어떤 세력이 결집하고 있는지 보이십니까?
이란, 러시아, 중국, 그리고 이제 북한까지 그 집단에
합류하고 있습니다.

이건 안 됩니다. 우리에게는 이런 일이 일어나도록
내버려두는 매우 어리석은 사람들이 있습니다. 이런 일은
절대 일어나지 말아야 했습니다. [...]

Trump Rally in Greensboro, North Carolina

These are people that are tough people. Kim Jong-un, North Korea.
Nuclear weapons all over the place. I said, "You ever do anything else? Go
to a game? Do something?"

He loves producing nuclear weapons. That's what he likes producing. And
he's got a lot of them. And he has no respect for our leadership now.

He didn't respect Obama. He thought Obama was a real jerk. A real jerk.
And I think he's a real jerk, because I've watched him campaign over the
last couple of days. I watched him campaign. What a divider he is, right? He
divided this country. [...]

On day one of the Trump administration, I will terminate Kamala's insane
electric vehicle mandate and we will end the Green New Scam once and for
all.

The Green New Scam, you know whose idea that was, right? AOC, young girl. Very nice person. She never even studied the environment in college. Average student at best. She walked in one day, she said, "We're going to all be dead in 12 years because the oceans are rising." Well, it's been more than 12 years. What's going on?

No, we have a much bigger threat. We have a threat called nuclear weapons and having stupid people running our country.
And if you talk about global warming, that's the real global warming, not this nonsense of the ocean's going to rise over the next 400 years by one-eighth of an inch, and we're going to be wiped out. No, we have a threat right now. We better get smart because we're very close to World War III.

If you take a look at what's going on, we're very close. So, we have a couple of different areas, but we'll have more than that. And you can look at the side, look at the teams. They're already being divided up. You see what's going on with Iran, and Russia, and China, and now other countries are adding into that group, North Korea.

No, no, no. We have very stupid people letting this happen. That should have never happened.

한국이 치러야 할 비용

트루스 소셜 게시물 [2023.5.22]

저는 매우 부유한 국가인 한국을 상대로, 군사적 보호를
받으려면 무엇인가를 지불해야 한다는 취지에서 수십억
달러를 받아냈습니다. 그런데 바이든은 방금 한국 방문을
마치고 돌아오면서도 아무것도 요구하지 않았습니다.
한국인들은 우리가 너무 멍청하다고 생각할 겁니다!

Trump's Truth Social Post

I took in $Billions from South Korea in order for them, a VERY wealthy
Nation, to be paying something for their Military protection. Biden just left
and didn't ask for ANYTHING. They think we are sooo STUPID!!!

트루스 소셜 게시물 [2023.2.21]

제가 대통령으로 재임하면서 잘 지냈던 북한의 김정은은
한미 공동으로 대규모 군사훈련과 공중 훈련을 벌이는
것을 달가워하지 않습니다. 그는 이를 위협으로 느낍니다.
저조차도 한국이 이렇게 대단히 비싸고 도발적인 군사
훈련을 하면서도 우리에게 비용을 거의 지불하지 않는
상황에 대해 지속적으로 문제 제기를 했습니다.

이건 말도 안 되는 상황입니다. 우리는 주한미군 3만
5천 명을 위험 속에 배치하고 있습니다. 저는 한국이
수십억 달러에 이르는 주둔 비용을 전액 지불하는 합의를
끌어냈고요. 하지만 바이든은 이를 포기했습니다. 정말

안타까운 일입니다!

Trump's Truth Social Post

Kim Jong-un of North Korea, who I got to know and got along with very well during my years as President, is not happy with the U.S. and South Korea doing big training and air exercises together. He feels threatened. Even I would constantly complain that South Korea pays us very little to do these extremely expensive and provocative drills.

It's really ridiculous. We have 35,000 in jeopardy soldiers there, I had a deal for full payment to us, $Billions, and Biden gave it away. Such a shame!!!

〈타임〉지 인터뷰 [2024.4.12]

(주한미군 철수 의지가 있는지에 대해) 저는 한국이 우리를 제대로 대우해주길 바랍니다. 아시다시피, 저는 한국이 4만 명의 주한미군 병력에 대해 사실상 아무것도 지불하지 않는 상태에서 협상을 이끌어냈습니다. 우리는 4만 명의 미군을 한국에 배치하고 있고, 다소 불안정한 위치에 있습니다. 가볍게 말하면, 바로 옆에는 제가 비록 아주 잘 지내긴 하지만 그럼에도 '비전을 가진' 사람(김정은)이 있기 때문입니다.

그래서 한국에는 불안정한 위치에 처한 4만 명의 우리 미군이 있습니다. 저는 한국을 상대로 이제 여러분이 나서서 비용을 지불해야 할 때라고 말했습니다. 한국은 매우 부유한 나라가 되었어요. 우리는 사실상 그들의 군대 대부분을 무상으로 지원했습니다. 그래서 그들은 수십억 달러를 지불하기로 동의했습니다. 그런데 제가 대통령직에서 물러난 지금은 아마 거의 지불하지 않고 있을 겁니다.

기자께서 아시는지 모르겠지만, 한국은 저와 맺은 합의를 번복하고 재협상했어요. 그리고 그들은 아주 적은 돈을 지불하고 있을 뿐입니다. 하지만 제가 대통령일 때 한국은 우리가 그곳에 군대를 주둔하는 대가로 수십억 달러를 지불했습니다. 제가 듣기로 그들은 바이든 행정부와 재협상을 거쳐 저와 합의한 금액을 거의 아무것도 내지 않았던 이전 수준으로 크게 낮추었어요. [...]

Donald Trump's Interviews With TIME

Well, I want South Korea to treat us properly. As you know, I got them to—I had negotiations, because they were paying virtually nothing for 40,000 troops that we had there. We have 40,000 troops, and in a somewhat precarious position, to put it mildly, because right next door happens to be a man I got along with very well, but a man who nevertheless, he's got visions of things.

And we have 40,000 troops that are in a precarious position. And I told South Korea that it's time that you step up and pay. They've become a very wealthy country. We've essentially paid for much of their military, free of charge. And they agreed to pay billions of dollars. And now probably now that I'm gone, they're paying very little.

I don't know if you know that they renegotiated the deal I made. And they're paying very little. But they paid us billions, many billions of dollars, for us having troops there. From what I'm hearing, they were able to renegotiate with the Biden Administration and bring that number way, way down to what it was before, which was almost nothing. [...]

뉴저지주 와일드우드 유세 [2024.5.11]

한국. 우리는 그들의 국방비를 대신 지불하고 있습니다. 지금 4만 명의 주한미군이 그곳에 배치되어 있습니다. 하지만 그들은 우리에게 한 푼도 지불하지 않습니다. 저는

트럼프의 주장과 달리 주한미군의 실제 규모는 1970~1980년대 4만 명, 1990~2000년대 3만 명, 2010~2020년대 2만 명 정도였다.

그걸 바꿨습니다. 그러나 이제 바이든은, 제가 알기로는, 그 협상을 깨길 원합니다. 그는 제가 몹시 거칠었고, 한국이 너무 많은 비용을 낸다고 생각한 겁니다.

한국은 엄청난 돈을 벌고 있습니다. 그들은 우리의 조선 산업과 컴퓨터 산업을 가져가고, 다른 많은 산업을 장악하면서 막대한 수익을 올리고 있죠. 한국은 충분히 국방비를 스스로 부담할 수 있는 나라입니다.

그리고 이런 것들이 제가 대통령으로서 해낸 일들입니다. 즐거우셨나요? 이제 다른 주제로 넘어가보죠. [...]

Trump Rally in Wildwood, NJ

South Korea. We're paying for their military. We have 42,000 soldiers there. They pay us like, nothing. I changed that. But now, Biden, I understand, wants to break it. He thought I was too rough and they're paying too much.

They make a fortune. They took our shipping industry. They took our computer industry. They took so many different industries, and they're making a lot of money. They can pay for their military.

And these are the things I was doing as president. Are you enjoying this? Let's get on to another subject. [...]

'머니 머신' 코리아

일리노이주 시카고 경제인 클럽 대담 [2024.10.16]

저는 한국을 사랑합니다. 한국인들은 훌륭한 사람들이고 야망도 대단합니다. 그들은 '머니 머신'을 쥐고 있습니다.

트럼프가 2019년 제11차 SMA 협상에서 50억 달러 증액을 요구했으나 타결되지 않았고, 바이든이 2021년 8억 5,313만 달러에 타결하고 매년 한국 국방비 증액에 맞춰 인상하기로 했다.

우리는 북한과 여타 위협들로부터 한국을 보호하고
있습니다. 북한은 강력한 핵무기를 보유한 국가입니다.
저는 김정은과도 아주 잘 지냈어요. 그런데 잠깐만요,
한국은 우리에게 방위비를 전혀 지불하지 않고 있어요. 제가
말했죠. "이건 미친 짓이오." [...]

저는 이와 관련된 여러 합의를 파기했습니다. 그리고
한국 측에 말했죠. "유감이지만 당신들은 이제 주한미군
주둔 비용을 지불해야 한다. 한국에는 4만 명의 미군이
배치되어 있다. 그 비용은 당신들이 내야 한다. 한국은 이제
매우 부유한 나라가 되지 않았나." 그러자 그들은 이렇게
답했습니다. "아니다, 우리는 그 돈을 낼 수 없다. 한국전쟁
이후로 한 번도 그런 비용을 낸 적이 없다."

저는 "아니, 무조건 받아야겠다. 우선 연간 50억 달러로
시작하자"고 제안했습니다. 그들은 "안 돼, 안 돼"
하며 난리가 났죠. 결국 한국은 20억 달러를 내기로
합의했습니다. 저는 아무것도 양보하지 않고 20억 달러를
받아냈습니다.

저는 한국 측에 "이렇게 하자"고 통지했습니다. 그러자
그들은 "이 안건은 국회에서 통과되어야 한다. 바로 동의할
수 없다"고 답했습니다. 그쪽도 의회든 뭐든 입법부가
있잖습니까.

저는 "괜찮다. 그건 충분히 이해할 수 있다. 일단 20억
달러로 시작하고, 내년에 다시 이야기하자"고 했습니다.
이후 저는 (분담금을) 다시 50억 달러로 증액하려 했고,
한국 정부도 이를 각오하고 있었습니다.

트럼프가 한국을 '머니
머신'으로 처음 묘사한
행사다. 머니 머신은
'매우 높은 수익을 내는
제도나 기관, 또는
돈에 집착해 심미적,
정신적인 가치를
희생하는 사람'을
의미하는 표현이다.
이는 1980년대
초반 경제 대국으로
떠오른 일본에 대해
미국인들이 가졌던
인상과 유사하다.
이번 선거에서
트럼프는 러시아를 '워
머신'이라고 부르기도
했다.

트럼프가 아닌 바이든이 당선된 것을 가장 기뻐했던 사람들은 한국 사람들이었습니다.

그 후 한국이 어떻게 했는지 아세요? 한국은 저와 했던 합의를 파기했습니다. 우리가 합의했던 내용은 모두 원점으로 돌아갔죠. 한국은 바이든에게 아무것도 주지 않기로 한 겁니다.

사실 한국은 기꺼이 돈을 낼 생각이 있었어요. 우리는 대단히 위험한 지역에 있으며, 막강한 군사 대국인 북한에 맞서기 위해 4만 명의 미군을 배치하고 있습니다. 북한은 위력적인 핵무기를 보유하고 있죠. 저는 한국을 상대로 "돈을 내라"고 말했고, 그들의 동의를 얻어냈습니다.

하지만 바이든이 들어서면서 이 모든 합의를 물거품으로 만들었습니다. 정말 안타까운 일이죠. 만약 제가 지금 대통령이었다면 한국은 우리에게 연간 100억 달러를 지불하고 있을 겁니다. 그리고 그거 아세요? 한국은 기꺼이 그렇게 했을 겁니다. 이 사람들은 진짜 '머니 머신'이라니까요. [...]

Trump Speaks to Economic Club of Chicago in Chicago, IL

South Korea—I love South Korea. They're wonderful people, extremely ambitious. They have a money machine. We protect them from North Korea and other people. North Korea is very nuclear. I got along with them very well. Kim Jong-un. Wait, they don't pay us anything. And I said, "this is crazy."
I got out of many of those deals. I told South Korea, "I'm sorry, you're going to have to pay for your military. We have 40,000 troops over there. You're going to have to pay. You become a very wealthy country." They said, "No, no, no, we will not pay; we haven't paid since the Korean War."

I said, "No, you gotta pay. Five billion dollars a year to start off with." "No, no." They went crazy. They agreed to two. I got two billion dollars for nothing.

I said, "Here's what we're going to do." They said, "We can't agree to this because we have to go through Parliament." They have the parliament or whatever their legislature is.

I said, "That's okay, I fully understand. Make it two billion dollars, but next year I'm going to talk to you again." And I was going to make it five billion. They knew it was coming.

The happiest people to see that it was Biden instead of Trump with them, South Korea.

You know what they did? They cut off the deal that I made where they were paying us, but they're back to nothing because they went back to Biden and they gave it to him for nothing.

They were willing to pay. We have 40,000 troops in harm's way—very serious—because you have North Korea, which is a very serious power. They have tremendous nuclear power, and I said to South Korea, "You gotta pay," and they agreed to do it.

Then Biden cut it back, and it's a shame. I could tell you if I were there now, they'd be paying us ten billion dollars a year. And you know what? They'd be happy to do it. It's a money machine. […]

3 한미 동맹(FTA)

저는 다른 나라들과의 무역협정을 재협상하는 데 큰
성과를 거두었습니다. 제가 본 것 중 그야말로 최악이고
끔찍한 협상들이었죠. 저는 종종 "도대체 누가 이런 협상을
했을까?" 하는 의문을 가졌습니다. 협정 내용이 너무나
불리했어요.

이런 협정을 맺은 사람들은 아주 멍청한 사람들이거나,
미국을 증오하는 사람들이었겠죠. 둘 다였다고 생각합니다.
네, 아마도요. 둘 다라고 생각합니다.

제가 본 것 중 최악의 무역협정은 일본, 한국, 멕시코,
캐나다, 중국, 이 모든 국가와 체결한 협정이었습니다. 그
내용이 얼마나 불리한지 정말 놀라웠습니다. 그리고 한국의
경우, 우리는 그들의 경제를 돌봐주고 있을 뿐 아니라,
군대까지 돌보고 있습니다.

한국은 김정은과 국경을 맞대고 있죠. 그런데 김정은과 저는
아주 좋은 관계를 유지하고 있습니다. 어떤 사람들은 "그런
좋은 관계는 바람직하지 않다"고 말하지만, 좋은 관계를
유지하는 건 매우 좋은 일입니다. 정말 그렇습니다. [...]

Trump Rally in Manchester, New Hampshire

I did a great job in renegotiating trade deals with other countries. They
were the worst, the most horrible deals I've ever seen. I'd often wonder to
myself, "Who the hell negotiated these deals?" They were so bad.

They were either very, very stupid people or they hated our country. Could
only be one of two. I think both. Yeah, probably. I think maybe both.

No, the worst deals I've ever seen with Japan and with South Korea, Mexico, Canada, China, all of these countries. It was just amazing that how bad they were and like South Korea, we take care of their economy. We take care of everything. We take care of the military.

They're right next door to Kim Jong-un. He and I have a very good relationship. People would say, "It's not good to have a good…" Yeah, it's very good to have a good relationship. It really is. […]

한미 FTA는 최악의 무역협정

미시간주 디트로이트 경제인 클럽 대담 [2024.10.10]

저는 재앙이었던 오바마의 한미 FTA를 재협상하여 외국산 픽업트럭에 대한 보호관세를 완전히 회복시켰습니다. 미국 자동차 산업의 수익은 대부분 픽업트럭에서 나와요. 누가 생각할 수 있었겠어요, 그렇지 않습니까?

하지만 우리는 잘하고 있습니다. 만약 그때 관세를 부과하지 않았다면 자동차 산업은 사라졌을 겁니다. 그 수입으로 다른 것들에 보조금을 지급할 수 있습니다. 그리고 그렇게 한 유일한 이유는, 제가 관세를 부과하지 않았다면 전 세계에서 몰려든 제품이 우리 산업을 잠식했을 것이라는 데 있습니다. […]

Trump Speaks to Detroit Economic Club DEC in Detroit, MI

I renegotiated Obama's Korea trade deal, which was a disaster, to fully restore the protective tariff on foreign pickup trucks. You know, the auto industry in this country makes most of its money from the pickup truck. Who would think, right?

But we do great. If we didn't have that, you'd have no auto industry, because that subsidizes other things. And the only reason it does is that the tariff on every single one of the big, if I didn't put those tariffs, you would be inundated from all over the world and you wouldn't have it. [...]

우리는 한국, 일본을 상대로 재협상을 했습니다. 아베 총리는 정말 대단한 사람이었습니다. 하지만 아베 총리는 어떻게 되었나요? 끔찍한 일이죠. 그는 훌륭한 신사, 위대한 인물이었습니다.

당시 우리는 미국의 농민들과 제조업을 위해 일본과 협상을 진행했고, 매우 좋은 성과를 거두었습니다. 기존 협정은 너무 일방적이어서 미국에 대단히 불리한 상황에서 시작할 수밖에 없었습니다. 그들은 우리에게 수백만 대의 자동차를 파는데 우리는….

저는 아베 총리에게 이렇게 물었습니다. "신조, 하나만 묻겠다. 도쿄 시내 한복판에서 미국 차가 몇 대나 팔리고 있나? 쉐보레가 몇 대나 팔리던가?" 그러자 그는 이렇게 답했죠. "한 대도 없는 것 같다." 제가 말했습니다. "맞아. 단 한 대도 없지."

이처럼 미일 무역협정은 일본에 매우 일방적으로 유리한 구조였습니다. 우리는 특히 농민들의 이익을 위해 많은 부분을 바로잡았습니다. 모든 걸 바꾼 끝에 우리는 확실히 나아지는 중이었고, 상승세를 타고 승승장구하고 있었습니다. […]

Trump Rally in Sioux Center, IA

We renegotiated with South Korea, with Japan, with Abe, who was so great. But what happened to Abe? It was horrible. He was a great gentleman, great man.

But we renegotiated the Japanese deal for the farmers and for manufacturers, and it worked out to be really good. We started off with a horrible base because it was so one-sided. They sell millions of cars and we...

I said, "Shinzo, let me ask you a question. How many cars are we selling in the middle of Tokyo? How many Chevrolets are we selling in the middle of Tokyo?" "I don't believe any." "That's right. We have none."

It was a very one-sided deal, and we changed it around a lot, especially for the farmers, frankly, especially for the farmers. But we changed all of these things around, and we were rocking and rolling. [...]

아베 총리와의 일화

미시간주 디트로이트 경제인 클럽 대담 [2024.10.10]

아베 신조는 위대했습니다. 그는 암살당했습니다. 정말 대단한 사람이었죠. 일본에 갔을 때 저는 그에게 이렇게 말했습니다. "신조, 우리는 이걸 해야만 해."

저는 그와 잘 알고 지내게 되었습니다. 그는 저의 진정한 친구였어요. 일본 국민에게 사랑받는 위대한 인물이었죠. 와병으로 잠시 정계를 떠나야 했지만, 다시 복귀할 예정이었고 쉽게 복귀할 수 있었을 거예요. 그리고 그는 막 돌아올 준비를 하고 있었죠. 그는 몸 상태가 훨씬 나아졌는데 아마 병이 완치된 것 같았어요. 그는 복귀할 예정이었어요.

그런데 저는 아베 총리에게 말했습니다. "신조, 우리는 무역에 대해 짚고 넘어가야 한다. 이런 이야기를 꺼내게 되어 미안하다. 이것은 내가 본 것 중 가장 일방적인 거래다.

2022.7.8. 아베 신조 전 총리는 현직 중의원 신분이었으며 참의원 선거를 앞두고 나라현에서 지원 유세 중 총격을 받아 사망했다.

당신은 우리에게 수백만 대의 자동차를 수출하는데 우리는
자동차 한 대도 수출하지 못한다." 일본은 우리 차를 전혀
받지 않았어요.

"당신은 우리에게 온갖 농산물을 보내면서도 우리 농산물을
받아들이지 않는다. 미안하지만 신조, 이제 협상을
해야겠어." 그는 저를 쳐다보더니 이렇게 말했습니다. "나도
안다."

저는 물었습니다. "뭘 안다는 것인가?" 그는 이렇게
답했습니다. "당신이 내게 재협상을 제안할 것을 안다. 그
무역협정은 불공평했다."

그래서 저는 물었습니다. "어쩌다 이렇게 되었나?" 그는
설명했습니다. "우리가 요구하면 미국인들은 그대로
동의하더라. 당신들의 대표, 대통령, 참고로 말하면
공화당원들도 동의하더라. 민주당원들만 그랬던 것이
아니다." 우리가 친구 사이니까 이런 이야기를 해주었던
것입니다. 만약 그가 지금 살아 있다면 저는 공개적으로는
이런 말을 하지 않았을 것입니다. 그는 제게 진실을
말했습니다.

저는 물었습니다. "어떻게 이런 거래를 성사시킬 수
있었는가?." 그는 이렇게 답했습니다. "우리가 요청하면
그쪽에서 그대로 승인하더라. 우리도 깜짝 놀랐다. 하지만
나는 당신이 날 보러 올 줄 알았다." 그래서 저는 말했습니다.
"신조, 당신을 꼭 만나야 했다."

그리고 우리는 일본과 새로운 합의안을 도출했어요. 하지만

2019.6.29.
오사카 G20
정상회의와 병행해
열린 미일 정상회담을
말한다. 2012년부터
두 번째 임기의
총리직을 수행해온
아베 총리가 궤양성
대장염으로 사임한
것은 회담 1년 후인
2020년 9월 16일로,
트럼프의 회고와는
차이가 있다.

기존의 협상에 손발이 묶인 상태였기 때문에 평소처럼
좋은 딜을 만들어낼 수는 없었습니다. 그래도 꽤 매력적인
합의안을 도출했고, 정말 멋진 딜을 성사시키려던 차에 이
사달이 났습니다. 하지만 그는 훌륭했어요.

그가 저를 쳐다보는 순간을 잊을 수 없어요. 그는
이렇게 말했습니다. "도널드, 당신이 재협상을 할 줄
알았다. 당신은 이 협상이 불공평하다는 걸 파악했다고
생각했기 때문이다." 그는 "다른 사람들은 그렇지 못한 것
같더라"고도 말했는데, 이건 생각해보면 꽤 슬픈 일이죠.
[...]

Trump Speaks to Detroit Economic Club in Detroit, MI

Shinzo Abe was great. He was assassinated. What a great man he was.
When I went to Shinzo, I said, "Shinzo, we have to..."

I got to know him very well. He was really a friend of mine. He was a great,
great man, actually, loved by the Japanese people. He got sick, he had to
take a leave of absence for a period of time, but he was going back and he
would have gone back and easily gone back. And he was just getting ready
to do it. He was, he was much better, I think he was probably cured of what
he had. And he was going back.

But I said to him, "Shinzo, we have to talk about trade. I'm sorry to bring
it up, I'm sorry. This is the most one-sided deal I've ever seen. You send
millions of cars to us and we can't send you a car." They didn't accept any
of our cars.

"You send all of your farm products to us and you don't want to accept
our farm products. I'm sorry, Shinzo, we're going to have to negotiate
something." He looked at me, he goes, "I know."

I said, "What do you know?" He said, "Well, I know that you were going to
be coming back to me. And I know that it hasn't been fair."

I said, "Well, how did it happen?" He said, "Well, we'd ask for things and
the Americans would agree to it. Your representatives, your presidents,

Republicans too, by the way, I'm not talking just Democrats." We were friends, he would say this. I probably wouldn't say it if he were around, because it's not very nice, but he told the truth.

I said, "How did you get these deals?" He said, "We would ask and they would approve. And we were amazed ourselves, but I knew you'd be coming to see me." And I said, "I have to see you, Shinzo."

And we made a new deal with Japan. But we were stuck with an old one, so I couldn't negotiate as good as I normally would. But we made it palatable and we were going to really make it palatable when this one came up. But he was great.

He looked at me, I'll never forget it quite. He said, "Donald. I knew that you would be coming back, because I knew that you understood it." But he also said that other people didn't, actually, it was quite sad, actually. [...]

일리노이주 시카고 경제인 클럽 대담 [2024.10.15]

적성국보다 동맹국이 우리를 더 많이 이용했을 것입니다. … 일본은 우리의 동맹입니다. 아베 신조 총리는 저의 좋은 친구였어요. 아베는 훌륭한 인물이었고 제가 일본을 방문했을 때 이렇게 말했죠. … 아베 총리는 암살당했는데, 정말 훌륭한 사람이었어요. 그렇게 훌륭한 사람은 좀처럼 보지 못했어요. 아베 총리는 몸이 좋지 않아서 잠시 정계를 떠났다가 복귀하는 중이었어요. 그는 정계에 복귀할 예정이었고, 선거에서 쉽게 이길 수 있었습니다. 훌륭한 신사, 잘생기고, 모든 사람에게 존경받는 멋진 남자였습니다.

그래서 저는 그에게 가서 "신조, 우리 무역에 대해 이야기 좀 하자"고 말했더니, 아직도 잊을 수 없어요. 그는 "나도 안다"고 대답했습니다.

그래서 제가 물었죠. "무엇을 안다는 것인가?" "나는 당신이 재협상을 제안할 줄 알았다." "왜 그런 말을 하는가?" 믿을 수가 없었거든요. 아베 총리가 살아 있었다면 이 이야기는 입 밖에 내지 않았을 겁니다. 그가 뭐라고 했냐면, "미국의 누구도 우리와 협상조차 하지 않은 채 몇 년이 지났다는 것을 믿을 수 없다"고 말했습니다.

저는 "신조, 일본이 수출한 자동차에 대한 대가를 지불하라. 당신은 수백만 대를 수출하고 있다. 미국산 자동차는 한 대도 수입하지 않으면서 미국 시장에서 300만, 400만 대씩 팔고 있지 않냐"고 말했습니다.

저는 "신조, 농업 문제도 그렇다. 일본은 우리 농산품도 수입하고 있지 않다"고 말했습니다. 그리고 저는 이전의 불공평한 협정에 묶여 약간 불리한 조건에서 무역협정 전반을 재협상했습니다. 저는 그 협정의 문구에 갇히다시피 했어요. 너무 나쁜 협정이었습니다.

그리고 저는 이렇게 말했습니다. "이런 사고를 친 자들은 도대체 어떤 사람들이냐? 지극히 멍청하거나, 뒷돈을 받았거나." 둘 중 하나죠. 아주 간단한 문제입니다. [...]

Trump Speaks to Economic Club of Chicago in Chicago, IL

Our allies have taken advantage of us more so than our enemies. [...] Our allies are Japan. You know, Abe was a very good friend of mine. He was a great guy, and I said to him in Japan ··· He was assassinated and he was a great man. He really was. I didn't see too many like him. And he got very sick and he had to take off and then he was actually making a comeback. He was going to make a comeback and he would have won easily. But he was a great gentleman, handsome, wonderful man respected by everybody.

And I went to him and I said "Shinzo, we have to talk about trade," and he goes, I'll never forget it, "I know."

I said, "What do you know?" "I knew you'd come to me." "Why do you say that?" Because I can't believe ⋯ I wouldn't tell the story if he was alive. Actually, he said, "I can't believe how many years it's been that nobody even negotiated with us in America."

I said, "Shinzo, you have to pay for your cars. You're sending millions of cars. You don't accept a car from us. You don't have one car that you accept, and yet we're selling three million, four million of your cars."

I said, "Shinzo, on agriculture, you won't even accept our agriculture." And I renegotiated a whole trade deal, from a little disadvantage because I was stuck with a bad deal. I got stuck. We have trade deals that were so bad.

Then I said, "Who are the people that are doing it? They're either very stupid or they're getting paid off." It's one or the other. It's very simple. [...]

5   미중 관계

중국이 우리나라를 사들이고 있습니다.

워싱턴의 부패한 민주당과 공화당 정치인들이 '그린 뉴
딜'이라는 말도 안 되는 정책과 어리석은 해외 전쟁에 수조
달러를 지출하고 전 세계의 불법 이민자들에게 아낌없는
혜택을 제공하는 동안, 중국은 미국 경제에서 '왕관의
보석'에 해당하는 자산을 차지하기 위해 수조 달러를
지출하고 있습니다. 실제로 그렇게 하고 있습니다.

중국은 우리의 기술, 식량, 농지, 광물, 천연자원, 항구와
해운 터미널을 사들이고 있습니다. 심지어 바이든 범죄
일가와 같은 부패한 장사치인 인플루언서의 도움으로 미국
에너지 산업의 기둥까지 사들이려 하고 있습니다. 왜냐하면,
솔직히 말해 바이든 집단은 실제 에너지에는 무관심하고,
효과도 없고 미래도 없는 말도 안 되는 에너지에만 관심을
두고 있기 때문입니다.

일각에서는 중국이 미국의 발전소와 군사 기지 근처에
있는 자산 매입에 집중하고 있다는 사실에 초점을 맞추고
있지만, 사실 우리는 미국 내의 모든 중국 공산주의 활동을
걱정해야 합니다. 제가 오랫동안 말했듯이 경제 안보가 곧
국가 안보입니다. 중국은 미국 기업들이 자신들의 핵심
인프라를 인수하는 것을 용납하지 않으며, 미국도 중국이
우리의 핵심 인프라를 인수하는 것을 용납해서는 안 됩니다.
제가 대통령이었을 때도 그랬고, 다시 대통령이 되어서도
마찬가지일 것입니다.

미국을 보호하기 위해 에너지, 기술, 통신, 농지, 천연자원, 의료품 및 기타 전략적 국가 자산을 포함한 미국의 모든 중요 인프라에 대한 중국의 소유를 공격적으로 제한하는 새로운 규정을 제정해야 합니다. 향후 중국이 이러한 필수 산업을 인수하지 못하도록 막아야 합니다. 그리고 우리의 국가 안보를 위험에 빠뜨리는 중국을 상대로 현재의 보유 자산을 강제로 매각하는 절차를 시행해야 합니다.

그렇게 하지 않으면 미국은 중국의 소유가 될 것이고, 중국은 매우 기뻐할 것입니다. 제가 대통령이 되면 이전 대통령일 때 그랬던 것처럼 미국의 미래는 우리의 손에 굳건히 남도록 할 것입니다. 그리고 미국은 그 어느 때보다 더 강해질 것입니다.
감사합니다.

Agenda 47 - President Trump Will Stop China From Owning America

China is buying up our country.

While corrupt Democrats and RINO-type politicians in Washington have been spending trillions of dollars on the Green New Deal nonsense, foolish foreign wars, and providing lavish benefits to illegal aliens from all over the planet, China has been spending trillions of dollars to take over the crown jewels of the U.S. economy. And they are doing that.

China is buying up our technology. They're buying up food supplies. They're buying up our farmland. They're buying up our minerals and natural resources. They're buying up our ports and shipping terminals. And with the help of a corrupt influence-peddlers like the Biden Crime family, China is even trying to buy up the pillars of the U.S. energy industry. Because frankly, Biden and the group don't care about real energy, they only care about nonsense energy—energy that doesn't work and it never will.

While some are focused on China's purchases near power plants and military bases, the fact is we should be very concerned about all Chinese

Communist activity in the United States. As I have long said, Economic Security is NATIONAL security. China does not allow AMERICAN companies to take over THEIR critical infrastructure—and America should not allow CHINA to take over OUR critical infrastructure. I didn't allow it when I was president, and I won't allow it when we become president again.

To protect our country, we need to enact aggressive new restrictions on Chinese ownership of any vital infrastructure in the United States, including energy, technology, telecommunications, farmland, natural resources, medical supplies, and other strategic national assets. We should stop all future Chinese purchases in these essential industries. And we should begin the process of forcing the Chinese to sell any current holdings that put our national security at risk.

If we don't do this, the United States will be OWNED by China, which would make them very happy. When I am President, I will ensure that America's future remains firmly in American hands, just as I did when I was president before. It'll happen again, and our country will be stronger than ever. Thank you.

반중의 길, 애국의 길

뉴햄프셔주 맨체스터 유세 [2023.4.27]

저는 역대 어느 행정부보다 강력하게 중국과 맞서 싸웠고, 다른 어떤 대통령도 받아내지 못했던 수천억 달러를 중국으로부터 우리 국고로 끌어들였습니다. 다른 대통령들은 말 그대로 단 10센트도 받아내지 못했지만, 우리는 수천억 달러를 징수했습니다. 그래서 중국이 저를 별로 좋아하지 않았던 것 같지만, 괜찮습니다.

그런데, 우리 대통령을 포함한 다른 사람들은 모두 중국으로부터 돈을 받고 있습니다. 아시겠어요? 이건 큰 문제입니다. 여러분은 왜 바이든이 중국에 대해 아무런

> 수천억('hundreds of billion dollars')은 액면 그대로가 아닌 '대단히 많은 돈'을 의미한다. '억만금' 정도로 해석할 수 있다.

조치를 취하지 않는지, 왜 해야 할 일을 하지 않는지 궁금할
것입니다. 그 이유는 그가 중국으로부터 수백만 달러를
받았기 때문입니다. 아시겠습니까?

저는 뉴햄프셔 주민들에게 큰 공약을 했고, 대통령으로서
모든 공약을 지켰습니다. 중국이 부당하게 우리 랍스터
어민들을 표적으로 삼았을 때, 저는 중국으로부터 거둔 관세
수입 중 수억 달러를 구호기금으로 지원했습니다. 국고에서
조금, 수억 달러를 내주었지만, 랍스터 어민들에게는
큰돈이었습니다. [...]

저는 우리 농민들이 매우 부당한 대우를 받았다고 생각했기
때문에, 중국으로부터 거둔 관세 수입 중 280억 달러를
농부들에게 지급했습니다. 제가 "얼마 정도냐"라고 물었을
때, 그들은 "대략 280억 달러"라고 답했습니다. 그래서 저는
"그 돈을 중국에서 받아오겠다"고 했죠.

그리고 중국은 280억 달러를 지불했습니다. 저 말고 또
누가 그렇게 할 수 있었겠습니까? 시진핑 주석에게 "우리
농민들에게 280억 달러를 줘도 괜찮겠느냐?"라고 한번
물어보십시오.

사실, 그보다 더 좋은 딜이었습니다. 우리는 중국과 엄청난
무역협정을 체결했습니다. 하지만 코로나19가 확산되면서,
무역협정에 신경 쓸 여력이 없었습니다. 그럼에도 그 협정은
500억 달러에 달하는 엄청난 딜이었습니다. [...]

Trump Rally in Manchester, New Hampshire

I stood up to China like no administration has ever done before, bringing in hundreds and hundreds of billions of dollars pouring into our treasury from China where no other president had gotten even 10 cents. Not one president got, and I literally mean not 10 cents. We got hundreds of billions of dollars. I don't think they liked me too much, but that's okay.

Well, everybody else is paid off by China, including, by the way, our president, okay? It's a big problem. You wonder why he does nothing about China, why he doesn't do what he's supposed to be doing. Because he got millions of dollars from China. You see it?

I made big promises to the people of New Hampshire and as your president, I kept every single promise. When China unfairly targeted our lobstermen, I gave them hundreds of millions of dollars in relief straight from the money we were taking in from China. We took a little bit out, a little bit, hundreds of millions of dollars, by the way, but that's a lot to a lobsterman. [...]

I gave our farmers $28 billion out of the tariffs that we took in from China because they were treated very unfairly. I said, "How much would it be?" They said, "Approximately 28 billion." I said, "I'm going to take it from China."

China paid them $28 billion. Who else is going to do that one, okay? Tell that one to President Xi. "You mind giving our farmers $28 billion?"

Actually, better than that. We signed an incredible trade deal with China, but once COVID came in, I didn't care about trade deals so much, but it's a tremendous trade deal. $50 billion and it was an amazing deal. [...]

중국에 대한 최혜국 대우 취소

노스캐롤라이나주 공화당 전당대회 연설 (그린즈버러) [2023.6.10]

저는 역대 어느 행정부도 시도하지 못한 방식으로 중국과의 관계를 재설정했습니다. 중국으로부터 수천억 달러를 우리 국고로 가져왔습니다. 반면 다른 대통령들은 중국으로부터 아무것도 얻지 못했습니다.

그리고 중국이 우리 농민들을 표적으로 삼았을 때, 저는 중국이 우리 농민들에게 280억 달러를 지불하도록 만들었습니다. 또 누가 그렇게 할 수 있겠습니까? 조 바이든이 시 주석에게 "이보게, 시 주석, 당신은 우리 농민들을 정말 엿 먹이고 있군. 우리 농민들을 위해 280억 달러를 내놓게"라고 하겠습니까?

그래서 제가 아이오와주에서 지지 않을 거라 말씀드리는 겁니다. 누군가가 제게 아이오와에서 지지율이 어떠냐고 물었을 때, 당시 저의 지지율이 35포인트나 올랐을 때였는데 이렇게 말했습니다. "어떻게 아이오와에서 질 수 있겠는가."

네브래스카주도 마찬가지입니다. 농업주(農業州)는 다들 280억 달러에서 상당 부분을 지원받았습니다.

참고로, 제가 다시 집무실로 돌아가면 중국의 최혜국 대우(MFN)를 즉시 취소할 것입니다. 그들이 개발도상국이라는 이유로 그런 지위를 얻었다는 사실을 기억하십시오.

그런데 그거 아십니까? 솔직히 말해 지금 개발도상국은 오히려 우리 쪽입니다. 우리의 도시들이 지옥으로 내몰리고 있으며, 도시 재개발이 시급한 상황입니다. […]

2001.11.10. 세계무역기구(WTO)에 가입한 이래 중국이 적용받는 최혜국 대우(MFN)는 미국에서 '항구적이고 정상적인 무역 관계(PNTR)'로 불린다. 미국은 해당 국가의 인권, 노동, 환경 상황에 문제가 있을 경우 PNTR 지위를 박탈할 수 있다.

North Carolina Republican Convention (Greensboro)

I set up to China like no administration has ever done before. Bringing hundreds of billions of dollars pouring into our treasury from China. When no other president had gotten anything from China, they never got anything.

And when China targeted our farmers, I got China to give our farmers $28 billion. Who do you think else is gonna, do you think Joe is going to do that? Hey, President Xi, you've really been screwing our farmers. You got to give us got 28 billion for the farmers.

That's why I say I'm not losing Iowa. Somebody said, how are you doing in Iowa? I am up by 35 points but I said, how could I lose Iowa? I got 28 billion for the farmers.

Nebraska. Any farm state. You were, you took some big chunk out of that 28 billion too,

By the way, when I'm back in the oval office, I will revoke China's most favorite nation trade status. And remember they got that because they said they were a developing nation.

Well, you know what? Honestly, we're a developing nation. Our cities are going to hell, we have to redevelop our cities. […]

뉴저지주 와일드우드 유세 [2024.5.11]

중국의 시진핑 주석을 보세요. 베이징을 이야기해보자면, 지금 그들은 군함과 항공기로 (대만을) 포위하고 있습니다. 이전에는 아무런 행동도 하지 않았던 사람들이요. 중국의 시 주석이 대만에 대해서 말입니다. 제가 말했죠. "그런 일을 하면 중국 정부에 정말 안 좋은 일이 벌어질 것이다. 그러지 않는 것이 좋겠다."

그는 "그게 무슨 뜻이오?" 하고 물었습니다. "잘 생각해보라. 그러지 말라." 그리고 시 주석은 결코 그렇게 하지 않았던 겁니다. 그런데 지금 그의 행동을 보십시오. 세상에, 전례 없는 수준의 군함이 대만을 포위하고 있습니다. 항공기도 배치되어 있죠. 지금 대만 사람들의 마음이 그렇게 편하지는 않을 겁니다. […]

Trump Rally in Wildwood, NJ

If you take a look at President Xi of China talking about Beijing. Now, they've got ships circling. They have planes. They never were doing anything. President Xi of China with Taiwan. And I said, "If you do that, it's — it's going to be so bad for Beijing. You don't want to do that."

He said, "But what do you mean by that?" "You have to think about that. Don't do it." And he would never have done it. Let's see what he does. But boy, they have ships circling Taiwan at levels that they've never had. They have planes. It's not very comfortable to be living right now in Taiwan. [...]

미시간주 그랜드 래피즈 유세 [2024.7.20]

그럼 언론은 화를 냅니다. 그들은 제게 묻죠. "중국의 시진핑 주석은 똑똑한(smart) 사람인가요?" 저는 대답했습니다. "아뇨, (그 정도가 아니라) 아주 탁월한(brilliant) 사람입니다. 그는 14억 인구를 철권으로 통치하고 있어요. 시 주석은 바이든 같은 사람을 아기처럼 보이게 만듭니다. 저들은 자기가 오는지 가는지도 몰라요. 네, 그는···."

그러면 다음 날 헤드라인은 이렇게 뽑힙니다. "트럼프, 시진핑을 탁월하다고 칭찬하다. 어떻게 감히···."

아니, 좋아요. 그럼 그가 똑똑하지 않다고 해보죠. 그렇게 해서 당신 마음이 편해진다면 그렇게 합시다. 하지만 당신이 무엇을 하든, 저는 그가 탁월하다고 생각합니다. 저들은 제가 시 주석이 탁월하다고 하니까 돌아버린 거죠. 그러니 이제는 그냥 "괜찮다" 정도로 말해야겠어요. 괜찮은 수준이다. 아니죠. 시 주석은 정말 똑똑한 사람입니다.

그리고 또 한 가지 아세요? 그는 '집념(fierce)의 남자'예요.
이해하시겠어요? 여기 계신 분들 중 일부, 특히 여성분들은
그 의미를 잘 알 겁니다. 사실, 여자들은 남자들보다 그런
집념에 대해 더 잘 알고 있어요. 여자들이 남자들보다 훨씬
더 치열하죠. 아, 여자들이 그렇습니다.

이제 그가 누군가를 만나는 장면을 상상해보세요. 그는
이렇게 생각하겠죠. "트럼프가 나에게 장난을 치고 있어."
사실, 그는 제가 장난을 친다고 믿고 있어요. 그는 무슨 일이
일어났는지 믿지 못합니다. 그는 지난 선거를 믿지 않아요.
그가 믿지 않는 거예요. 그래서 그는 여전히 제가 장난을
치고 있다고 생각합니다.

하지만 시진핑 주석, 푸틴, 그리고 그 밖의 모든 강력한
지도자들을 생각해보세요. 그들은 모두 똑똑하고 강인한
사람들입니다. 그들은 정치적 이념을 떠나 나라를 사랑하고,
나라를 잘 이끌고 싶어 합니다. 그렇기에 우리에게도 우리를
보호할 수 있는 누군가가 필요합니다. [...]

Trump Rally in Grand Rapids, MI

The press gets angry. They said, "Is President Xi of China, is he a smart
man?" I said, "No, he's a brilliant man. He controls 1.4 billion people with an
iron fist. He makes guys like Biden look like babies. They don't even know
whether they're coming or going. Yes, he's … "

The next day headlines, "Trump calls him brilliant. How dare … "

No, no. Okay. Let's say he's not a smart man. Whatever makes you happy.
No matter what you do, I say he's a brilliant man. They went crazy because
I called him brilliant. So I'm just going to have to say he's okay. He's okay.
No, he's very smart.

You know what else? He's a fierce person. Do you understand that? Some of the people here know that, what this means, especially some of the women. They know better than the men about fierce. I know the women. They know better than the men. They're more fierce than the men. Oh, her. Her.

But, no, he's a fierce individual. He's a fierce man. Can you imagine when he meets this guy? He thinks Trump is playing a joke on him. He actually thinks that I'm playing a joke. He doesn't believe what happened. He doesn't believe the last election. He doesn't believe … He thinks I'm playing a joke in him.

But can you imagine President Xi, Putin, all of them? They're all smart, tough. They love their country or they want to do well with their country, whatever it is, all ideology. But we have to have somebody that can protect us […]

플로리다주 팜비치 마러라고 자택 기자회견 [2024.8.9]

중국에 대한 잘못된 정보가 많이 퍼져 있고 다른 많은 곳에 대한 잘못된 정보도 많이 퍼져 있습니다. 저는 중국과 잘 지낼 수 있을 것 같습니다.

시진핑 주석과는 좋은 친구 사이였어요. 우리는 바로 여기(마러라고 자택)서 만났고, 지금과 달리 그때는 여기 아름다운 소파가 놓여 있었어요. 지금 여러분들은 그 자리에서 계신 것이고.

2017년 4월 6일부터 이틀간 플로리다주 팜비치의 트럼프 자택에서 2일간 열린 미중 정상회담을 말한다.

시 주석과 저는 코로나19가 발생하기 전까지 매우 좋은 관계를 유지해왔지만 저는 시 주석에게 코로나19에 대한 책임을 물었습니다. 그로 인해 우리 관계가 깨졌죠. 그러나 저는 우리가 좋은 관계를 유지할 것이라고 생각하고 호혜적인 관계가 될 것으로 봅니다.

하지만 중국이 미국을 이용해 먹는 것은 용납할 수 없습니다. 주지하듯 지금(바이든-해리스 행정부)은 중국에 이용당하고 있죠. [...]

Mar-a-Lago News Conference (Palm Beach, FL)

You have a lot of misinformation spread about China and you have a lot of misinformation spread about a lot of different places. I think I'm going to get along great with China.

President XI of China and I were very good friends. We met right here right and that except we had a beautiful sofa there as opposed to what we have right now right now we have you.

But President XI and I had a very good relationship until COVID and I held him responsible for COVID. It broke up our relationship. But I think we're going to have a great relationship and I think it's going to be mutually beneficial.

But we cannot have it where China is taking advantage of the United States and that's what they were doing as you very well know. [...]

펜실베이니아주 스크랜턴 유세 [2024.10.9]

스크랜턴은 바이든 대통령의 출신지.

다른 나라들, 특히 중국은 우리가 지불한 돈으로 국가를 건설했습니다. 우리는 오랜 세월에 걸쳐 그들에게 연평균 5천억 달러를 지불했습니다. 이 나라들은 우리 돈으로 군대를 건설했습니다.

우리는 이 나라들이 잘되기 바랍니다. 저는 그들이 잘되기 바랍니다. 저는 중국을 상대로 큰 거래를 성사시켰어요. 중국은 연간 500억 달러의 제품을 구매하기로 했습니다. 저는 그들이 500억 달러라고 말한 줄 알았어요. "얼마면 되겠느냐?"고 물었더니 150억을 부르더군요.

좋다. 하지만 전 그때 500억이라고 말한 줄 알았어요.
그래서 딜이 거의 성사될 때쯤 그 사람들이 제게 합의문을
가져왔는데, 150억 달러라고 적혀 있었어요. 저는
"150억이라니 무슨 말이냐. 500억이라고 하지 않았냐"고
따졌습니다. 그들은 "아니다, 150억이라고 했다"고
주장하더군요.

그래서 저는 "그렇게 말하지 않았다. 500억으로 맞춰 오라.
다시 돌아가서 실수였다고 말하라"고 요구했습니다. 그들은
돌아갔고 중국은 그것을 받아들였습니다. 믿기십니까?
하지만 저는 이 이야기는 꺼내지도 않습니다. 코로나19
때문에 언급조차 하지 않아요.

우리에게는 미국·멕시코·캐나다 협정(USMCA)이
있습니다. 일본, 한국과는 무역협상을 다시 했어요. 모두가
우리에게 엿을 먹였죠. 친구, 적, 다 마찬가지입니다. 사실
친구들이 더해요. 무역 문제에 있어서는 많은 경우 적들이
우리의 친구들보다 더 너그러웠습니다.

그래서 일본, 한국과는 재협상을 타결했습니다. 우리는
무역협정의 내용 중 많은 부분을 개정했고, 상대국의
존경을 받았습니다. 5년 전만 해도 우리는 매우 존경받는
나라였습니다. [...]

Trump Rally in Scranton, Pennsylvania

Other countries, China in particular, built their country with money that
we paid them. We're paying them $500 billion on average a year for years.
They built their military with our money.

We want them to do well. I want them to do well. You know, I made a great deal with them. They have to buy $50 billion a year of product. I thought they said 50. I said, "What's the number you want?" They said 15.

Oh, good. But I thought they said 50. So they came to me, and the deal was almost finished, and it said 15. I said, "What do you mean, 15? You said 50." They said, "No, sir, we said 50."

And I said, "You didn't say — make it 50. Go back to them and say, we made a mistake." They went back, and China accepted it. Can you believe it? But I don't even talk about it because of COVID. I don't even mention it.

We have USMCA. We redid the deals with Japan, with South Korea. We were screwed by everybody. Friend and foe. In fact, the friends did a worse job on us than the enemies. The enemies were gentler to us than many of our friends on trade.

But Japan, we redid that deal. We redid South Korea. We redid a lot of deals, and we were respected. You know, five years ago, we were a very respected country. [...]

미국이야말로 개발도상국이다

미시간주 디트로이트 경제인 클럽 대담 [2024.10.10]

하지만 물론 중국은 우리를 가장 많이 착취한 국가입니다. 그들은 전문적인 착취꾼들이에요. 우리에게 나쁜 짓을 저질렀는데, 그들은 개도국으로 분류됩니다. 우리도 개발도상국입니다. 디트로이트를 보세요. 디트로이트는 개도국 도시예요. 중국 대부분의 도시보다 더한 개도국 도시입니다. 그래서 우리는 더 이상 중국이 우리를 착취하도록 내버려두지 않을 것입니다. 그리고 저는 나쁜 정치인들이 이를 막을 수 없을 거라고 생각합니다.

저는 이 거래(무역협정)들을 보면서 누가 이런 거래를

협상했나 싶었습니다. 너무 나빴어요. (이런 협정을
바탕으로) 미국이 존속한다는 사실 자체가 놀랍지만,
우리의 부채는 36조 달러에 달합니다. 36조 달러의 부채가
있다는 사실을 잊어서는 안 됩니다. 그러니 우리가 운이 좀
나빴다거나 그런 게 아니에요. 아니, 여러 해에 걸쳐 엄청난
적자가 누적되어왔을 뿐입니다. 중국과의 무역 적자만 해도
5천, 6천, 7천, 8천억 달러에 달합니다. [...]

그리고 오늘 거의 2조 달러에 달하는 사상 최대 적자가
발생했다는 발표가 나왔습니다. 생각해보세요. 거의 2조
달러에 육박하는 사상 최대의 적자를 기록했습니다. 그리고
이 상황은 오래가지 않을 것입니다. 중국은 우리와 무역을
계속하고자 하기에 우리가 할 수 있는 무언가가 있을
것입니다.

그런데 중국은 우리를 바보로 봐요. 그리고 그들은 대통령을
보고, 민주당을 대표하지만 표를 얻지 못하고 맨 먼저
밀려난 사람이라 여깁니다. [...]

중국은 정말 똑똑해요. 그 말씀은 드릴 수 있습니다. 제가
철강에 관세를 부과했을 때 그들은 매우 불만스러워했지만
제 앞에서 인정하지는 않았어요. 그들은 "사소한 문제다.
우리는 중국이다." 저는 "불편해하지 않는 것 같으니
더 내놓으라고 하라"고 지시했습니다. 그게 제 첫
반응이었어요.

저는 "25퍼센트에서 시작하자"고 했습니다. 그들은 "사소한
문제"라고 했죠. 저는 "좋다. 그럼 더 내놓으라고 하라"고
했습니다. 그래서 10퍼센트 더 올리자고 했더니 그것도

36조 달러는
약 4.9경 원
(2024.10.20. 환율
1,370원 적용).

2024.10.8.
의회예산처(CBO)는
2024 회계연도의
재정적자 규모를
1조 8천억 달러(약
2,466조 원)로
발표했다.

괜찮다고 하더군요.

그렇게 말하긴 했지만 신경이 쓰이긴 했겠죠. 하지만 중국은
훌륭한 협상가, 훌륭한 포커 플레이어입니다. 그들은
괜찮다고 했어요. 저는 "중국이 괜찮지 않다고 할 때까지
더 많이 내놓으라고 요구하라"고 했어요. 그리고 마침내
시진핑 주석이 전화했습니다.

그는 "당신들은 관세로 우리를 죽이려 하는가"라고
했습니다. 그 후 저는 시 주석과 매우 잘 지냈어요. 이상하죠.
하지만 그들은 훌륭한 포커 플레이어, 훌륭한 협상가입니다.

제가 말씀드린 모든 나라들은 다 훌륭한 협상가예요. 그렇지
않은 유일한 나라는 미국뿐입니다. 우리는 멍청한 나라예요.
우리는 급속도로 줄어드는 금덩어리 같은 나라입니다. [...]

Trump Speaks to Detroit Economic Club in Detroit, MI

But China, of course, was the biggest abuser. I mean, they were a
professional abuser. They did things to us, and they go down as a
developing nation. We are a developing nation, too. Just take a look at
Detroit. Detroit's a developing, Detroit's a developing area, a hell of a lot
more than most places in China. So we're not going to let this happen any
longer. And I don't think it'll be possible for bad politicians to stop it. [...]

I would look at these deals and say, who negotiated these deals? They were
so bad. It's amazing that we even exist, but we have 36 trillion in debt. We
do have 36 trillion, we can't forget that. So it's not like, oh, gee, that's been,
we've been a little bit unlucky or something. No, we've been just, for years,
we've been accumulating, we have these deficits that are monstrous. We
had five, six, seven, 800 billion deficit with China, just alone with China. [...]

And today it was announced we have the highest deficit we've ever had,
almost $2 trillion. Think of that. We have almost, and we have the highest
deficit we've ever had with China. And that won't last long. We'll be able to

do something about it, because China wants to do business with us.

But they think we're stupid. They think we're stupid people. And then they see a president, and then they see a person that is representing the Democrat Party and got no votes and was the first one out. [...]

China's very smart, I'll tell you. When I put the tariffs on the steel, they were very unhappy, but they didn't tell me. They said, "It doesn't matter, we're China." I said, "It doesn't bother them, so then ask them for more." That was my initial reaction.

"We start at 25%," I said. They said, "It doesn't matter." And I said, "All right, so ask them for more." So we asked them for more, 10%, it didn't bother them.

That's what they said, but it did bother them. But they're great players, they're great poker players. It didn't bother them. I said, "Well, ask them for more, until it bothers them." And finally, I got a call from President Xi.

He said, "You're killing us with the tariffs. And then we got along after that, it's very strange. But they're great poker players, they're great negotiators.

All these countries are great negotiators. The only one that isn't is the US. We're the dumb country. We're like the pot of gold that's rapidly shrinking. [...]

일리노이주 시카고 경제인 클럽 대담 [2024.10.16]

중국이 지금 그렇게 (대만 해상 봉쇄 훈련을) 하는 이유는 나중에 그렇게 할 수 없기 때문입니다. 그러니까 지금 하는 거죠. 지금 변화를 모색하는 겁니다. [...]

중국은 우리가 지극히 멍청한 나라라고 생각해요. 그들은 미국에서 마침내 자신들에게 호락호락하지 않은 사람이 나타났다는 것이 믿기지 않을 것입니다. 부시, 오바마. 버락 후세인 오바마 대통령에 대해 들어본 분 있나요? 단 한 명의

대통령도. 생각해보세요. 단 한 사람도 중국에 아무것도
부과하지 않았어요. 그들은 "아, 중국은 제3세계 국가,
개발도상국"이라고 말하죠.

아니, 개발도상국은 우리 쪽이에요. 디트로이트를 보세요.
우리의 도시들을 보세요. 우리가 개발도상국입니다.
우리는 그들보다 더 많이 발전해야 하는 나라예요. 우리가
훨씬 뒤처져 있습니다. 우리 도시에 무슨 일이 일어났는지
보십시오. [...]

Trump Speaks to Economic Club of Chicago in Chicago, IL

The reason they're doing it now is they're not going to do it afterwards. So,
they're doing it now—they want to do a change now. [...]

China thinks we're a stupid country, a very stupid country. They can't
believe that somebody finally got wise to them. Not one President Bush
Obama, Barack Hussein Obama have you heard of him? Not one president.
Think of it. Not one president charged China anything. They said "Oh, they
are a third world nation. They are a developing…"

Well, we're a developing nation too. Take a look at Detroit, take a look at
our cities. We're a developing nation. We have to develop more than they
do. We're way behind them. You take a look at what's happened to our
cities. [...]

조 로건 팟캐스트 출연 [2024.10.25]

저들(민주당)은 대화하는 방법을 모릅니다. 저들은
알래스카에서 중국 대표단과 만났는데, 그 자리에서 중국
대표가 미국이 사람들에게 얼마나 나쁘게 대하는지에
대해 훈계했습니다. 그렇죠? 생각해보세요. 기억나시죠?

그들은 제게 그런 식으로 말하는 법이 없었습니다. 저를 존중했어요. 미국을 존중했습니다. 그러나 이제 그들은 미국을 존중하지 않아요. 바이든을 존중하지 않습니다. 그들은 그녀(해리스)도 존중하지 않습니다.

저들(민주당)이 그녀(해리스)가 똑똑하다고 생각하는 것은 그저 환상입니다. 그녀는 두 문장조차 제대로 이어서 말하지 못해요. 어젯밤 방송에서도 똑같았습니다. 그녀는 똑똑한 사람이 아니에요. 반면, 그들(중국, 러시아)은 매우 똑똑하고 세상 물정에 밝습니다. 교활하고 사악하며 위험한 존재들입니다.

그리고 그럴 리는 없다고 생각하지만 만약 그녀가 미국 대통령이 된다면, 이 나라는 큰 어려움을 겪을 겁니다. 미국에 정말 나쁜 일이 일어날 것 같습니다. [...]

2021년 3월 18일부터 이틀간 세 차례 진행된 미중 고위급 회담 중 18일 회의에서 양제츠 공산당 정치국원이 2분의 시간 합의를 깨고 16분간 미국에 대한 날 선 비판을 쏟아낸 모두 발언을 말한다. 양제츠의 상대인 미국 측 수석대표는 바이든 행정부의 토니 블링컨 국무장관.

Joe Rogan Experience Podcast

They don't know how to talk. They met in Alaska with the Chinese. And the Chinese lectured them about how badly we treat people. Right? Okay? think of it. You remember that? They didn't talk to me that way. They respected me. They respected our country. They don't respect our country. They don't respect Biden. They don't respect her.

They're dreaming about her as a smart person. Look, she can't put two sentences together. I watched her last night, too. It was the same thing. She's not a smart person. These guys are very smart, and they're very streetwise, and they're very tricky and evil and dangerous.

And if she becomes the president of the United States, which I can't believe can happen, I don't think this country is going to make it. I think just really bad things will happen to our country. [...]

[2023.2.1]

제가 대통령이었다면 러시아-우크라이나 전쟁은 일어나지 않았을 것입니다. 절대로요. 하지만 지금이라도 제가 대통령이 된다면 이 끔찍하고 빠르게 확산되는 전쟁을 24시간 안에 끝낼 수 있을 것입니다.

조 바이든은 10개월 전 제3차 세계대전을 일으킬 만한 그 발언대로, 미국 탱크를 우크라이나로 보내고 있습니다. 그곳에서 벌어지고 있는 모든 일을 보면 참으로 비극적인 인명 소모입니다. 도시들이 파괴되고 있습니다. 먼저 핵무기가 오고 그다음엔 탱크가 오겠죠.

제가 대통령이 되면 우리는 다시 강한 나라가 될 것입니다. 사람들은 미국에 해왔던 것 같은 이런 게임을 하지 않을 것입니다. 그들은 더 이상 우리를 존중하지 않습니다. 2년 반 전만 해도 그들은 우리를 무척 존중했습니다. 그들은 더 이상 우리를 존중하지 않습니다.

Agenda 47 - President Trump Calls for Immediate De-escalation and Peace (Video)

If I were president, the Russia-Ukraine War would never have happened, never in a million years. But even now, if I were president, I'd be able to negotiate an end to this horrible and rapidly escalating war in 24 hours.

Joe Biden is doing what he said 10 months ago would cause World War III, sending American tanks into Ukraine. Such a tragic waste of human life when you look at all that's happening there. Those cities are obliterated. First, come the nukes. Then, come the tanks.

When I'm president, we will be a strong country again. People will never be playing these games like they've been doing to the United States of America. They don't respect us anymore. They respected us greatly two and a half years ago. They don't respect us anymore.

군사력 재건으로 '평화 만들기'

어젠다 47 - 미국의 소진된 군사력 재건 (동영상 연설) [2023.7.18]

일주일도 지나지 않아 조 바이든은 미국의 탄약이 부족해 우크라이나에 집속탄을 보내고 있다는 것을 실수로 인정했습니다. 어떤 사정인지는 잘 모르겠습니다만, 본인이 직접 말한 사실입니다. 그 후 예비군을 소집하여 유럽에 파병하면서 미군의 병력이 부족하다는 것을 증명했습니다. 그것 또한 사실입니다.

현재 미군에 자원입대하는 사람은 거의 없습니다. 이러한 행동은 바이든과 치매에 걸린 전쟁광들이 우리를 얼마나 위험한 상황으로 이끌었는지 보여줍니다. 3년 전만 해도 저는 미군을 온전히 재건하고 미국을 세계 차원의 강력한 반석 위에 세웠습니다. 전 세계에 평화가 찾아오고 있었고, 우리는 힘을 통한 평화를 누리고 있었습니다.

29개월이 지난 지금, 무기고는 비어 있고, 비축량은 바닥났으며, 국고는 고갈되고, 군대는 공동화되는 중입니다. 미국은 철저히 굴욕을 당했고, 부패하고 타협적인 조 바이든 대통령이 우리를 제3차 세계대전으로 끌고 가고 있습니다. 그리고 바이든은 자기 가족에게 수백만 달러를 명백한 뇌물로 지불한 국가를 대신해 이런 일을 벌이고 있습니다.

여러분은 중국과 우크라이나가 바이든 가족에게
얼마나 많은 돈을 바쳤는지 살펴보기만 하면 됩니다.
이는 부끄럽고도 매우 위험한 일입니다. 이런 상황에서
우크라이나를 나토(NATO)에 가입시키는 것을
고려한다는 생각은 완전히 어불성설입니다. 조 바이든은
에어포스원(전용기) 탑승교를 한 계단도 오르지 못하고,
두 문장을 합쳐 말하지도 못합니다. 이 무능한 행정부가
러시아, 중국, 또는 다른 핵 보유국과의 전쟁 위험을
감수하려 해서는 절대 안 됩니다. 이 상황을 전혀 이해하지
못하는 사람이 현재 우리를 대표하고 있습니다.

제가 백악관에 복귀하면 취임 첫날부터 미국의 국익을
최우선으로 하는 외교 정책으로 돌아가겠습니다.
동유럽에서 미국의 가장 큰 관심사는 평화와 안정입니다.
우리는 사람들이 죽어가는 것을 멈추기를 원합니다. 이
전쟁은 결코 일어나선 안 되었고, 무의미한 죽음과 파괴를
끝낼 때가 한참 지났습니다. 여러분이 읽거나 듣는 것보다,
또는 저들이 말하는 것보다 훨씬 더 심각한 일이 지금
그곳에서 벌어지고 있습니다.

여러분이 상상하는 것보다 훨씬 더 많은 사람이 죽어가고
있으며, 그들이 말하는 것보다 훨씬 더 많은 사람이
죽어가고 있습니다. 그리고 조 바이든이 어리석게 탕진한
미국의 군사력과 억지력을 재건하기 위해 노력하면서,
우리는 국방 조달 업무와 방위 산업 기반을 진지하게
검토할 필요가 있습니다. 왜냐하면 그것은 보잘것없게
시들어버렸기 때문입니다. 우리의 국방 예산 전체를 감안할
때 우리에게 탄약이 부족하거나 필요한 무기를 신속하게
생산할 수 없다는 것은 용납할 수 없습니다.

저는 지난 위대한 4년 동안 그랬던 것처럼, 우리 군에
기록적인 예산을 배분할 것입니다. 4년의 기간 동안
우리가 군을 어느 때보다 더 크고, 훌륭하고, 강하게 재건할
수 있었음을 생각해보십시오. 그리고 지금 무슨 일이
일어났는지 보십시오. 우리 대통령이 어리석게도 모든
사람이 알 수 있도록 전 세계에 대고 말한 것처럼, 우리에게는
탄약이 없습니다. 그러나 우리는 너무 많은 돈을 어리석게
쓰고 있고, 우리의 구매대금은 너무 높기 때문에, 저는 한 푼을
쓰더라도 가치 있는 지출을 해야 한다고 주장합니다.

나아가 저는 유럽을 상대로, 우크라이나에 보낸
군사물자를 새로 비축하는 데 드는 비용을 환급해달라고
요청하겠습니다. 지금 당장 그들이 마땅히 해야 할
일이지만, 조 바이든은 너무 약하고 존중받지 못하는
존재인지라 감히 요청조차 못하고 있습니다. 우리가
우크라이나를 돕는 데 거의 2천억 달러를 썼고, 유럽은 그중
극히 일부만 지출했음은 명백한 사실입니다.

바이든의 예비군 소집에서 알 수 있듯이, 우리는 미국의
민망한 모병 상황도 분명히 해결해야 합니다. 조 바이든의
'깨어 있는' 정책과 정치적 숙청 때문에 많은 위대한
애국자들이 군복무를 거부하게 되었습니다. 그들은
군복무를 원하지 않고, 솔직히 말씀드리면 우리 대통령을
존중하지 않습니다. 그것이 큰 요인입니다. 저는 미군의
자랑스러운 문화와 명예의 전통을 회복할 것입니다.
나아가 마르크스주의도, 공산주의도 허용하지 않을 것이며
파시스트 세력도 제거할 것입니다.

감사합니다.

'깨어 있는(woke)'은
'인종적 편견과 차별에
대한 경계'를 의미하는
형용사이지만 현재의
미 보수 세력은 '갈등을
부추기는' 부정적인
의미로 사용한다.

Agenda 47: Rebuilding America's Depleted Military (Video)

In a period of less than one week, Joe Biden accidentally admitted that we're sending cluster bombs to Ukraine because the United States is running out of ammunition. I don't know how that works, but that's what he said. Then he called up reserve forces to ship them to Europe, proving that we are running out of troops. And that's also a fact.

We have very few people signing up to join our military. These actions reveal just what an insanely dangerous situation Biden, and the demented war mongers have led us into. Less than three years ago, I'd fully rebuilt the United States military and steered America into such a strong global position. That peace was breaking out all over the world, we had peace through strength.

Twenty-nine months later, the arsenals are empty, the stockpiles are bare, the Treasury is drained, the ranks are being hollowed out, our country has been totally humiliated, and we have a corrupt, compromised President crooked Joe Biden, who is dragging us into World War III. And that's what's happening on behalf of a nation that paid his family, millions and millions of dollars in obvious bribes.

All you have to do is take a look at how much China, how much Ukraine have paid the Biden family. It's a total disgrace and a very dangerous one. Under these circumstances, the notion that we would even consider admitting Ukraine into NATO at this time is completely unhinged. Joe Biden can't even walk up a flight of stairs on Air Force One and he can't put two sentences together. The last thing that this incompetent administration should be doing is risking war with a nuclear armed Russia or China or other countries. We have somebody that doesn't have a clue representing us.

When I'm back in the White House, on Day One, we are returning to a foreign policy that puts America's interests first. America's chief interest in Eastern Europe is peace and stability. We want people to stop dying. This war should never have happened, but it is long past time to end the senseless death and destruction. The numbers are much worse than you're reading about or hearing about or than they're telling you.

Many more people are dying than you have any idea and certainly many more than they're willing to say. Then, as I work to again rebuild America's military strength and deterrence that Joe Biden so foolishly squandered, we need to take a long, hard look at defense procurement and our defense industrial base, because it's been withered down to nothing. Given all the money we spend on the Pentagon, it's unacceptable that we would ever run out of ammunition or be unable to quickly produce the weapons needed.

I will provide record funding for our military just as I did four great years, if you think about what we were able to do, four great years of rebuilding our military, and we rebuilt it bigger and better and stronger than ever before. And now look at what's happened. And we have no ammunition as told stupidly by our president to the world so that everybody could know it. But I will also insist that we get more for every dollar spent, because we're spending too much money foolishly and our prices are too high.

In addition, I will ask Europe to reimburse us for the cost of rebuilding the stockpiles sent to Ukraine, which they should be doing now but Joe Biden is too weak and too disrespected to even ask. The fact is that we've spent almost $200 billion in helping Ukraine and Europe has spent just a tiny fraction of that amount.

As Biden's call up of reserve troops show, we also clearly need to address the embarrassing recruitment situation in the USA. Joe Biden's woke policies and political purges have repulsed many great patriots from serving. They don't want to serve in our military, frankly, they disrespect our president. That's a big factor. I will restore the proud culture and honor traditions of America's armed forces. And there will be no Marxism allowed, no communism allowed, and we'll get rid of the fascists.

Thank you very much.

뉴햄프셔주 맨체스터 타운홀 (케이틀란 콜린스 진행) [2024.5.10]

당연히 명석하죠. 사람들은 푸틴이 멍청하다고 말하길 원하는 것 같은데 그는 멍청하지 않아요. 매우 명석한 사람입니다. 매우 교활하기도 해요. 그리고 제 생각에 푸틴은 큰 실수를 저질렀어요. 그의 실수는 전쟁을 시작한 것입니다. 제가 대통령이었다면 절대 시작하지 않았을 것입니다. 우리는 그 얘기를 하곤 했었죠. [...]

저는 그것(푸틴의 전범 여부)은 지금 논의할 문제가
아니라고 생각합니다. 나중에 논의해야 해요. 왜냐하면
지금 우리는 전쟁을 끝내야 하고, 만약 그를 전범이라고
지목한다면 종전 협상을 하기가 훨씬 더 힘들어질 것입니다.
왜냐하면 그가 전범이라면 사람들이 그를 잡아서 처형할
것이고, 그러면 푸틴은 다른 상황에서보다 훨씬 더 치열하게
싸울 것이기 때문입니다. 그건 나중에 논의할 문제입니다.

지금 당장 우리는 전쟁을 끝내고 싶습니다. 그리고 저는
돈 문제를 말하는 것도 아니에요. 저는 전쟁으로 인해
죽어가는 사람들의 이야기를 하는 것입니다. 지금 러시아-
우크라이나 전쟁 사망자 수는 여러분이 듣고 있는 것보다
훨씬 더 많습니다. 도시가 폭격당하고 건물이 무너져
내리는데도 고작 두 명이 다쳤다는 발표가 나오지만, 그렇지
않아요. 수백, 수천 명의 사람이 죽어가고 있습니다. 이
전쟁을 반드시 끝내야 합니다. [...]

Trump Town Hall in Manchester, NH (Kaitlan Collins)

Of course he's smart. They want you to say he's a stupid person. OK, he's
not a stupid person. He's very smart. He's very cunning. And Putin made a
bad mistake, in my opinion. His mistake was going in. He would have never
gone in if I was president. We used to talk about it too. [...]

(On whether Putin is a war criminal) I think it is something that should not
be discussed now. It should be discussed later. Because right now we have
to get a war - if you say he's a war criminal, it's going to be a lot tougher
to make a deal to get this thing stopped, because if he's going to be a war
criminal, where people are going to go and grab him and execute him, he's
going to fight a lot harder than he's fighting, you know, under the other
circumstance. That's something to be discussed at a later date.

Right now we want to get that war settled. And I'm not talking about the
money, either, I'm talking about all the lives that are being - the number of
people being killed in that war is far greater than you're hearing. When they

blow up the city and those buildings come pouring down, and they say two people were injured, no, no, hundreds and thousands of people are being killed. And we have to get that war settled. [...]

러시아-우크라이나 전쟁을 끝내려면

노스캐롤라이나주 민트힐 유세 [2024.9.25]

우크라이나에서 벌어진 전쟁을 해결하겠습니다. 끔찍한 문제예요. 있어서는 안 될 전쟁이 일어난 것입니다. 이스라엘에서 10·7사태도 결코 일어나지 않았을 것입니다. 하지만 저는 중동의 혼란을 서둘러 끝낼 것입니다. 그리고 이런 일은 저만이 가능합니다.

우리는 지금만큼 제3차 세계대전에 근접한 적이 없습니다. 아주 가까이 다가섰어요. 저는 제3차 세계대전이 일어나지 않도록 할 것입니다. 이런 말은 저만이 할 수 있습니다. 그 전쟁은 일어나지 않을 겁니다. 하지만 아주 가까이 가 있어요. 그 전쟁은 전혀 다른 양상의 전쟁일 겁니다. 제가 항상 말씀 드리지만 탱크 두 대로는 전쟁을 할 수 없는데, 참고로 우리나라는 전기차로 바꾸고 싶어 하죠. 저는 그렇게 두지 않을 겁니다. 그들은 전기 탱크를 원합니다. 전기 탱크 따위는 잘 작동하지 않아요. [...]

우크라이나에서 벌어지고 있는 전쟁을 보세요. 이 문제에 대해 간단히 논의해야 할 것 같습니다. 우크라이나 대통령이 우리나라에 와서 여러분이 가장 좋아하는 대통령, 저를 향해 고약한 발언을 쏟아내고 있기 때문이죠. 지금 우크라이나에서 벌어지고 있는 전쟁을 보십시오. 제가 처음부터 대통령이었다면 이런 일은 일어나지 않았을 겁니다. 그리고 종전을 합의할 필요도 없었을 겁니다.

전쟁은 일어나지 않았을 겁니다. 러시아가 침공하지 않았을 겁니다. 저는 푸틴과 이 문제에 대해 많은 이야기를 나눴어요. 저는 푸틴과 아주 잘 지냈어요. 그와 많은 이야기를 나눴죠. 유럽에서 독일로 가는 노드스트림 2 파이프라인 프로젝트를 중단시킨 것도 저였어요. 푸틴은 그게 나쁜 일이라고 했어요. 당시 그게 가장 큰 일이었습니다.

저들이 제가 러시아에 얼마나 친절했는지 말하지 않았나요? 아니, 저는 친절하진 않았어요. 하지만 우린 잘 지냈어요. 우리는 좋은 관계를 유지했고 이는 나쁜 게 아니에요. 좋은 일입니다. 하지만 우크라이나에서 벌어지고 있는 일은 매우 심각한 문제입니다. 이 모든 일이 시작되기 전인 수년 전, 3년 전에 러시아와 합의가 이루어졌다고 가정해봅시다. 그리고 우리는 쉽게 거래를 할 수 있었을 것입니다. 쉽게 합의할 수 있었을 겁니다.

현명한 대통령이 있었다면 쉽게 합의할 수 있었을 겁니다. 하지만 지금은 뭐가 남았죠? 3년간의 끔찍한 전쟁이죠. 국가는 완전히 파괴되었습니다. '수백만 명'의 훌륭한 군인들을 포함해 수많은 사람이 죽었습니다.

골든타워가 있는 화려한 건물들은 폭격을 맞아 부서진 채 옆으로 누워 있습니다. 그리고 그런 마을이나 도시는 다시 볼 수 없어요. 절대 복제할 수 없습니다. 키이우를 제외하고는 모두 잿더미가 되었습니다. 도시나 마을을

2024.9.14.
젤렌스키는 CNN 파리드 자카리아와의 인터뷰에서 트럼프가 1개월 전 자신에게 전화를 걸어 "우크라이나를 지지하고, 전쟁 중에 살아남는 것이 얼마나 어려운지 이해하고 있으며 우크라이나를 강화하기 위해 모든 것을 다 하겠다"라고 말했다고 주장했다.

2023.7.24.
유네스코가 세계유산으로 지정한 우크라이나 남부 오데사의 정교회 축일 성당을 러시아가 미사일 공격으로 파괴한 사건을 말한다.

지금처럼 재건할 수는 없습니다. 불가능하죠. 수천 년 된
도시니까요.

생각해보세요. 불과 3년 전만 해도 아름다운 문명이 있었죠.
거기 살던 무수히 많은 사람들은 망자가 되었습니다. 그토록
아름다웠던 멋진 마을과 도시는 결코 재건될 수 없습니다.
지금 실제로 공격이 시작된 키이우를 제외하고는요. 그는
그것을 구하고 싶었습니다. 나라 대부분이 사라졌습니다.
문화유산도 사라졌고요.

많은 사람들이 폴란드, 헝가리 등 다른 곳으로 떠났고
다시는 돌아오지 못했습니다. 그리고 수많은 러시아
군인들도 죽었습니다. 합의안을 도출할 수도 있었을 겁니다.
그러면 단 한 명도 죽지 않았겠죠. 그리고 골든타워가
무너져 내리는 일도 없었을 겁니다.

이 모든 것을 부추기는 대통령 대신 유능한 대통령이
있었다면 협상이 성사될 수 있었을 것입니다. 그리고
바이든과 카멀라 해리스는 젤렌스키 대통령에게 전례
없는 수준의 자금과 군수물자를 제공함으로써 이런 일이
일어나도록 방조했습니다. 젤렌스키는 한번 방미할 때마다
600억 달러를 들고 떠났어요. 그는 아마도 지구상에서 가장
위대한 세일즈맨일 겁니다.

그런데 지금 우크라이나는 군인이 부족합니다.
우크라이나는 어린 소년들과 노인들까지 동원하고
있습니다. 군인들이 죽어가고 있고 우리가 언급조차 않는
여러 일들이 일어나고 있기 때문입니다. 그래서 많은
사람들이 중상을 입었습니다. 자, 당신은 무엇을 가지고

있습니까? 우리는 어떤 딜을 성사시킬 수 있을까요? 건물은
파괴되고 사람들이 죽었습니다. 나라는 폐허가 됐습니다.
이런 일이 일어나게 한 사람들은 누구죠?

저는 "이런 일이 일어나지 않게 해야 한다"고 했어요. 제
임기 4년 동안은 이런 일이 없었습니다. 푸틴 대통령에게
"당신은 절대로 그렇게 해서는 안 된다"고 말했죠. 그는 절대
그렇게 하지 않았을 겁니다. 제가 떠난 후 그들은 움직이기
시작했습니다. 저는 사실 이것은 푸틴의 협상 전략이라고
생각했어요.

그러나 많은 나쁜 발언과 어리석은 발언 이후에 그는
우크라이나를 침공했습니다. 그는 천사가 아니었습니다.
정말 끔찍한 일이죠. 그리고 해리스는 어리석은 말과 그
모든 행동으로 이 상황을 초래했습니다. 그들은 이 상황을
초래했고 지금은 갇혀 있어요. 어제 유엔 총회에서 그
불쌍한 사람(바이든)이 연설하는 것을 봤어요. 그는 자신이
무슨 말을 하는지 모르더군요. 어떻게 해야 할지 모르는
것으로 보입니다.

이 상황에 갇혀 있는 거죠. 슬픈 일입니다. 그들은 무엇을
해야 할지 모릅니다. 우크라이나는 사라졌으니까요. 거기
있는 것은 더 이상 우크라이나가 아닙니다. 그 도시와
마을은 절대 대체할 수 없습니다. 죽은 사람들도 대체할 수
없습니다. 너무나 많은 사람이 죽었습니다. 어떤 협상이든,
최악의 협상이라도 했다면 지금보다 낫죠. 나쁜 딜에라도
합의할 수 있었다면 훨씬 더 나았을 겁니다. 그들은 조금은
포기했을 것입니다. 그리고 모든 사람이 살 수 있고, 모든
건물이 지어지고 모든 타워들이 2천 년 더 나이 먹을 수

있었을 것입니다.

지금 이 사람들이 계속 있어서는 상황이 더 악화될 뿐이에요. 카멀라는 자신이 뭘 하고 있는지조차 모릅니다. 더 많은 인명이 희생될 겁니다. 더 많은 도시가 무너질 겁니다. 함락된 도시들은 계속해서 더 많은 폭격을 당할 겁니다. 지금보다 더 심하게 산산조각이 날 거예요. 어떤 건물도 제대로 서 있지 않아요. 농작물들이 죽어가고 있습니다. 우크라이나 주민들이 돌아갈 곳이 아무 데도 없어요.

그리고 이런 일은 일어날 필요가 없었어요. 그 건물들은 무너졌습니다. 그 도시들은 사라졌습니다. 그리고 우리는 종전을 거부하는 젤렌스키에게 수십억 달러를 계속 주고 있습니다. 그가 어떤 종전안에 합의했더라도 지금 상황보다는 나았을 것입니다. 이제 전멸해가는 나라가 있을 뿐입니다. 재건은 불가능해요. 재건하려면 수백 년이 걸릴 겁니다. 전 세계가 힘을 합쳐도 재건할 돈이 충분하지 않아요.

그들은 미국 청년들을 우크라이나로 보내야만 만족할 것이고, 그렇게 하려 하고 있습니다. 미국의 부모들은 자녀들이 우크라이나, 러시아와 싸우는 것을 원하지 않아요. 우리는 군인들이 바다 건너에서 죽게 두지 않을 것입니다. 저는 4년 동안 그랬던 것처럼 81년 만에 재임 기간 중 전쟁이 없었던 유일한 대통령이었고 전쟁 없는 상태를 복원할 것입니다.

힐러리 클린턴이 말했죠, "그를 보라. 그는 즉시 전쟁을 시작할 것이다." 아니었죠. 그러더니 힐러리는 말했습니다.
"그의 수사를 보라. 그는 전쟁을 시작할 것이다." 저는
"아니다, 내 수사는 전쟁을 막을 것"이라고 했습니다. 그리고
제 말대로 되었습니다. 제가 전쟁을 막았습니다. 제 수사가
전쟁을 막았습니다. 다른 사람이었다면 노벨상을 다섯 개를
받았을 겁니다. 저는 후보에도 오르지 못했어요. 왜냐하면
저는 다른 부류의 사람이고 가짜 뉴스는 저를 다른 사람들과
전혀 다르게 취급하기 때문입니다. [...]

Trump Rally in Mint Hill, NC

I will settle the war in Ukraine. Oh, what a problem. What a horrible. This is
a war that would have never happened. October 7th in Israel would have
never happened. But I will end the chaos in the Middle East quickly. And I'm
the only one that's going to do this.

We have never been so close to World War III as we are right now. We are
so close. I will be sure that World War III will not happen. I'm the only one
who can say it. It won't happen. But you're very close. So that'll be a war
like no other. Because I always say it's not going to be two army tanks,
which, by the way, our country wants to convert to electric. I'm not going
to let that happen. They want electric tanks. They don't work well. [...]

Look at the war in Ukraine. And I think it's something we have to have a
quick discussion about because the president of Ukraine is in our country
and he's making little nasty aspersions toward your favorite president, me.
But take a look at the war happening right now in Ukraine. It would have
never happened if I were president to start off with. And there didn't even
have to be a settlement.

It wouldn't have happened, period. Russia wouldn't have gone in. I spoke
to Putin about it a lot. I got along very well with Putin. I spoke to him a lot.
I was the one that ended the pipeline, Nord Stream 2, in Europe going to
Germany. And he said that was a bad thing. That was the biggest job.

Didn't they say how nice I was to Russia? No, I wasn't nice. But we got
along. We had a good relationship, which is a good thing, not a bad thing.
But what's happening in Ukraine is a very serious matter. Let's say we did
settle and a deal would have been made with Russia years ago, three years

ago, before it all began. And we could have made a deal easily. Could have made it easily.

If we had a president who was intelligent, we could have made a deal easily. But what do you have left now, right? Three years of horrible fighting. The country is absolutely obliterated. Millions and millions of people, including all of these great soldiers, they're dead.

Those gorgeous buildings with golden towers are demolished and laying broken on their side. And you'll never see that kind of a town or city again. It can never be duplicated. They're all demolished other than Kiev. You'll never be able to rebuild the cities or towns the way they are. Impossible to do. They were thousands of years old.

And just think about it. Just three years ago, you had a beautiful civilization. Millions of people that were living that are now not with us any longer. Magnificent towns and cities that were so beautiful could never be reconstructed. Other than Kiev, which is actually starting to be hit right now. He wanted to save that. Most of the country is gone. The heritage is gone.

So many people are dead. Many people have left for Poland, for Hungary, and for other places, never to return. And that includes many, many Russian soldiers are dead. A deal could have been made. There wouldn't have been one person that died. And there wouldn't have been one golden tower laying shattered on its side.

A deal could have been made if we had a competent president instead of a president that egged it all on. And Biden and Kamala allowed this to happen by feeding Zelensky money and munitions like no country has ever seen before. Every time he came to our country, he'd walk away with $60 billion. He's probably the greatest salesman on Earth.

But now Ukraine is running out of soldiers. They're using young children and old men because their soldiers are dying and other things are happening to them that we won't even discuss. So many are badly injured. Now, what do you have? What deal can we make? It's demolished. The people are dead. The country is in rubble. And who are these people that allowed this to happen?

I said, "Don't let it happen." This never happened in my four years. I told President Putin, "You're not going to do it. He would never have done it. They started to form after I left. I actually thought they were forming as a negotiating tactic for Putin.

But through a lot of bad statements and stupid statements, he went in. And he's no angel. It's all such a horror. And Harris caused this situation by the stupidity of what they said, by every move they make. But they caused this situation and now they're locked in. I watched this poor guy yesterday at the United Nations. He didn't know what he was saying. They just don't know what to do.

They're locked into a situation. It's sad. They just don't know what to do. Because Ukraine is gone. It's not Ukraine anymore. You can never replace those cities and towns. And you can never replace the dead people, so many dead people. Any deal, even the worst deal, would have been better than what we have right now. If they made a bad deal, it would have been much better. They would have given up a little bit. And everybody would be living and every building would be built and every tower would be aging for another 2,000 years.

And it will only get worse with these people. Kamala doesn't even know what she's doing. More people will die. More cities will fall. The ones that fell will continue to receive more and more bombs. They'll be broken up, asunder, worse than they are right now. Nothing is standing. The crops are dying. There's really nothing for the Ukrainian people to move back to.

And it didn't need to happen. Those buildings are down. Those cities are gone. And we continue to give billions of dollars to a man who refuses to make a deal, Zelensky. There was no deal that he could have made that wouldn't have been better than the situation you have right now. You have a country that has been obliterated. Not possible to be rebuilt. It'll take hundreds of years to rebuild it. There's not enough money to rebuild it if the whole world got together.

They're not going to be satisfied until they send American kids over to Ukraine, and that's what they're trying to do. And the moms and dads of America don't want their kids fighting Ukraine and Russia. And we're not going to have our soldiers die across the ocean. I will restore, as I did for four years, the only president in 81 years, they say. No wars.

Hillary Clinton said, "Look at him, He'll immediately start wars." No. Then she said, "Look at his rhetoric. He's going to start wars." I said, "No, my rhetoric is going to keep us out of wars." And that's what happened. I kept you out of wars. My rhetoric kept you out of wars. If it were somebody else, they would have gotten five Nobel Prizes. I never even got a mention. And I wouldn't, because I happen to be a different kind of a person, and the fake news treats me much differently than they treat other people. [...]

회담이 열리는 지금 37일 정도 남은 중요한 선거가 진행
중입니다. 여론조사에서 우리가 앞서고 있지만 어떻게
될지는 두고 봐야죠. 잘되길 바랍니다. 하지만 제가
당선된다면 우리는 양측과 함께 이 문제를 해결하기 위해
많은 노력을 기울일 것입니다. 이 전쟁은 언젠가 끝나야
합니다. 그는 지옥을 겪었고, 우크라이나는 일찍이 몇
나라가 겪어보지 못했을 정도의 지옥을 겪었습니다. 아무도
이런 상황을 본 적이 없습니다. 끔찍한 상황입니다.

저는 (젤렌스키 대통령과) 훌륭한 관계를 맺었다고 말할
수 있습니다. 정말 영광이었어요. 아시는지 모르겠지만
민주당의 탄핵 사기, 그건 '민주당 사기'에 불과했고 우리의
승리로 끝났습니다.

하지만 우리가 쉽게 이길 수 있었던 이유 중 하나는
대통령과의 전화 통화 때문입니다. 그때 질문을 받은 그는,
주목받는 걸 즐기면서 깜찍한 연기를 할 수 있었지만 그렇게
하지 않았어요. 젤렌스키 대통령은 "트럼프 대통령은
전혀 잘못한 게 없다"고 말했습니다. 그가 그렇게 명확히
밝히면서 탄핵 사기는 그 자리에서 무너졌습니다.

젤렌스키 대통령은 "글쎄, 잘 모르겠다"라고 말할
수도 있었죠. 솔직히 본인에게도 말씀드린 적 없는
이야기입니다만, 당시 그는 강철과 같았어요. 그는 "트럼프
대통령은 잘못한 게 없다"고 말했죠. 우리는 아주 좋은
통화를 했습니다. 그는 자신의 승리를 자축했어요. 방금
이긴 상태였죠. 그가 깜찍한 연기를 할 수도 있었지만

그렇게 하지 않았던 것이 기억납니다. 그래서 정말
감사했어요.

우리는 매우 좋은 관계를 맺고 있고, 아시다시피 저는 푸틴
대통령과도 우호적인 관계를 맺고 있습니다. 그리고 우리가
대선에서 승리한다면 (우크라이나 문제는) 신속히 해결될
것이라고 생각합니다.

(젤렌스키: 우리가 더 좋은 관계를 가지기를 희망합니다.)
손바닥도 마주쳐야 소리가 나죠. 오늘 좋은 만남을
기대하고, 오늘 우리가 함께 있다는 사실 자체가 매우
좋은 징조라고 생각합니다. 우리가 좋은 승리를 거두기를
바랍니다. 솔직히 말해서 상대 쪽이 이기면 어떤 승리도 할
수 없다고 생각하기 때문입니다. 우리는 지금부터 회담을 할
생각입니다.

그리고 만약 우리가 승리한다면 제가 대통령에 취임하는
1월 20일 이전에 양측 모두에게 좋은 결과를 도출할 수 있을
거라고 생각합니다. 그럴 때가 되었습니다. [...]

Trump meets Zelensky in New York (Trump Tower)

This is a meeting and we have a big race going on right now, I guess 37
days left. And we're leading in the polls. So, we'll see how it all works out.
Hopefully, it'll work out. But if it does, we're going to work very much with
both parties to try and get this settled and get it worked out. It has to end
at some point. He's gone through hell and his country has gone through
hell like few countries have ever, like it's happened anywhere. Nobody's
ever seen anything like it. It's a terrible situation.

And I will say I have had a great relationship. It was very honorable. I don't
even know if you know this but when they did the impeachment hoax, just
a Democrat hoax which we won.

But one of the reasons we won it so easily is that when the President was asked, it was over a phone call with the President and he said, he could have grandstanded and played cute, but he didn't do that. He said, "President Trump did absolutely nothing wrong." He said it loud and clear and the impeachment hoax died right there.

He could have said, "Well, I don't know." I never even told you (Zelensky) this to be honest, but he was like a piece of steel. He said, "President Trump did nothing wrong." We had a very nice call. He congratulated me on his victory. It just won and I remember that he could have played cute and he didn't play cute. And so I appreciated that.

So we have a very good relationship and I also have a very good relationship as you know, with President Putin. And I think if we win, I think we're going to get it resolved very quickly.

(Zelensky: I hope we have more good relations.) It takes two to tango you know and we will we're going to have a good meeting today and I think the fact that we're even together today is a very good sign. And hopefully we'll have a good victory because the other side wins, I don't think you're going to have victories with anything, to be honest with you. So we're going to sit down and just discuss it.

And if we have a win, I think long before January 20th, before I would take the presidency it's January 20th, but long before that, I think that we can work out something that's good for both sides. It's time. […]

펜실베이니아주 오크스 타운 홀 [2024.10.14]

우리에게는 나쁜 숫자가 많이 있죠. 이 행정부에서 나쁜 일이 너무 많이 일어났습니다. 부끄러운 일이에요. 예를 들어 (제가 현직에 있었다면) 러시아-우크라이나 전쟁은 발발하지 않았을 거예요. 절대 불가능합니다. 저는 푸틴과 아주 잘 지냈습니다. 무슨 일이 일어나고 있는지 충분히 파악됩니다. 이건 푸틴의 핵심 관심사였죠. 그는 그것에 대해 이야기하곤 했죠. 하지만 저는 "당신은 거기 들어가서는 안 된다"고 말했어요. 그리고 실제로 그는 들어가지 않았어요.

이게 다 바이든 때문이에요. 푸틴이 이 남자를 보니까 도대체 말이 안 되는 겁니다. 우크라이나도 마찬가지였어요. 저는 젤렌스키와 아주 잘 지냈어요. 아주 잘 지냈죠. 사실 2주 전에 뉴욕에 왔어요. 그는 나를 보러 왔습니다. 그리고 저는 그와 아주 잘 지냈습니다.

바이든은 러시아-우크라이나 전쟁에 대해 아무것도 모릅니다. 그리고 이 전쟁은 끝내야 하는 전쟁입니다. 우리는 이 전쟁을 끝내겠습니다. 저는 전쟁을 끝내기 위해 노력할 것이고, 당선인의 신분으로도 종전시킬 수 있다고 생각해요. 다시 말해, 백악관에 취임하기 전에요. 사람들이 죽어가는 걸 막아야 합니다.

사람들이 저에게 "당신은 누구 편이냐?"고 묻더군요. 저는 가짜 뉴스인 CNN과 인터뷰를 했어요. 이런, 방금 카메라가 그냥 우연히 꺼졌다네요. 이건 아니죠. 카메라가 그냥 꺼지다니. 네, 늘상 있는 일이에요. 내가 그걸 가리킬 때면 즉시 카메라 전원이 들어오죠. 그들도 알게 되니까.

하지만 케이틀란 콜린스는 좋은 사람인데, 그날 저를 인터뷰하고 있었어요. 콜린스는 제게 "누구 편이냐?"고 물었어요. 저는 "이건 편을 가를 문제가 아니다"라고 대답했죠. 사람들이 더 이상 죽지 않기를 바랍니다. 그것뿐이에요. 사람들이 더 이상 죽지 않았으면 좋겠습니다.

그리고 이 인터뷰는 매우 흥미로운 일이었어요. CNN이었기 때문일 것입니다. 더 작은 방, 이보다 훨씬 더 작은 방이었습니다. 이 정도면 큰 방이죠. 하지만 그때는 훨씬 작은 방이었어요. 하지만 CNN 모든 부서에서 온 사람들이 모여 있었었어요.

첫 5분도 지나지 않아 그들은 전적으로 제 편에 서게 되었습니다. 제가 상식적인 이야기를 하니까요. 우리는 상식의 정당입니다. 저는 그렇게 말씀드려요. 우리는 보수주의자죠. 하지만 우리는 상식의 정당입니다. [...]

Trump Town Hall in Oaks, PA

We have a lot of bad numbers. There's so much bad happened in this administration. It's disgraceful. As an example, there'd be no war with Russia and Ukraine. There's no way. I get along very well with Putin. I fully understand what's happening. It was the apple of his eye. He used to talk about it. But I said, you're not going in. And he wasn't going in.

It's only because of Biden. He looked at this guy. He can't even believe it. But the same with Ukraine. I got along very well with Zelensky. Very well. In fact, he came to New York two weeks ago. He came to see me. And I got along very well with him.

Known nothing about it. And this is a war that has to end, and we're going to get that war ended. I'm going to try, and I think I can, get it ended as president-elect. In other words, before I even take over the White House. Got to stop the people from dying.

They said to me, "Well, whose side are you on?" I was interviewed by fake news, CNN. Uh-oh, their camera just went off. Their camera just went off. No, no. Their camera just went off. Okay, it always happens. Whenever I point to them, immediately they turn up because they know it.

Kaitlan Collins, a nice person, is interviewing me. And she said, well, whose side are you on? I said, it's not a question of sides. I want people to stop dying, that's all. I want people to stop dying.

And you know, it was a very interesting thing because it was the CNN, it was like this, a smaller room, much smaller. This is a very big room, but it was a much smaller room. But they had all people in there from CNN.

Within the first five minutes, they were totally on my side because it's common sense, and we're now the party of common sense. I say it. We're conservative. But we're the party of common sense. [...]

PBD 팟캐스트 (패트릭 베트-데이비드 진행) [2024.10.15]

(제가 대통령이 되면) 세계는 더 이상 경거망동하지 않을 겁니다. 저는 대통령 당선인 신분에서 벗어나기 전에 러시아와 우크라이나 문제를 해결할 수 있다고 확신합니다. 이런 일은 신뢰받는 사람만이 해낼 수 있죠. 대통령 당선인이 되는 즉시 이 문제를 해결하겠습니다.

얼마 전에 젤렌스키를 만났습니다. 저는 푸틴과 젤렌스키 모두와 좋은 관계를 유지하고 있습니다.

이 전쟁은 애초에 일어나지 말았어야 했습니다. 수많은 사람이 목숨을 잃었고, 우리가 접하는 뉴스에서 보이는 것보다 훨씬 많은 희생자가 발생했습니다. 저는 그 규모에 놀랐는데….

저는 부동산 전문가입니다. 간단히 말하자면 저는 건물을 잘 알아요. 우크라이나의 건물들은 정말 엄청났어요. 높이보다는 길게 이어진 구조로, 12층에서 15층 정도 높이에 너비는 네 블록에 이르는 거대한 규모였습니다. 그런데 그런 건물들이 로켓에 맞아 무너졌고, 수많은 사람이 목숨을 잃었습니다. 하지만 뉴스에는 단지 두 명이 다쳤다고 보도될 뿐이죠. 아닙니다. 훨씬 더 많은 사람이 목숨을 잃었습니다. 러시아-우크라이나 전쟁은 사람들이 말하는 것보다 훨씬 더 치명적입니다. 이 전쟁은 반드시 끝내야 합니다.

패트릭 베트-데이비드(Patrick Bet-David, 1978~)는 1988년에 미국에 정착한 이란계 미국인으로, 기업인이자 팟캐스트 진행자이다. 그는 보수적이면서도 온건한 성향을 지니고 있으며, 공화당이나 민주당 어느 당에도 속하지 않는다.

하지만 문제는 이겁니다. 이 전쟁은 애초에 일어나지
말았어야 했습니다. 제가 대통령이었다면, 이 전쟁은
일어나지 않았을 겁니다. 푸틴은 결코 전쟁을 일으키지
않았을 거고, 전쟁은 일어나지 않았을 것입니다. 따라서
종전 합의를 논의할 필요조차 없었을 겁니다.

젤렌스키는 제가 본 최고의 세일즈맨 중 한 명입니다.
그가 미국을 방문할 때마다 우리는 그에게 수백억 달러를
내줍니다. 역사상 그렇게 많은 돈을 받아 간 사람이 또
있었을까요? 지금까지 전혀….

그렇다고 제가 그를 돕고 싶지 않다는 건 아닙니다.
우크라이나 사람들에 대해 정말로 안타깝게 생각하기
때문입니다. 하지만 그는 이 전쟁이 시작되지 않도록
막았어야 했습니다. […]

우크라이나는 이제 우리가 알던 그 우크라이나가 아닙니다.
모든 도시가 거의 폐허가 됐어요. 그 아름답던 황금빛
돔들은 산산조각나 옆으로 쓰러졌고, 도시와 건물들은
철거반이 쓸고 지나간 듯 완전히 파괴되었습니다. 미사일
폭격이 도시를 휩쓸고 지나갔습니다.

이 문제는 전쟁으로 비화하기 전에 해결했어야 했습니다.
뇌를 반쪽이라도 가진 대통령만 있었어도 정말 쉬운
일이었을 겁니다. 쉽게 해결할 수 있었을 거예요.

사람들은 모두 "오, 이건 끔찍하다. 이게 다 바이든 탓이라고
하는구나"라고 말하겠죠. 하지만 그의 말을 들어보세요.
그는 해야 할 말과는 정반대의 말을 했습니다. 그는 전쟁을

부추겼고, 푸틴은 행동에 나선 것입니다. 물론 세상에
천사는 없고, 푸틴도 절대 천사가 아닙니다. 그러나
바이든이 한 말은 전부 잘못된 방향으로 가고 있었습니다.
이런 일은 애초에 일어나지 말았어야 했어요.

패트릭, 제가 대통령이었다면 그 전쟁은 절대 일어나지
않았을 겁니다. 민주당원들조차 그것을 인정했어요. 그리고
그거 아세요? 제 임기 4년 내내 전쟁은 일어나지 않았고,
이후에도 일어나지 않았을 겁니다.

저는 푸틴과 이 문제에 대해 여러 번 이야기하며 "절대 하지
마라"고 경고했습니다. 그러나 우크라이나를 몹시 탐하고
있던 푸틴은 우리나라, 우리 대통령, 밀리 같은 멍청한
우리 장군들이 얼마나 무능한지 보게 된 거죠. 나아가
아프가니스탄에서 보여준 우리 역사의 가장 부끄러운
순간을 본 후, 푸틴은 이렇게 생각했을 겁니다. "트럼프는
이제 사라졌고, 이 사람들은 멍청하다. 이제 내가 저기
들어가서 원하는 것을 반드시 손에 넣고 말겠다."

제가 그 자리에 있었다면 그런 일은 절대 일어나지 않았을
겁니다. […]

마크 밀리 (Mark Milley,
1958~)
2019.10.1~2023.9.30.
합참의장. 4성 장군.
서방의 우크라이나 군사
지원을 진두지휘한
바이든의 수석 군사 고문.

PBD Podcast (Patrick Bet-David)

I think the world is going to behave. And I think I will settle Russia Ukraine
while I'm President elect. You need that credibility. While I'm President
elect I will settle it.

I met with Zelinsky the other day. I have a good relationship with Putin and
with Zelinsky.

This is a war that should have never happened. You have millions of people that are dead, much more than you're reading about. I was amazed at how big…

I'm in the real estate business. To put it mildly, so I know buildings. Those buildings were massive. You know they were long rather than tall. They were 12 to 15 stories, but they went like four blocks. They were massive buildings. Rockets were hitting the buildings that were collapsing. A lot of people were killed. You hear two people were injured. No. Many people were killed. That war is much more deadly than they're telling you. It has to be settled.

But here's the problem. It should have never happened. If I were president that war would have never happened. Putin would have never done it. The war would have never happened. Without even a settlement.

I think Zelinsky's one of the greatest salesman I've ever seen. Every time he comes in we give a 100 billion dollars. Who else got that kind of money in history? There's never been…

And that doesn't mean I don't want to help him because I feel very badly for those people. But he should never have let that war start. […]

Ukraine, remember, is not Ukraine anymore. Every city almost is knocked down to the ground. All those beautiful golden domes are laying on their side, smashed to Smitherines. The city and every building is demolished. It looks like a demolition crew went through. They've been hit by missiles.

This should have been settled before it started. It would have been so easy if we had a president with half a brain. It would have been easy to settle.

Everyone will say, "Oh, this is terrible. He's blaming Biden." Well, if you watch his words, his words were the exact opposite of what he should have been saying. He instigated that war and he got Putin. There's no angel and Putin's no angel, but everything Biden said was wrong. That should have never happened.

I'm telling you Patrick, that war, if I were president, zero. Even Democrats admitted. And you know what? It didn't happen for four years and it was never going to happen.

And yet I will tell you I spoke to Putin often about it. I said, "Don't ever do it." But Ukraine was the apple of his eye, and when he saw how incompetently our country, our president, our stupid generals like Milly who's a stupid person, when he saw how incompetent we were in Afghanistan, the most embarrassing moment in the history of our country,

I believe when he looked at that he said, "Trump is gone. These people are idiots. I'm going to go into take the apple in my eye."

It would have never happened if I was there. [...]

네바다주 라스베이거스 유세 [2024.10.24]

우리나라는 실패 중입니다. 우리는 우리가 무엇을 하고 있는지 모릅니다. 우리는 전 세계의 비웃음을 사고 있습니다. 시진핑 주석은 우리가 멍청하다고 생각해요. 푸틴도 우리가 멍청하다고 생각합니다. 그런 일은 절대 일어나지 않았을 겁니다. 제가 대통령이었다면 푸틴은 절대 우크라이나를 침공하지 않았어요.

우크라이나에서는 지금 보도되는 것보다 훨씬 더 많은 사람들이 죽었습니다. 그들은 두 블록 길이의 아파트를 무너뜨렸어요. 우크라이나에는 큰 건물이 많아요. 두 블록 길이에 20층 높이의 건물이 무너졌는데, 한 명이 경상을 입었을 뿐이라고요. 아니, 그보다 훨씬 많은 사람이 죽었습니다. 우크라이나 전역에서 마을과 도시가 무너졌습니다. 수많은 사람이 죽었어요. 그 전쟁으로 인한 총 사망자 수를 본다면 이건 절대 일어나지 말았어야 할 전쟁이에요. (제가 대통령이었다면) 전쟁이 일어났을 확률은 0퍼센트입니다. [...]

'United for Change Rally' in Las Vegas, NV (Turning Point PAC and Turning Point Action)

Our country is failing. We don't know what we're doing. We're laughed at all over the world. President Xi thinks we're stupid. Putin thinks we're stupid. That would have never happened. If I were President, Putin would have never, ever gone into Ukraine.

Now we have a number of dead people that's so much greater than what they say. They knocked down an apartment house that's two blocks long. They have big buildings in Ukraine. Two blocks long and 20 stories high. And they say one person was slightly injured. No, many people were killed when they did that. And these towns and cities all over Ukraine are knocked down. Millions of people. I mean, when you look at the total number of dead from that war, and it would have never happened, should have never happened. There was zero chance. [...]

조 로건 팟캐스트 대담 [2024.10.25]

제게는 쉬운 문제이기 때문에 저는 (우크라이나 전쟁 종전을) 쉽게 해낼 수 있다고 생각해요. 제게는 쉬운 문제지만 동시에 복잡하기도 합니다. 세상은 하루가 다르게 변화하고 있으니까요. 누가 이기고 있는지, 누가 지는지 계속 바뀌고 있습니다. 러시아는 '전쟁 기계'예요. 여러분이 좋아하든 그렇지 않든, 러시아는 전쟁의 길을 계속 걷고 있습니다. 오르반 빅토르 헝가리 총리 같은 사람과 대화해보면 알려줄 겁니다. 러시아는 거대한 전쟁 기계일 뿐이고, 이것이 현재 벌어지고 있는 현실입니다. 우크라이나에서 일어난 일을 보세요. 만약 제가 대통령이었다면 이런 일은 결코 일어나지 않았을 겁니다. [...]

지금 당장 두 사람(푸틴과 젤렌스키)을 모두 공략해야 합니다. 저는 두 사람을 모두 잘 알고 있습니다. 다시 말씀드리지만, 저는 겨우 다섯 명 남짓한 사람들에게, "오, 트럼프 대단하다"는 말을 들으려 제가 어떻게 할지 미리 떠벌리고 싶지 않아요. 왜냐면 제가 정확히 어떻게 할

것인지 공개해버리면, 그 방법대로는 절대 합의를 이끌어낼
수 없기 때문입니다.

다만 분명히 말씀드릴 수 있는 것은, 제가 푸틴과 젤렌스키
두 사람을 모두 만날 것이라는 점입니다. 그리고 저는
그들에게 각각 무엇을 말해야 할지 정확히 알고 있습니다.
대통령 당선인으로서 저는 이 전쟁을 신속하게 멈출 수
있다고 확신합니다. 미국의 힘은 막강합니다. 그 힘을
올바로 활용하는 법을 알기만 한다면요. […]

Joe Rogan Experience Podcast

To me it's an easy question because I think I can do it easily, but it's a
complex question in the sense that the times change. Every day changes.
Who's winning? Who's not winning? I mean, Russia's a war machine.
Whether you like it or not, it just grinds along, grinds along. You speak to
people like Viktor Orban, he'll tell you. It's just a big, fat war machine. And
that's what's happening. You look at what's happened to Ukraine. If I were
there, it would have never happened. […]

Right now, you would get both of them. I know both very well. And again,
I cannot, I do not want to tell you, for the purpose of looking smart to five
people that say, oh, he was great. Because if I told you exactly what I'd do, I
could never make the deal.

All I can tell you is that I would meet with Putin and I would meet with him,
and I know exactly what I'd say to each one of them. And I believe that as
president-elect, I would get that war stopped and stopped fast. We have
tremendous power in the United States if you know how to use the power.
[…]

이스라엘의 승리를 지지한다

뉴저지주 와일드우드 유세 [2024.5.11]

사악한 조는 우리 경제에 불을 질렀을 뿐 아니라, 세상을
불태우고 있습니다. 저들이 하는 일, 저 대통령의 무능함과
한심함을 알고 싶다면, 한번 곰곰이 생각해보십시오.
이번 주, 바이든은 이스라엘이 가자 지구에서 하마스
테러리스트를 소탕하기 위해 싸우는 와중에 이스라엘에
대한 무기 수출을 보류하겠다고 발표했습니다.

아니, 이건 정말 충격적이었습니다. 하마스가 여전히
미국인을 인질로 잡고 있는 상황에서 그런 결정을 하다니요.
게다가 저들은 "10·7은 일어나지 않은 일"이라고 말하고
있습니다. 바이든은 사람들 이야기에 그냥 넘어갔어요.
사악한 조의 행동은 미국 역사상 최악의 동맹국 배신 행위 중
하나입니다.

저는 테러와의 전쟁에서 승리할 이스라엘의 권리를
지지합니다. 그렇게 해도 괜찮은가. 글쎄요. 정치적으로
좋은 일인지 나쁜 일인지 모르겠지만, 상관없습니다.
옳은 일을 해야 합니다. 10·7은 끔찍한 공격이었습니다.
정치적으로 불리할 수도 있겠지만 상관없습니다. 올바른
일을 해야 합니다.

제가 백악관에 있었다면 가자 지구에서 전쟁은 일어나지
않았을 겁니다. 그런 기회조차 주어지지 않았을 겁니다.
제가 대통령이었을 때, 이란은 돈이 바닥난 상태였습니다.
저는 "누구든 이란에서 석유를 산다면 미국과 거래할 수

2023.10.7.
이스라엘의 노바에서
열린 음악 축제를
하마스가 공격해
1,200여 명이 죽고
240여 명이 인질로
납치된 사건을 말한다.

없다"고 경고했습니다. 그들은 파산 상태였죠. 지금은
2,500억 달러를 쌓아두고 있습니다. 3년 반 만에 그 돈을
벌어들인 겁니다.

제가 대통령이었을 때 중동에는 전례 없는 평화가
찾아왔습니다. 저는 그 누구도 가능하다고 생각하지 않았던
아브라함 협정을 성사시켰습니다. 그러나 그 이후로
저들은 아무것도 하지 않았습니다. 우리는 4개국과 협정을
맺었고, 사실 모든 국가와 협정을 맺을 수 있었을 겁니다.
제 생각에는 이란을 포함한 모든 국가가 협정에 서명했을
겁니다. 그들은 합의를 도출하고자 하는 마음이 너무
간절했기 때문입니다.

하지만 이제 이란은 부유한 나라가 되었고, 협정에 서명할
이유가 없어졌습니다. 사악한 조는 탈레반에게 항복했던
것처럼, 테러리스트들에게도 항복했습니다. [...]

Trump Rally in Wildwood, NJ

Crooked Joe has not just set our economy on fire, he has truly set the
world on fire. If you want to know how a weak and pathetic president he
really is, the things they do, just think about this. This week, he announced
that he will withhold shipping weapons to Israel as they fight to eradicate
Hamas terrorists in Gaza.

No, it was shocking to hear it, even while there are still American hostages
being held by Hamas. And they're saying, "Oh, October 7th never happened."
They say that, and Biden has fallen for it. Crooked Joe's action is one of the
worst betrayals of an American ally in the history of our country.

I support Israel's right to win its war on terror. Is that OK? I don't know.
I don't know if that's good or bad politically, I don't care. You got to do
what's right. October 7th was a terrible attack. I don't know. It's probably
bad politically, but I don't care. You have to do the right thing.

They would have been no war in Gaza with me in the White House. There would not have even been a chance. Iran was broke when I was president. I said, "If you buy oil, anybody buys oil from Iran, they can't do business with the United States." They were totally broke. Now, they have $250 billion. They made it all in three and a half years.

When I was president, we had peace in the Middle East like never before, and I got the Abraham Accords done when nobody thought it was possible. And they've done nothing with them. We had four countries done. We would have had them all. Every country would have been signed up, in my opinion, including Iran, because they wanted to make a deal so badly.

Now, they don't have to because they're a rich country. Crooked Joe surrendered to the terrorists, just like he surrendered to the Taliban. [...]

반유대주의를 배격한다

플로리다주 도럴 10·7 추도식 연설 [2024.10.14]

분노와 비방, 전쟁의 긴 세월을 견뎌온 이스라엘 국민 여러분께도 우리의 마음은 여러분과 하나라는 말씀을 드립니다. 미국과 이스라엘은 강고하고 지속적인 유대를 가지고 있습니다. 제가 미국 대통령이 된다면 양국은 그 어느 때보다 더 강하고 긴밀한 관계를 누리게 될 것입니다.

우리는 이번 선거를 이겨야 합니다. 이번 선거에서 승리하지 못하면 모든 부분에서 엄청난 결과가 초래될 것입니다. 11월 5일이 우리나라 역사상 가장 중요한 날이 될 것입니다. 사실, 이스라엘 역사에서도 가장 중요한 날이 되리라 생각합니다. 저는 그렇게 믿습니다. 여러분도 그렇게 믿으실 거라고 저는 생각합니다.

지난 1년 동안 홀로코스트 자체를 믿을 수 없게도 부정하는

사람들처럼 일부에서는 10·7 공격의 참상을 부정하려
했습니다. 그런 데다가, "아, 10·7 그런 일은 일어난 적이
없다"는 사람들도 있습니다. 이런 사람들은 어디에서
왔을까요? 그들은 10·7이 일어났다는 것을 다른 사람들은
믿었으면 하면서도 스스로는 믿지 않아요.

그렇기에 그 끔찍한 날에 무슨 일이 일어났는지 기억하고
역사를 위해 명확한 기록을 남기는 것이 매우 중요합니다.
우리의 서약을 지킬 수 있는 유일한 방법은 다시는 그런 일이
일어나지 않도록 하는 것입니다. 그것은 또한 결코, 절대로
잊지 않겠다는 말입니다. [...]

오늘 우리는 전 세계에 이런 종류의 악을 용납하거나,
변명하거나, 이해할 수 없다는 것을 다시 한번 확인합니다.
이것은 그 누구도 본 적 없는 악입니다. 그 어떤 것으로도
정당화하거나 합리화할 수 없습니다. 그리고 이런 끔찍한
잔학 행위에 동조하는 사람은 영혼이 병들고 마음에 어둠이
스며든 사람입니다. 이들은 결코 우리의 동맹이나 친구가 될
수 없는 사람들입니다.

10·7 공격 그 자체만큼이나 충격적인 것은 그후 우리
모두가 목격한 반유대주의의 유행입니다. 이런 광경을
보게 될 줄은 꿈에도 생각하지 못했습니다. 절대로요.
이런 광경을 목격하다니 정말 놀랍습니다. 우리는 이것이
매우 희귀한, 썩은 기운이라고 생각했습니다. 이런 광경을
보게 될 줄은 상상도 못했죠. 더구나 이 나라에서 보게 될
거라고는 상상도 못했습니다. 그리고 그중 많은 부분이 이
나라의 지도부와 관련이 있습니다. [...]

이번 공격을 계기로 전 세계는 유대인과 유대인의 조국을
지지하는 목소리를 모았어야 했습니다. 대신 반유대주의적
증오라는 고대의 재앙을 불러일으켰죠. 우리는 이런 일은
수백, 수천 년 전에나 일어났을 법하다고 생각했습니다.
이런 일은 전혀 생각하지 못했습니다.

반유대주의적 증오가 미국에서도 거리, 미디어, 대학
캠퍼스, 특히 민주당 내에서 다시 나타나고 있습니다.
공화당에서는 아닙니다. 그건 제가 말씀드릴 수 있습니다.
공화당에서는 찾을 수 없습니다. 그리고 저는 공화당이
이 끔찍한 질병에 감염되지 않았다고 말씀드립니다. 제가
책임자로 있는 한은 그렇게 되지 않을 것이라고 확실히
말씀드릴 수 있습니다.

이 끝없는 촛불과 사진, 빈 의자는 우리에게 반유대주의라는
독극물을 비난하고, 맞서고, 막는 것이 왜 그렇게 중요한지
상기시켜줍니다. 반유대주의적 편견은 문명화된 사회에
설 자리가 없습니다. 우리 대학에서도, 미국 어디에서도 설
자리가 없습니다.

제가 대통령이었다면 10·7 공격은 결코 일어나지 않았을
것입니다. 지난 2년의 시간은 유약함은 폭력과 전쟁을 낳을
뿐이라는 것을 증명했습니다. 여러분은 이를 확인하고
있습니다. 우리를 둘러싼 증오도 만연해 있습니다.
약함뿐 아니라 증오 말입니다. 특정 집단에 증오가 들끓고
있습니다.

우리에게 그 어느 때보다 필요한 것은 흔들리지 않는 미국의
리더십과 의심할 여지 없는 미국의 힘을 회복하는 것입니다.

불과 4년 전만 해도 미국은 강인했고, 강력했고, 수십 년을 통틀어도 가장 존경받는 상태였습니다. 이것이 제가 미국의 제47대 대통령으로서 이행하고자 하는 모습입니다. 우리가 모든 것을 원하는 대로 이행할 수 있을 것입니다.

아시다시피 하마스는 이제 심각하게 쇠퇴했고 헤즈볼라는 최근 괴멸적인 타격을 입었습니다. 힘과 올바른 리더십으로, 마침내 우리는 새롭고 더 조화로운 중동의 여명을 실현하는 데 근접하고 있었습니다.

하지만 여러분은 공을 골대 너머로 보내기 위해 미국이 어떤 역할을 해야 하는지 전혀 모르실 것입니다. 우리는 공을 골대 너머로 보내야 합니다. 그리고 미국이 없다면 그런 일은 일어나지 않을 겁니다. 우리는 이를 해낼 수 있어야 하고, 제대로 해내고, 멋지고 아름다운 삶의 방식으로 돌아갈 수 있게 해야 합니다. 우리는 이를 할 수 있어야 합니다. 시작한 일을 끝내되, 빨리 끝낼 수 있어야 합니다. 그래서 이 엄숙한 날, 저는 여러분에게 약속합니다.

저는 유대인의 나라가 멸망의 위협을 받는 것을 허용하지 않겠습니다. 또다른 유대인 홀로코스트를 허용하지 않겠습니다. 미국이나 동맹국에 대해 지하드(성전)를 선포하는 것 또한 허용하지 않겠습니다. 그리고 저는 이스라엘이 테러와의 전쟁에서 승리할 권리를 지지할 것입니다. 이스라엘은 이 전쟁에서 빨리 승리해야 합니다. 무슨 일이 있어도 서둘러 끝장내야 합니다. [...]

우리나라에서, 저는 미국의 유대인들을 보호할 것입니다. 여러분의 지역사회, 학교, 예배당과 가치관을 보호할

것입니다. 지하드 동조자들과 유대인 혐오자들을 제거할
것입니다. 우리나라에 아무런 도움도 주지 않는 유대인
혐오자들을 제거할 것입니다. 그들은 오직 미국의
파괴만을 바랍니다. 그리고 우리는 10·7 공격의 공포가
미국인들에게 다시는 반복되지 않도록 할 것입니다. 우리는
그런 일이 일어나지 않도록 할 것입니다. 그리고 우리는
우리가 가진 문제를 해결할 것입니다. [...]

통합을 이루어야 합니다. 평화가 있어야 합니다. 힘이
있어야 합니다. 우리에게는 많은 자질이 필요합니다.
우리는 이 모든 것을 하나로 결집해 중동에 평화를 가져올
것입니다. 우리는 힘과 회복력을 갖게 될 것이며, 매우
강력하고 강인한 이스라엘을 갖게 될 것입니다. 그리고 저는
여러분과 끝까지 함께할 것입니다. [...]

Trump Speaks at Oct. 7 Rememberance Event in Doral, FL

Let me also say to all of the people of Israel who have endured a long year's
search of anger and slander and war, our hearts are united with yours. The
bond between the United States and Israel is strong and enduring. If and
when I'm President of the United States, it will once again be stronger and
closer than it ever was before.

We have to win this election. If we don't win this election, there's
tremendous consequence for everything. You know, I say that November
5th will be the most important day in the history of our country. I think it
will also be the most important day in the history of Israel, if you want to
know the truth. I believe that. I think you believe that, too.

Over the past year, there has been an effort by some to deny the horrors of
October 7th, just as some unbelievably deny the Holocaust itself. And you
have that, and you have people that actually say, "Oh, October 7th, it never
happened." Where do these people come from? And they don't believe it.
They want others to believe it. They don't believe it.

That's why it's so important to remember and to state clearly for history
what happened on that terrible day. The only way we can keep our vow is

never again. And it really is to also say never, ever forget.

Today, we reaffirm the entire world to hear there can be no acceptance, no excuse, and no understanding of this kind of evil. It's the evil like nobody has ever seen before. Nothing can justify it. Nothing can rationalize it. And any person who sympathizes with it, with these terrible atrocities, there's a sickness in their soul and a darkness in their heart. And these are people that can never be our allies or our friends.

Almost as shocking as October 7th itself is the outbreak of anti-Semitism that we have all seen in its wake. I never thought I was going to see this. Never, ever. This is so incredible to be witnessing. Whoever thought. We thought this was very, very rarefied, putrid air. We never thought we'd see it. And we certainly never thought we'd see it in this country. And a lot of that has to do with the leadership of this country. [...]

This attack should have rallied the entire world in support of the Jewish people and the Jewish homeland. Instead, an ancient scourge of anti-Jewish hatred. And this was something we thought was left to hundreds and thousands of years ago. I mean, this was something we never thought could happen.

The anti-Jewish hatred has returned, even here in America, in our streets, our media, and our college campuses, and within the ranks of the Democrat Party in particular. Not in the Republican Party. I will tell you that. It's not in the Republican Party. And I say that the Republican Party has not been infected by this horrible disease. And hopefully it won't be. It won't be as long as I'm in charge. I can tell you that.

This endless candles, photos, and empty chairs remind us why it's so important that the toxic poison of anti-Semitism be condemned, confronted, and stopped. Anti-Semitic bigotry has no place in a civilized society. It has no place in our universities. And it has no place in the United States of America. No place.

The October 7th attack would never have happened if I was president. The past two years have proven that weakness only begets violence and war. And you see that. It's weakness, but it's also, there's a lot of hatred going around also. Not just weakness, it's hatred. There's a lot of hatred on a certain side.

What is needed more than ever is a return of unwavering American leadership and unquestioned American strength. We were strong, we were powerful, we were respected like this country has not been respected in many, many decades, just four years ago. That's what I intend to deliver as the 47th president of the United States. We're going to deliver everything that we want.

As you know, Hamas has now been severely degraded and Hezbollah has recently been dealt very, very powerful crippling blows. With strength and the right leadership, the dawn of a new, more harmonious Middle East is finally within our reach.

But you have no idea the role that the United States has to play in order to get that ball over the goal line. We have to get it into the end zone. And if it's not the United States, it's not going to happen. We have to be able to get it done and get it done properly and get back to a wonderful, beautiful way of life. You have to be able to do it. You have to finish what you began and you have to finish it quickly. So here is my commitment to you on the solemn date.

I will not allow the Jewish state to be threatened with destruction. I will not allow another Holocaust of the Jewish people. I will not allow a jihad to be waged on America or our allies. And I will support Israel's right to win its war on terror. And it has to win it fast. No matter what happens, it has to go fast. [...]

Here at home, I will defend our American Jewish population. I will protect your communities, your schools, your places of worship and your values. We will remove the jihadist sympathizers and Jew haters. We're going to remove the Jew haters who do nothing to help our country. They only want to destroy our country. And we will never let the horrors of October 7th be repeated here on Americans. We will not let that happen. And we will solve the problem that we have. [...]

There has to be unity. There has to be peace. There has to be strength. We need so many qualities. We're going to bring it all together, and we will have peace in the Middle East. We will have strength and resilience, and we will have a very powerful and strong Israel. And I will be with you all the way. [...]

2장

트럼프 경제와
한국

1 자동차

바이든의 '그린 뉴 딜' 즉각 중단

어젠다 47 - 조 바이든의 재앙적인 일자리 죽이기 정책으로부터 미국 자동차 산업 구하기 (동영상 연설) [2023.7.20]

조 바이든은 수천 대의 미판매 전기차가 주차장에 쌓여 있는 상황에서도, 미국인들에게 값비싼 전기차를 강요하는 치명적인 명령을 내리며 미국 자동차 산업과 전쟁을 벌이고 있습니다. 이 말도 안 되는 그린 뉴 딜 성전은 자동차 가격을 폭등시키는 동시에, 미국 자동차 생산 능력을 파괴하는 무대를 마련하고 있습니다.

이러한 극단적인 좌파 정책은 미국 소비자에게 재앙이며, 현재 새 차의 평균 판매가가 5만 달러를 넘는 터무니없는 수준으로 형성된 주요 원인 중 하나입니다. 이처럼 높은 판매가는 전례 없는 일입니다. 이 높은 가격은 바이든이 부자들을 위한 전기차 보조금에 수십억 달러의 세금을 쏟아붓고 있음에도 불구하고, 일반 미국인들은 전기차를 감당할 여유도 없고 원하지도 않는다는 사실에 기인합니다.

바이든은 미국 소비자와 제조업을 동시에 죽이고 있습니다. 그는 미국산 픽업트럭, SUV, 기타 자동차에 대한 전면적인 공격의 일환으로 기업평균연비규제(CAFE) 기준을 두 배로 높였습니다. 이로 인해 자동차 제조업체에 약 2천억 달러의 비용이 발생할 것으로 예상됩니다. 업계 추산에 따르면, 바이든의 전기차 의무화 정책은 미국의 자동차 생산직 11만 7천 개를 없앨 것으로 예상되며, 미시간주, 인디애나주, 오하이오주의 노동자들이 가장 큰 타격을 입게 될 것입니다.

저는 전미자동차노조(UAW)가 지금 제 말씀을 듣고 있기를
바랍니다. 여러분은 트럼프를 지지하는 것이 좋습니다.
왜냐하면 저는 여러분의 비즈니스를 성장시킬 것이지만,
저들은 여러분의 사업을 파괴하고 있기 때문입니다. 저들은
여러분의 비즈니스를 완전히 파괴하고 있습니다. 민주당의
'잡힌 물고기'는 그쪽으로 투표하기 마련이라고 생각하는
겁니까. 저들이 지난 몇 년 동안 자동차 산업을 어떻게
초토화시켰는지 보십시오. 멕시코는 우리 비즈니스의
32퍼센트를 가져갔습니다. 말도 안 되는 일이죠. 하지만
제가 대통령이었을 때는 그런 일이 없었습니다. 이 점은
확실히 말씀드릴 수 있습니다.

바이든의 공격을 막지 못하면 미국의 자동차 생산은 완전히
붕괴될 것입니다. 그래서 취임 첫날, 저는 '그린 뉴딜'의
잔학 행위를 즉각 중단할 것입니다. 첫 임기 동안, 저는
재앙적이었던 환태평양 경제동반자협정(CPTPP)'에서
탈퇴하고, 역대 최악의 무역협정이었던
'북미자유무역협정(NAFTA)'을 종료했으며, 오바마
행정부의 끔찍한 '한미 FTA'를 재협상했습니다. 이처럼
저는 자동차 노동자들을 위해 그 누구보다 치열하게
싸웠습니다. 나쁜 거래를 훌륭한 거래로 바꾸었습니다.

예전 미국 자동차 산업을 살렸던 저는 이번에도 다시 자동차
산업을 구해낼 것입니다.

미시간주, 오하이오주, 인디애나주, 조지아주,
사우스캐롤라이나주, 노스캐롤라이나주의 모든
유권자께서는 자동차 산업을 지키고 싶다면 부패한
대통령인 조 바이든을 물리치고 도널드 트럼프 대통령을

재선시켜야 한다는 사실을 아셔야 합니다.

감사합니다. 저희가 여러분을 돌봐드리겠습니다.

Agenda47: Rescuing America's Auto Industry from Joe Biden's Disastrous Job-Killing Policies

Joe Biden is waging war on the U.S. auto industry with a series of crippling mandates designed to force Americans into expensive electric cars, even as thousands of electric cars are piling up on car lots all unsold. This ridiculous Green New Deal crusade is causing car prices to skyrocket while setting the stage for the destruction of American auto production.

These extreme left-wing policies are a disaster for families and consumers and are one of the main reasons the average cost of a new car is now over $50,000 dollars—absolutely outrageous. And there's never been such a price before. These exorbitant prices are despite the fact that Biden is spending BILLIONS and BILLIONS of taxpayer dollars subsidizing electric cars for rich people, while normal Americans can't afford to use one, nor do they even want to.

Biden is killing American consumers and he's also killing U.S. manufacturing. In an all-out attack on American-made pickup trucks, SUVs, and other automobiles, Biden DOUBLED CAFÉ standards—a move that is projected to cost automakers $200 billion dollars. By one estimate, Biden's electric vehicle mandate will slaughter 117,000 U.S. auto-manufacturing jobs, with workers in Michigan, Indiana, and Ohio among the hardest hit.

And I hope United Auto Workers is listening to this because I think you better endorse Trump because I am going to grow your business and they are destroying your business. They are absolutely destroying your business. How people can vote for you just because it's an automatic Democrat vote. Look at how they have decimated the car industry over the years. Mexico has 32 percent of the business that we used to have. It's ridiculous. But they didn't do it while I was President, I can tell you that.

If Biden's assault is not stopped, American auto-production will be totally DEAD. That's why I am going to terminate these Green New Deal atrocities on Day One. In my first term, I fought for autoworkers like never before, canceling TPP, which was a disaster, ending the NAFTA nightmare, the NAFTA trade deal was the worst deal ever negotiated on trade, and renegotiating Obama's horrendous Korea trade deal. Made it a great deal from a horrible deal.

I saved the American auto industry once, and now, I will save it again.

Every voter in Michigan, Ohio, Indiana, Georgia, South Carolina, and North Carolina needs to know if you want to have an auto-industry, you need to defeat Joe Biden—he's a corrupt president—and reelect President Donald Trump.

Thank you very much. We will take care of you.

전기차 의무화 폐기와 고관세 부과

어젠다 47 - 미국 자동차 노동자들에게 보내는 트럼프 대통령의 메시지 (동영상 연설) [2023.10.23]

우리 자동차 노동자들이 겪고 있는 상황은 절대적으로 수치스러운 일이며, 믿기 어려운 분노를 불러일으킵니다. 자동차 노동자들은 사악한 조 바이든과 그의 끔찍한 리더십에 의해 완전히 배신당했습니다. 그들은 소수의 사람만 원하는 전기차 정책을 강행하고 있기 때문입니다. 문제는, 이것이 전기차 의무화 정책이기 때문에 결국 여러분은 한 시간 남짓 운전하고 나면 충전이 필요한 차를 타게 될 것입니다. 멀리 가는 여행은 아예 계획하지 않는 게 좋을 겁니다.

바이든은 10년 이내에 모든 신차의 67퍼센트를 전기차로 만들겠다는 기이한 조건을 내걸었습니다. 이는 미시간주와 그 밖의 자동차 생산 주들이 자동차 산업을 포기해야 할 상황이라는 뜻입니다. 결국 여러분도 포기해야 할 테니,

노조가 나서는 편이 좋을 것입니다. 이 전기차들은 모두 중국에서 생산될 예정이기 때문입니다.

전미자동차노조(UAW) 위원장에 따르면, 한 자동차 회사의 CEO가 조 바이든을 묘사하며 "가혹하다"는 단어를 40번 이상 사용했다고 합니다. 저는 바이든이 역사상 가장 부패한 대통령이라고 생각하기 때문에 그를 "사악한 조"라고 부릅니다. 그는 또한 역사상 가장 무능한 대통령이기도 합니다.

조 바이든의 잔인하고 어리석은 전기차 의무화 정책을 보십시오. 이 정책이 얼마나 나쁜지 알 수 있습니다. 노조 위원장들도 이를 알고 있지만, 그들은 진정한 리더가 아니기 때문에 아무것도 하려 하지 않습니다. 그런데 누가 저에게 투표하는지 아십니까? 바로 노조원들입니다.

노조 위원장들과 사악한 조는 "공정한 전환"이라는 말을 사용합니다. 하지만 "공정한 전환"이란 없습니다. 우선, 사람들은 전기차를 원하지 않습니다. 전기차는 그것을 원하는 사람들만 가져야 합니다. 불필요한 전기차로의 강제 전환에 대해 말씀드리자면, 우리는 모든 형태의 교통수단과 모터라이제이션을 원합니다.

모터라이제이션 (Motorization)은 자동차가 급속하게 대중에게 보급되며 시장에서 생활필수품이 되는 현상을 말한다.

그러나 10만 개 이상의 자동차 제조 일자리를 파괴하고 — 실제로는 그보다 훨씬 더 많을 것입니다 — 노동자들에게 돌아가야 할 수백억 달러를 낭비하며, 신차 가격을 감당할 수 없는 수준으로 끌어올리는 것이 "공정한 전환"일 수는 없습니다.

이는 중산층에게는 지옥으로의 전환입니다. 여러분은
지옥으로 가고 있으며, 노조 간부들은 여러분을 나락으로
이끌고 있습니다. 여러분은 조합 회비를 내서는 안 됩니다.
현재 노조는 조합원으로부터 엄청난 회비를 걷고 있습니다.

노조 지도부는 민주당이 아무리 나쁜 일을 저지르더라도,
심지어 여러분을 나락으로 팔아넘기더라도 민주당을
지지할 것입니다.

전미자동차노조 지도부와 빅3 자동차 회사 경영진은 모두
미국 자동차 산업이 파괴되기 전에 조 바이든에게 이 가혹한
전기차 의무화 명령을 취소할 것을 요구하며 목이 터져라
절규해야 합니다. 그리고 그들은 스스로를 부끄러워해야
합니다.

노조 지도부와 CEO들이 이 재앙적인 전기차 계획의 폐지를
요구하며 사악한 조 바이든에 맞서 싸우지 않는다면,
여러분은 그들이 친노동자가 아니며, 여러분의 편이
아니라는 사실을 알게 될 것입니다. 그들은 오직 자신들의
이익을 위한 거래를 하고 있을 뿐입니다.

그래서 저는 여러분에게 조합 회비를 내지 말라고
말씀드리고 싶습니다. 그들이 여러분을 나락으로
팔아넘기고 있기에 회비를 내서는 안 됩니다. 여러분은
결국 일자리를 잃고 지옥 같은 상황을 맞이하게 될 겁니다.
앞으로 모든 자동차는 중국에서 생산될 것입니다. 모두 다
말입니다. 미시간주, 사우스캐롤라이나주, 그리고 여러분
모두, 다 포기해야 할 상황입니다. 그 자동차들은 전부
중국에서 만들어질 것입니다.

우리는 액상 금 위에 앉아 있으면서도 내연기관 차량을 없애려 하고 있습니다. 반면, 그들은 배터리 생산에 필요한 모든 자원 위에 앉아 있죠. 결국 그들이 자동차 전부를 만들 것이고, 우리는 아무것도 만들지 못할 것입니다.

'액상 금(Liquid Gold)'은 '드릴, 베이비, 드릴(Drill, Baby, Drill)' 구호 아래 트럼프가 개발을 약속한 미국 내 매장 석유를 말한다.

따라서 모든 자동차 노동자들에게 말씀드립니다. 저는 일자리를 죽이는 조 바이든의 그린 뉴 딜 광기에 맞서 싸우는 여러분과 전적으로 연대합니다. 그것은 미친 짓입니다. 제가 대통령이 되면, 자동차 노동자들에게 더 높은 임금을 지급하고 여러분의 일자리를 보호하겠습니다. 또한, 조 바이든의 재앙적인 전기차 의무화 정책을 끝내겠습니다. 전기차를 원하는 분들은 전기차를 가질 수 있을 것입니다. 그러나 모든 종류의 다른 자동차를 원하는 분들도 원하는 차량을 구입할 수 있도록 하겠습니다.

그리고 제 취임 첫날부터 여러분은 저와 함께 일을 다시 시작하게 될 것입니다. 공장들도 다시 문을 열기 시작할 것입니다. 기억하십시오, 제가 당선되었을 때, 저는 선거 운동 중에 이미 여러분에게 이 모든 것을 약속드린 상태일 것입니다. 그리고 제가 당선된다면, 이 나라 바깥에서 자동차 공장을 짓는 회사는 거의 없을 것입니다. 제가 그것을 막았으니까요.

그들은 더 이상 멕시코로 가지 않았습니다. 제가 멕시코로 가면 높은 관세를 부과할 것이라고 경고했기 때문입니다. 멕시코에서 생산한 차량을 미국으로 들여오면 25퍼센트의 관세를 물게 될 것이라고 했죠. 저는 이 일을 막아냈습니다. 그런데 지금 그들은 그 어느 때보다 더 심하게 다시 이 일을 시도하려 하고 있습니다. 제가 취임하기 전, 우리는 멕시코에 우리 산업의 32퍼센트를 빼앗겼습니다. 그러나 그 이후 우리는 거의 아무것도 잃지 않았습니다. 오히려 산업을 되찾고 있었죠. 하지만 이제 상황이 다시 나빠지고 있습니다. 제가 이 문제를 바로잡겠습니다.

그렇게 되기 위해서는 여러분이 반드시 트럼프에게 투표하셔야 합니다. 트럼프에게 투표하셔야 합니다. 많은 급여를 받고 워싱턴에서 술과 식사를 대접받는 노조 간부들의 말에 귀기울여서는 안 됩니다. 그들 역시 전기차가 우리 노동자들에게 좋지 않다는 것을 알고 있습니다.

그러니 공화당에 투표하되, 그중에서도 반드시 트럼프에게 투표하십시오. 이번 선거에서 승리하지 못한다면, 자동차 노동자들뿐 아니라 우리나라 전체가 나락으로 떨어질 것이기 때문입니다.

감사합니다.

Agenda47: President Trump's Message to America's Auto Workers

What's happening to our auto workers is an absolute disgrace and an outrage beyond belief. Auto workers are getting totally ripped off by Crooked Joe Biden and also their horrendous leadership. Because these people are allowing our country to do these electric vehicles that very few people want. And it's a mandate so you'll ultimately be forced to drive in a car that goes for an hour and then you have to have it recharged. I hope you don't want to go very far away.

Biden has imposed the outlandish requirement that 67% of all new vehicles must be electric in less than ten years. That means Michigan and places that make cars you can forget about it, you better get your union working because you can forget about. Those cars are all going to be made in China.

According to the UAW president himself, one auto company CEO used the word brutality over 40 times in a single conversation to describe Joe Biden. I call him Crooked Joe because he's the most corrupt president in history. He's also the most incompetent.

But Joe Biden's cruel and foolish electric vehicle mandate. That's how bad this policy is. Your union heads know it. But the union bosses don't want to do anything about it because they're not leaders. But you know who is voting for me? The people in the union.

The union heads and Crooked Joe keep using the phrase fair transition. There's no fair transition. First of all, people don't want the electric car. And the ones that want it should get it. But we want to have all forms of transportation and all forms of motorization, to describe this unnecessary forced transition to electric vehicles.

But there's no such thing as a fair transition that destroys over 100,000 auto manufacturing jobs (it will be much more than that), wastes tens of billions of dollars that should be going to the workers, and makes new cars entirely unaffordable.

For the middle class, that's a transition to hell. You're going to hell and your bosses are leading you right down the tubes. You shouldn't pay your fees. They get these big fees from all of their workers.

And it doesn't matter how bad they are, they'll endorse a Democrat, even though the Democrats selling you down the tubes.

Both the UAW bosses and the big three auto executives should be screaming at the top of their lungs — they should be ashamed of themselves — demanding that Joe Biden cancel his brutal electric vehicle mandate before it destroys the entire U.S. auto sector.

If the union bosses and the CEOs refuse to fight back against Crooked Joe Biden, by forcing him to repeal this disastrous electric car scheme, then you will know they're not pro-worker, they're not on your side, they've got some deals going for themselves.

And I'm telling you, you shouldn't pay those dues. You should not pay your dues because they're selling you to hell. You're going to be going to hell. You're not going to have any jobs. All those cars are going to be made in China. Every one of them. You can forget it, Michigan. You can forget it, South Carolina. You can forget it, everybody. All of those cars are going to be made in China.

We sit on liquid gold, and we're getting rid of combustion engines. And they sit on all of the other materials that you need for the batteries. They're going to make all those cars. We're not going to make any of them.

So to every auto worker, I stand in total solidarity with you in your fight against Joe Biden's job-killing Green New Deal insanity. It's insanity. When I am your president, I will deliver higher wages for auto workers. I will protect your jobs. I will end Joe Biden's catastrophic electric vehicle mandate. And by the way, if you want an electric car, you're going to get it. But you're going to be able to get all other types of cars, types of vehicles that you want.

And on day one, you're going to be back in business with me. And those factories are going to start opening up again. Remember when I got elected, I told you all about this in the campaign. And when I got elected, hardly a car company built outside of this country. I stopped it.

They didn't go to Mexico anymore. I said if you go to Mexico, I'm putting a big tariff. You'll make a car you're going to have a 25% tariff if you send that car back into the United States. I stopped it. Well, right now they're doing it again, worse than ever before. We lost 32% of our industry to Mexico prior to my getting there. And we lost almost nothing. Nothing. In fact, we were taking back our industry. But now it's going again. I'll straighten it out.

But you have to vote for Trump. You have to vote for Trump. You can't listen to these union guys who get paid a lot of money and they get wined and dined in Washington. They know that electric cars are no good in terms of our workers.

So vote for Republicans but vote for Trump. Because if we don't win this election, our country, not only in terms of auto workers, our country will go to hell.

Thank you very much.

자동차 산업이 '피바다'가 될 것

오하이오주 데이튼 유세 [2024.3.16]

전미자동차노조(UAW)를 보면 그들이 조합원들에게 한

짓은 끔찍합니다. 그들이 하고 싶어 하는 '전기차 의무화'
난센스에 해당하는 차들은 멀리 가지도 못하고, 너무
비싸고, 모두 중국산입니다. 그리고 UAW 위원장은 아마
공화당원과 악수한 적이 없을 겁니다.

멕시코는 지난 30년 동안 미국 자동차 제조업의
34퍼센트를 빼앗아갔습니다. 생각해보세요. 자동차 공장이
멕시코로 갔습니다. 중국은 지금 멕시코에 자동차를 생산할
대규모 공장을 몇 개나 짓고 있습니다. 그들은 거기서 만든
자동차를 세금 없이 미국으로 반입해 판매할 생각이죠.

중국 측에 한 말씀 드리겠습니다. 시진핑 주석이 듣고
있다면 이렇게 말하고 싶어요. "당신과 나는 친구 사이다."
시 주석은 제가 일하는 방식을 알고 있습니다. "지금 당신이
멕시코에 짓고 있는 거대한 괴물 자동차 공장 말인데,
당신은 미국인을 고용하지 않을 생각이고, 거기서 만든
자동차를 미국에 판매할 속셈이다. 내가 당선되면 나는
멕시코에서 들어오는 모든 자동차에 100퍼센트 관세를
부과할 것이며, 당신은 그 자동차들을 팔 수 없게 될
것이다." 자, 제가 당선되지 못하면 이(자동차 산업) 전체가
"피바다"가 될 것입니다. 아무리 좋게 봐도 그렇다는 것이고,
사실 나라 전체가 "피바다"가 될 겁니다. 중국은 그 차를
미국에 팔지 못하게 될 겁니다.

중국은 어마어마한 규모로 자동차 공장을 짓고 있어요.
제 친구 한 사람은 자동차 공장 짓는 일을 합니다. 세계
최대 규모의 공장을 지어요. 저는 이 친구를 농담으로
길도 걸어서 못 건너는 사람이라고 놀립니다. 그런 면에서
바이든과 비슷하죠. 하지만 세상에서 가장 훌륭한 공장을

지을 수 있는 사람이에요. 그는 공장 짓는 것밖에 신경 쓰지
않아요.

저는 그에게 "당신의 공장을 하나 보여달라"고
부탁했습니다. 최근에는 이렇게 물었습니다. "공장을
한번 보려면 어디로 가야 하는가?" "멕시코로 가자."
저는 물었습니다. "왜 멕시코인가?" 그는 답했습니다.
"그곳에서 대형 공장을 짓고 있기 때문이다. 중국은
멕시코에 어마어마하게 큰 공장을 짓고 있다." "이곳 미국
땅에는 없는가?" "여기는 훨씬 작은 규모의 공장만 짓는다."
믿어지시나요? [...]

100퍼센트 관세를 매기면 여기서 차를 팔지 못할 겁니다.
저는 그들이 미시간주, 오하이오주, 사우스캐롤라이나주에
공장을 짓고 싶다면 미국 노동자를 고용하면 된다고
말합니다. 중국 노동자를 여기로 실어 올 수는 없겠지만
가끔 몇 명씩은 보내기도 합니다. 하지만 그들이 원한다면
우리는 환영합니다. 그렇죠? 그들은 멕시코에 공장을 짓지
않을 것입니다. 그렇게 한다면 저는 100퍼센트 관세를
부과할 겁니다. [...]

Trump Rally in Dayton, OH

If you look at the United Auto Workers, what they've done to their people
is horrible. They want to do this all-electric nonsense where the cars
don't go far, they cost too much and they're all made in China. And the
head of the United Auto Workers has never probably shook hands with a
Republican before.

Mexico has taken over a period of 30 years 34% of the automobile
manufacturing business in our country. Think of it, it went to Mexico. China
now is building a couple of massive plants where they're going to build the
cars in Mexico and think, they think that they're going to sell those cars

into the United States with no tax at the border.

Let me tell you something to China, if you're listening, President Xi, and you and I are friends, but he understands the way I deal. "Those big monster car manufacturing plants that you're building in Mexico right now, you think you're going to get that. You're going to not hire Americans and you're going to sell the cars to us. Now, we're going to put a 100% tariff on every single car that comes across the line, and you're not going to be able to sell those cars, if I get elected." Now, if I don't get elected, it's going to be a bloodbath for the whole⋯ That's going to be the least of it. It's going to be a bloodbath for the country. But they're not going to sell those cars.

They're building massive factories. A friend of mine, all he does is build car manufacturing plants. He's the biggest in the world. I mean, honestly, I joke about it. He can't walk across the street, in that way he's like Biden. But for building a plant, he can do the greatest plants in the world, right? That's all he cares about.

I said, "I'd like to see one of your plants." Recently, I said, "I'd like to see. Where can we go?" "Well, we have to travel to Mexico." I said, "Why Mexico?" He said, "Because that's where the big plants are building. China's building really big plants in Mexico." "What about here?" "Well, we're building much smaller plants here." Can you believe it? [...]

100% tariff, they won't sell any cars over here. And I'll tell them if they want to build a plant in Michigan, in Ohio, in South Carolina, they can, using American workers, they can. They can't send Chinese workers over here, which they sometimes do. But if they want to do that, we're welcome, right? But they're not going to build them in Mexico and they're not going to do that. We're going to tariff them at 100%. [...]

트루스 소셜 게시물 [2024.3.22]

거짓말쟁이 바이든 캠페인과 가짜 뉴스 매체들은 제 말의 맥락을 왜곡해 "피바다" 사기라는 새로운 사기극을 벌이고 있습니다. 제가 말씀드린 것은 우리가 승리하지 못할 경우 미국 자동차 제조 산업이 피바다가 될 거라는 것이고, 이는 100퍼센트 사실입니다⋯.

Trump's Truth Social Post

The lying Biden campaign and the Fake News Media have a new hoax—
it's called the "Bloodbath" Hoax, taking my words completely out of
context. I said that if we don't win, it will be a bloodbath for the U.S. Auto
manufacturing industry, and that is 100% TRUE...

미네소타주 공화당 연례 만찬회 (세인트폴) [2024.5.18]

저들은 전기차로 전환하고 싶어 합니다. 모든 사람이
전기차를 가져야 한다. 멋진 일 아닙니까? 참고로
말씀드리면, 그래봐야 얼마 가지 못합니다. 이 정책은 제
임기 첫날이면 끝납니다. 그래도 사고 싶으면 사세요. 전
반대하지 않습니다. 고작해야 3~4마일 (4.8~6.4km)
달리고, 집으로 돌아와 플러그를 꽂은 후 다음 날 신문을
사러 갈 준비를 하세요. 가끔씩 옛날처럼 가서 신문이나
사면 되죠.

아뇨. 저는 전기차 정책을 즉시 종료할 생각입니다.
전기차를 사고 싶다면 그건 좋은 일이라고 생각해요. 하지만
사람들은 휘발유차도 하이브리드차도 살 수 있어야 합니다.
하이브리드차 좋죠. [...]

Minnesota GOP Annual Dinner (St. Paul, MN)

They want to go to an EV. Everybody has to have an electric car. Isn't that
wonderful? They don't go far, by the way. That ends on the first day. And
if you want to buy it, you can buy one. You know, I'm not knocking it. If you
want to go, you know, three or four miles and then back home, plug it in,
get ready for the purchase of a newspaper the next day. If you want to go
down, buy a newspaper, like in the old days every once in a while.

But no, we're going to end it right away—immediately. And I think people, if they want to buy an electric car, I think it's great. But they have to be able to buy gasoline-powered cars. They have to be able to buy hybrids. The hybrids are good. [...]

뉴저지주 와일드우드 유세 [2024.5.11]

안타깝게도, 뉴저지의 민주당은 조 바이든의 급진적인 친중 정책을 받아들여 휘발유 자동차와 트럭을 없애려 하고 있습니다. 믿기십니까? 그렇게 비싸고 얼마 가지도 못하는 전기차를 모든 사람에게 강요하다뇨.

저는 항상 전기차에 몇 가지 문제가 있다고 말해 왔습니다. 너무 비싸고, 중국에서 만들어질 것이며, 주행거리가 짧다는 점입니다. 그 외에는 훌륭하다고 생각해요.

저는 취임 첫날 조 바이든의 미친 "전기자동차 의무화" 명령을 즉시 종료할 것입니다. 가든 스테이트(뉴저지주의 별칭)에서 휘발유 자동차와 트럭이 금지되지 않을 것입니다. 미국 어디에서도 휘발유차는 금지되지 않을 것입니다. 여러분이 원한다면 전기차를 살 수도 있고, 휘발유차를 살 수도 있습니다. 선택은 여러분의 몫입니다. 그렇게 되어야 마땅합니다.

어젯밤 발표에서 보니 바이든이 드디어 제 말을 들은 것 같더군요. 그는 제 말을 듣고 있습니다. 그는 많은 일을 합니다. 4년이나 늦긴 했지만, 그는 모든 중국산 전기차에 100퍼센트 관세를 부과하겠다고 했습니다. 멋지지 않습니까? 4년 전에 했어야 할 일이죠.

하지만 바이든은 휘발유차나 다른 차에는 이 관세를
부과하지 않을 것입니다. 이건 전기차뿐 아니라 모든
자동차에 적용돼야 마땅합니다. 바이든은 전기차 산업을
살리려고 할 뿐입니다. 국민과 자동차 회사에 보조금을
지급해 이미 수십만 대의 전기차가 전국에서 운행되고
있습니다. 여러분이 원하면 전기차를 싸게 살 수 있습니다.
그러나 전기차를 강요해서는 안 됩니다. 이것은 수요와
공급의 문제입니다.

사람들은 전기차를 원하지 않지만, 원하는 사람들도
있습니다. 원하는 사람들만 사면 됩니다. 저는 그건
괜찮다고 생각합니다. 전기차는 좋은 차입니다. 제 친구
일론 머스크는 훌륭한 일을 하고 있다고 생각합니다. 하지만
모두가 전기차를 가져야 하는 것은 아닙니다.

여러분이 근사한 여행을 하고 싶다면, 예를 들어 뉴저지에
사는 여러분이 차를 타고 백악관에 있는 저를 방문하고
싶다면, 전기차를 사지 마세요. 오실 수 없을 겁니다.
플로리다주 팜비치에서 저와 골프 라운딩을 하고 싶다면,
저는 환영이지만, 전기차로는 오지 마세요. 중간에 열 번은
충전해야 할 것이고 너무 늦어서 티오프 시간에 맞출 수 없을
것입니다.

그런데 바이든은 왜 몇 년 전에 이런 조치를 취하지
않았을까요? 이건 단지 대선을 어떻게든 넘겨보려는 계략일
뿐입니다. 결국 모든 것이 무너질 겁니다. 왜냐면….

왜냐면 제가 오랫동안 정치인들을 상대하면서 배운 한
가지가 있습니다. 그들이 어떤 정책을 내놓고, 선거에

출마한 뒤 필요한 말을 해서 당선된 후에는 결국 원래
정책으로 돌아간다는 것입니다.

중국은 현재 대규모 자동차 공장을 건설하고 있습니다.
이 얘기를 들으면 깜짝 놀라실 겁니다. 제 친구가 자동차
공장을 짓고 있어요. 이 친구를 모욕하고 싶지는 않습니다.
그는 길도 제대로 건너지 못하는 사람인데, 공장 짓는 일은
세계 최고입니다.

제가 그에게 "당신의 공장을 하나 보여달라"고 하자, 그는
"멕시코로 가자"고 했습니다. 제가 "왜?"라고 물었더니,
그는 "큰 공장은 다 멕시코에 짓는다"고 했습니다. 그래서
"그럼 미국에는?" 하고 물었더니, 그는 "없다. 큰 공장은 다
멕시코에 건설 중이다"라고 답했습니다.

바이든이 자동차 산업 인센티브를 너무 많이 없애버린 탓에,
모두가 멕시코로 옮기고 있는 겁니다. 그래서 지금 중국은
멕시코에 거대한 자동차 공장을 지어, 무관세로 미국에 차를
판매하려 한다는 것입니다.

저는 "잠깐. 지금 당신이 짓고 있는 대형 공장이 멕시코에
있다는 거냐?"고 물었습니다. 그는 "그렇다"고 했죠. 그는
비용이 더 저렴한 곳에 공장을 짓는 겁니다. 그에게는 그게
중요하지 않았어요. 그는 공장을 짓는 사람일 뿐이죠. 그는
세계 최대의 공장을 짓는 사람입니다.

그래서 제가 물었습니다. "멕시코에 지어지는 그 공장이
중국 소유이고, 중국이 운영하는 것이란 말인가?" 그는
"그렇다"고 답했습니다. "그들은 세금과 인건비를 줄이기

위해 그렇게 하는 거고, 그 차들을 미국에서 팔겠다는
거냐?" 그는 답했습니다. "그렇다. 중국은 멕시코에 공장을
지어 차를 만들고 미국에서 판매하고자 한다." 그래서 저는
이렇게 말했습니다. "그럴 수는 없다. 그 공장에서 나오는
모든 자동차에 200퍼센트 관세를 부과하겠다. 그렇게 하지
않으면 우리 자동차 산업이 파괴될 것이다."

하지만 바이든은 이런 문제에 관여하려 하지 않습니다.
그리고 이 차들이 반드시 전기차인 것도 아니에요.
휘발유차인데도 그는 아무런 조치를 내리지 않고 있습니다.
아시겠어요? 바이든은 전기차 산업을 살리려 하면서, 정작
국민들이 원하는 휘발유차는 외면하고 있습니다.

그러니 제가 당선된다면, 이런 공장들에 대해 걱정할
필요가 없습니다. 하지만 만약 제가 당선되지 않는다면,
이 공장들이 미국의 모든 자동차 산업 일자리를 없애고 말
겁니다. 결국 미국에서는 단 한 대의 차도 생산되지 않게
될 겁니다. 전미자동차노조(UAW)라면, 아시다시피 저는
미시간주에서 많은 지지를 받고 있는데, 왜냐하면 취임 후
가장 먼저 사람들을 미치게 하는 전기차 의무화 행정명령에
서명한 사악한 조 바이든, 바로 그를 지지한 무능한 사람이
UAW를 이끌고 있기 때문입니다.

저들은 전기 자동차로 미쳐 돌아가게 될 것이고, 우리는
엄청난 비용을 부담해야 될 것입니다. 우리는 아무도 원하지
않는 차에 수천억 달러의 보조금을 지급하고 있으니, 정말
안타까운 일입니다. 아시겠죠. 정말 어리석은 일이죠. [...]

유럽은 중국산 자동차가 넘쳐나고 있지만 어떻게 대응해야

할지 몰라 난감해하고 있습니다. 지금 중국은 전 세계
자동차 시장을 장악하고 있습니다. 그들은 모든 사람을 위한
자동차를 만들고 싶어 하죠. 멋진 일이긴 합니다. 하지만
그쪽이 괜찮다면 우리는 우리의 일자리를 지키고 싶습니다.

저는 우리 자동차와 트럭 산업이 중국에 잠식되지 않도록 할
것입니다. 우리 산업이 성장하도록 만들 겁니다. 잡초처럼
무성하게 성장하게 될 거예요. 제 4년 임기가 끝날 무렵,
자동차와 트럭 산업의 규모는 지금의 3배가 될 것이며,
일자리도 크게 늘 것입니다.

우리는 자동차와 트럭 산업 일자리에서 새로운 기록을
세울 것입니다. 그러나 바이든이 대통령이 된다면 이 모든
것은 사라질 것입니다. 자동차 제조업체들이 사라지게 될
것입니다. 자동차 산업은 규모도 크고 중요한 산업입니다.
우리는 이 산업을 잃을 수 없습니다. 우리는 이 산업을 잃게
될 거예요. 저들이 그런 결과를 초래할 것입니다.

이미 제 눈에는 그런 일이 일어나고 있는 것이 보입니다.
그래서 제 지지율이 상승하고 있다고 생각해요.
전미자동차노조(UAW)와 자동차 노동자들은 일반적으로
매우 명석합니다. 그들이 지금 상황을 이해하고 있기 때문에
그런 것이겠죠. [...]

Trump Rally in Wildwood, NJ

But unfortunately, the Democrats in New Jersey have embraced Joe
Biden's radical pro-China plan to eliminate gas-powered cars and trucks.
Can you believe it? And force everyone into ultra-expensive electric
vehicles that don't go far?

I always say they have a couple of problems. They're too expensive, they're going to be made in China, and they don't go far. Other than that, I think they're wonderful.

On day one, I will immediately terminate Joe Biden's insane electric vehicle mandate and there will be no ban on gas cars and gas trucks in the Garden State. There will be no ban anywhere in the United States of America on gas. You can buy electric if you want. You can buy gas, you can buy whatever you want, and that's the way it should be.

It was announced last night that Biden finally listened to me. He listens to me. He does a lot of things. He's about four years late, but he says he's going to put a 100% tariff on all Chinese electric vehicles. Isn't that nice? Should have done this four years ago.

But Biden is not going to put this tariff on their gasoline-powered cars or any of the other products. You have to put it on other cars also, not just the electric cars, because he's trying to make them work. The subsidy that they pay to people and to these auto companies, and you have hundreds of thousands of electric cars, they're all over the country, I think you can buy them probably cheap if you want them, but they're forcing them on you and you can't do it. I's supply and demand.

People don't want them. And some people do, and the people that do should buy an electric car. I think they're fine. I think they're good. I think Elon, he's a friend of mine, he does a good job. But not everybody should have one.

If you want to take a nice trip from, let's say, New Jersey, and you want to go and visit me at the White House in a little while, don't go buy an electric car. You won't make it. If you want to drive down to Palm Beach, Florida and see me and play a round of golf with me, I'd love to do it, but don't take an electric car because you'll make about 10 stops. Because you'll be very late, your tee time will be long expired.

But why didn't he do this years ago? It's only a ploy to get beyond the election, and then everything will come crashing down because they're...

One thing I've learned about politicians, and I've dealt with them for a long time. When a politician comes out with a policy and then they run in an election and they go back and say what they have to say to get elected, they always go back to that original policy.

China is building massive automobile plants. I'm sure you're going to be thrilled to hear this one. A friend of mine builds automobile plants. This guy — I don't want to insult him. This guy can't walk across the street, but he can throw up an automobile plant better than anybody in the world.

I said, "I want to see one of the plants." He said, "Well, you'll have to go to Mexico." I said, "Why?" He said, "The big ones are being built in Mexico." I said, "What about the United States?" "No, the big ones are being built in Mexico."

Biden has taken so much incentive away and they're moving into Mexico. And what's happening is the really big ones are being built by China in Mexico to make cars in Mexico by China to sell into the United States, to come across the border with no tax.

I said, "Wait a minute. You mean the big automobile plants under construction now are being built in Mexico?" "That's right." Now, he didn't care. He builds them where they're cheaper. He doesn't care. He just a guy. He builds plants. He's the biggest in the world.

I said, "So, they're being built in Mexico and they're owned by China and China is running them, right?" "Yeah." "And they're doing that to avoid tax and more expensive labor. And they're going to sell all those cars into the United States.?" "Yeah. They're built so that he makes the cars in Mexico, China, and they sell them in here." I said, "That won't happen." I said, "I will put a 200% tax on every car that comes in from those plants, and they're not going to do that because they'll destroy our automobile business."

And Biden doesn't want to get involved. And those aren't electric vehicles, necessarily. Those are gas-powered vehicles, which he's not doing anything about. Do you notice, he's trying to save the electrical vehicle, but not the gas-powered, which is the vehicle that everybody wants?

So, you don't have to worry about those plants if I'm elected. If I'm not elected, those plants are going to close up every automobile job in America. You won't be making one automobile in the United States of America, and the United Auto Workers, who, you know, I'm leading in Michigan by a lot because they're run by an incompetent man that endorsed crooked Joe Biden, and the first thing he does is sign this electric vehicle, this mandate that where they're going to go crazy.

They're going crazy with the electric car, costing us a fortune. We're spending hundreds of billions of dollars subsidizing a car that nobody wants and nobody's ever going to buy. And it's just a shame. You see it. It's so stupid. [...]

Europe is being flooded with Chinese cars, and they don't know what to do. Right now, China wants to take over the cars all over the world. They just want to make the cars for everybody, right? That's wonderful. But we'd like to keep our jobs, if you don't mind.

But I'm not going to allow it to happen in our car and truck industry. We're going to make sure that our industry grows. It's going to grow like a weed. By the end of my fourth year, our car and truck industry will be triple the size of what it is now, and jobs will be flourishing.

We will be setting records in auto jobs and truck jobs. Under Biden, it will all be gone. You will not have any carmaker. That's a big, important industry, too. You can't lose it. You're going to lose it. They're going to lose it.

I see what's happening already, and I think that's why I'm up, because the United Auto Workers and auto workers, in general, are very smart people, and they see what's happening. […]

'친환경' 전기 탱크?

미네소타주 공화당 연례 만찬회 (세인트폴) [2024.5.18]

하지만 전기차는 멀리 가지 못하고 비싸고, 게다가 모두 중국에서 만들어질 겁니다. 이제 그들은 전기트럭을 만들고 싶어 하는데 전기트럭은 재앙입니다. 배터리가 너무 커서 적재 공간의 절반을 차지하죠. 캘리포니아에 가려면 여섯 번은 정차해야 해요. 그리고 충전소가 없습니다. 그 외에는 아주 좋습니다.

하지만 18 휠러 트럭을 운전하면 뉴욕에서 캘리포니아까지 논스톱으로 갈 수 있습니다. 그리고 그거 아세요? 어느 트럭 운전기사가 제게 폐업 위기에 처해 있으니 도와달라고 애원하더군요. 그는 이렇게 말했어요. "큰 트럭은 일단 사게 되면 멋진 트럭을 사지 않습니까, 브랜드명은 밝히지 않겠지만 어떤 회사인지 대략 아시잖아요."
거대한 디젤 연료 탱크가 달린 트럭이죠. 운전하다 보면
연료를 태우면서 점점 더 좋아져요. 점점 더 가벼워지죠.
배터리 차의 무게는 변하지 않아요. 배터리를 달고 다니기만
하면 되지만 너무 커요. 배터리가 너무 큽니다. 전기트럭은
제대로 운행할 수 없어요. 실현 가능성(타당성)이 없습니다.

하지만 사람들은 그런 이야기를 듣고 싶어 하지 않고,
이야기하고 싶어 하지도 않습니다. 정상적으로 사고하는
공무원이라면 3분만 주면 전기트럭이 안 되는 이유를
설득할 수 있습니다. 배터리가 너무 크고 무거워서 적재
공간의 절반을 차지해요.

저들은 그런 이야기는 듣고 싶어 하지 않아요. "논스톱으로
달리는 대신 여섯 번이나 멈춰야 한다"고 말하면
"상관없다"고 하죠. 아니, 누가 그런 말을 합니까?
우리가 상대하고 있는 이들은 미치광이 과격분자예요.
미치광이들이죠. 이제 그들은 군용 전기 탱크(전차)를
원합니다. 이게 믿기나요? 그래서 우리가 들어가서 적진을
폭파하되, 환경친화적인 방식으로 하자는 거죠. 도대체 뭘
하자는 겁니까?

우리는 세계 최고의 탱크를 만듭니다. 하지만 전기 탱크의
경우 배터리가 너무 커서 탱크 뒤에 트럭을 연결해 배터리를
실어 날라야 한다는 사실이 밝혀졌습니다. 그렇게 해도 멀리
갈 수 없고, 비용은 두 배 더 듭니다. 효과적이지 않죠. 하지만
깨끗한 환경을 유지할 수 있으니, 이는 매우 중요하다는
거예요. [...]

Minnesota GOP Annual Dinner (St. Paul)

But the electric cars—they don't go far, they're very expensive, and they're all going to be made in China. Now they want to make electric trucks, and the trucks are a disaster. The battery is so big it takes up half of your payload. To go to California, you need six stops. And you have no chargers. Other than that, it's very good.

If you go with an 18-wheeler, you can go from New York to California without a stop. And you know what? One of the truckers told me this. They're begging for help because they're going to be put out of business. He said, "With a big truck, you buy a gorgeous one. I won't even use the names, but you know the companies.

You have this massive tank with diesel fuel. As it goes along, it gets better and better because you're burning fuel. It gets lighter and lighter. With the battery, it just stays the same weight. You just have to carry that battery, but it's too big. The batteries are too big. They don't work. It's not even feasible.

But these people don't want to hear about it. They don't want to talk about it. In three minutes, a sane person in government could be talked out of going all-electric trucks because the batteries are so big and so heavy, they take up half your payload.

But they don't want to hear about it. You say, "You have to stop six times instead of no times," and they say, "We don't care." I mean, who could say that? These are radical lunatics that we're dealing with. They're lunatics. Now they want to go with all-electric army tanks. Okay, do you believe that? So, when we go in and blast the crap out of an enemy, we do it in an environmentally friendly way. What are we doing?

We make the best tanks in the world. But now it turns out that, with electric tanks, you have to put a truck on the back of the tank to carry the battery because it's so big. It still doesn't go far, and it costs twice as much. It's not effective. But it does keep a clean environment, which is very important. [...]

미시간주 그랜드 래피즈 유세 [2024.7.20]

하지만 가장 중요한 것은 이 위대한 주의 주민들을 위해

제가 미국 자동차 산업을 소멸 위기에서 구해낸다는
것입니다. 저들은 여러분의 자동차 산업을 말살하려 합니다.
전미자동차노조(UAW) 위원장에게 투표하는 조합원들은
자신이 무엇을 하고 있는지 모르는 사람들입니다. UAW
위원장은 전기차 의무화 정책을 지지했습니다.

일론, 저는 일론 머스크를 좋아해요. 그를 사랑합니다. 저는
전기차에 대해 끊임없이 이야기하지만, 그렇다고 제가
전기차를 반대한다는 뜻은 아닙니다. 전기차를 전적으로
찬성하지만 시장의 흐름에 따라야 한다고 생각해요.
전기차가 시장의 10퍼센트, 12퍼센트, 7퍼센트, 20퍼센트,
몇 퍼센트를 차지하든 괜찮습니다. 그러나 100퍼센트
전기차는 답이 아닙니다. [...]

그(일론 머스크)는 훌륭한 사람입니다. 정말 대단한
인물이죠. 하지만 그는 저에게 단 한 번도 "왜 전기차를
때리느냐"라고 묻지 않았습니다. 제가 때리는 것이
아니라는 사실을 알고 있기 때문입니다. 전기차는 정말
대단하다고 생각해요. 전기차를 가져보고, 운전도
해봤으니까요. 정말 대단하죠. 하지만 전기차가 모든
사람에게 적합한 것은 아닙니다. 장거리 운전이 필요한
사람들도 있죠. 그리고 전기차는 가솔린 차량에 비해 비싼
경향이 있습니다. 게다가 중국이 핵심 원자재를 대부분
보유하고 있어 전기차 생산이 중국에 의존할 가능성도
큽니다.

우리는 자동차 제조업을 되살리고 싶어 합니다. 그러면서
6년 내에 전기차를 전면 의무화하겠다는 것은 말이 안 되죠.
여러분은 "중서부에 8대의 충전기를 설치했다"는 기사를

본 적 있으실 겁니다. 그런데 그 8대의 충전기를 설치하는
데 90억 달러를 썼습니다. 충전기는 휘발유 주유기와
비슷한데, 작은 충전기 8대 설치에 90억 달러라니 이게 말이
되나요? 전국에 충분한 충전기를 설치하려면 5조 달러가
필요할 것입니다. 그런데도 전기차는 제대로 작동하지 않고,
전기트럭도 마찬가지입니다.

저는 운송 부문의 대기업 '스위프트(Swift Transportation)'
관계자들을 만났습니다. 제가 물었어요. "트럭이 몇 대나
되는가?" "2만 9천 대 정도." 2만 9천 대면 엄청난 규모죠.
가장 큰 기업이라고 볼 수 있습니다. 그는 저에게 이렇게
말했습니다. "저들은 우리 사업을 망치려 하는 것 같다. 모든
트럭을 전기차로 바꾸라고 한다."

저는 물었습니다. "전기차에 어떤 문제가 있는가? 당신이
만약 크고 멋진 '피터 빌트' 트럭이나 다른 대형 트럭을
몰고 뉴욕에서 로스앤젤레스까지 운전한다면 몇 번이나
멈춰야 하는가?" 그는 답했습니다. "한 번도 설 필요가 없다.
논스톱으로 바로 갈 수 있다. 도착해도 기름이 좀 남아 있을
것이다. 디젤차의 경우가 그렇다."

저는 물었습니다. "전기차라면 어떻게 되는가?" "3시간에
한 번씩, 여섯 번이나 일곱 번은 세울 필요가 있다." 그는
즉각적으로 전기차의 실용성에 문제가 있다는 점을
어필했습니다.

그는 덧붙였습니다. "그것만이 아니다. 트럭이 너무
무거워진다. 전국의 모든 교량을 다시 건설해야 할 것이다."
그다지 좋은 이야기라고 할 수 없지요.

세 번째로, 그는 자신이 대부분 디젤차를 쓰고 있는데 전기차의 배터리가 디젤 또는 휘발유 대형 트럭의 탱크보다 훨씬 크다고 말했습니다. 배터리가 너무 커서 적재 공간 대부분을 차지하게 된다는 것입니다. 결국 화물을 실을 공간이 부족해지죠.

이 세 가지 사소한 디테일을 들었다고 가정해봅시다. 그럼 보통은 "그럼 전기차는 안 되겠네요"라는 결론을 내리고 대화를 끝낼 것입니다. 하지만 저들은 다릅니다. "우리는 상관없다. 당신은 100퍼센트 전기차로 가야 한다." 저 사람들, 믿어지시나요? 완전히 미쳤습니다. [...]

저는 4년이라는 짧은 기간에 미국 역사상 그 어떤 대통령보다 미시간주 자동차 노동자와 제조업체를 위해 더 많은 일을 했습니다. 공약한 대로, 저는 자동차 산업을 완전히 파괴할 뻔했던 '환태평양경제동반자협정(TPP)'에서 탈퇴했습니다. 저는 '북미자유무역협정(NAFTA)'이라는 재앙을 끝냈습니다. 그것은 역사상 최악의 무역협정이었습니다. 저들도 그렇게 평가했습니다. 멕시코와 캐나다에 너무 큰 혜택이 가는 불공평한 협정이었죠. 저는 사상 최악의 무역협정을 사상 최고의 무역협정이라고 불리는 '미국·멕시코·캐나다 협정(USMCA)'으로 대체했습니다. [...]

저는 자부심을 갖고 중국과 중국 자동차가 미국에 들어오지 못하도록 모든 중국 자동차 수입품에 27.5퍼센트의 관세를 부과했습니다. 미국에서 중국 자동차가 그리도 많이 팔리는 이유는 … 그리고 그들이 만약 많이 팔았다면 여러분의 자동차 생산량이 줄어들었을 것입니다. 우리는 다음과 같은 이유로 자동차 산업을 되살릴 것입니다…. 우리는 자동차 산업을 지킬 것입니다.

그들이 들어와서 우리에게 자동차를 팔고 싶다면 그럴 수 있지만, 그들은 여기에 공장을 짓고 우리 노동자를 고용해야 합니다. 그러면 괜찮습니다. 누구도 그것에 대해 뭐라고 하지 않을 것입니다. […]

저는 우리가 미국 역사상 가장 위대한 4년을 보낼 수 있다고 믿습니다. 그리고 저는 미시간주가 가장 위대한 주가 되리라고 믿습니다. 왜냐하면 저는 여러분의 자동차 산업을 되살릴 것이기 때문입니다.

저는 이런 것은 받아들이지 않겠습니다. 그들은 미국 국경에 인접한 멕시코 어느 지역에 전 세계에서 가장 큰 자동차 제조 공장을 짓고 있습니다. 그들은 자동차를 만들어 미국에 팔면 우리가 일자리를 모조리 잃을 것이라고 생각합니다. 그런 일은 일어나지 않도록 하겠습니다.

그 공장의 소유주가 누구인지 아십니까? 중국입니다. 우리는 그런 일이 일어나도록 내버려두지 않을 것입니다. 우리는 200퍼센트, 400퍼센트의 관세를 부과해서, 누가 공장을 짓든 자동차 한 대도 미국으로 들어오지 못하도록 조치할 겁니다. […]

Trump Rally in Grand Rapids, MI

But most importantly, for the people of your state, this great state, I will rescue the US auto industry from obliteration. They're going to obliterate your auto industry. Anybody that votes for the head of the United Auto

Workers, this guy doesn't know what he's doing. He's approved all-electric cars.

Elon, I love Elon Musk. Do we love him? I'm constantly talking about electric cars, but I don't mean I'm against... I'm totally for them, but whatever the market says. If it's 10% of the market, 12%, 7%, 20%, whatever it is, it's okay, but you can't have 100% electric cars. [...]

He's a great guy. He really is. But he's never mentioned to me, "Why are you hitting the electric cars?" because he understands I'm not hitting it. I think it's incredible. I've had them, I've driven them. They're incredible. But they're not for everybody. Some people have to drive long distances. And they tend to be more expensive. They'll probably be made in China because China has all of that material.

We want to bring car manufacturing back and what the deal with this thing with the all electric cars by... In six years from now? It's ridiculous. In the Midwest, they opened up chargers. They opened up eight chargers. You read about this. $9 billion they spent for eight chargers. That's like a gas pump. I guess it would be like the equivalent of a gas pump for electric. They spent $9 billion on eight charges. This is eight little chargers, $9 billion. How do you do that? It would cost at that rate $5 trillion to create enough charges so it could run. It doesn't work and it doesn't work on the trucks either.

I was with Swift, big Swift company. "How many trucks do you own?" "29,000, sir." 29,000? That's a lot of trucks. One of the biggest. I guess, the biggest. I think he's the biggest. He said, "They want to destroy our business. They want us to go all electric."

I said, "So what's wrong with electric?" I said, "If you take a big, beautiful Peterbilt or one of the great manufacturers, how many times would you have to stop from New York to Los Angeles?" "None, sir. We go right there. We have something left over. That's with diesel."

I said, "What about if it's electric?" "We have six to seven stops, about three hours each." So immediately he's saying that's not working too well.

He said, "But there are other problems." He said, " The truck is so much heavier that you'd have to rebuild every bridge in the country." That doesn't sound too good.

Then the third thing he said, that the battery is so much bigger than a tank, a big tank, for the diesel or for the gasoline, but the diesel mostly. It's so much bigger that most of our payload would be holding batteries. In other words, we wouldn't have any room for the product.

So let's say you hear those three minor details. Typically you would end the conversation, would say, "That doesn't work." These people say, "We don't care. We want you to go all electric." Can you believe these people? They're crazy. […]

In four short years, under my leadership, I did more for Michigan autoworkers and manufacturers than any president in the history of our country. Just as I promised, I withdrew from the Trans-Pacific Partnership, which would've totally destroyed your auto industry. I ended the disaster known as NAFTA. That was the worst trade deal ever made. That was the worst trade deal considered by them. That was so unfair to us with Mexico and Canada. The worst trade deal ever made, and replaced it with what they call the best trade deal ever made, the USMCA, Mexico and Canada.

I proudly imposed a 27.5 tariff on all Chinese auto imports to keep China and Chinese cars, keep them out of America. You don't sell a lot of Chinese cars in here because of what… And if you did, it'd be fewer cars that you made. We're going to bring back the auto industry because of… We're going to have them.

If they want to come in and sell us cars, they can, but they have to build plants here and they have to hire our workers, and that's fine. Nobody can say anything about it. […]

I believe we're going to have the four greatest years of the history of our country, I believe it. And I believe that Michigan is going to have the greatest of all of any of the states because I'm going to bring back your auto industry.

I'm not going to take this. In Mexico, they're building among the largest plants for auto manufacturing anywhere in the world, in Mexico, near the border. They think that they're going to make cars and sell them into the United States and lose all our jobs. It's not happening.

And you know who owns those plants? China. China owns them. And we're not letting it happen. We'll put 200% tariffs on, 400, I don't care what would… Whoever is building your plants, we're not allowing any of those cars to come into the United States. […]

민주당이 이기면 다음 날 유가는 천정부지로 치솟을 겁니다. 모든 사람에게 전기차 구매를 강요할 것입니다. 사람들은 그렇게 하지 않을 겁니다. 원치 않으니까요. 전기차 시장은 훌륭한 시장이죠. 그 마켓은 분명히 존재합니다만, 서브 마켓이죠. 사람들은 휘발유차, 하이브리드차 등 모든 종류의 차를 원하고 전기차도 원합니다.

그런데 민주당은 모든 사람이 전기 자동차를 갖기를 바라죠. 우리에게는 그 정도로 충분한 전기가 없어요. 미국은 그 전기차들을 전부 움직이기 충분할 정도의 전력을 생산하지 못합니다.

게다가 차의 무게, 트럭의 무게는 또 어떻습니까? 민주당은 모든 트럭을 전기트럭으로 전환하고자 합니다. 이런 작은 부분은 사람들이 잘 이야기하지 않죠. 전기트럭 무게는 일반 트럭의 2.5배예요. 2.5배 더 무겁습니다. 이 나라의 모든 교량을 다시 지어야 이 말도 안 되는 정책을 시행할 수 있어요. [...]

Mar-a-Lago News Conference (Palm Beach, FL)

But the day after the election, if they won, you're going to have fuel prices go through the roof. Everybody's going to be forced to buy an electric car, which they're not going to do because they don't want that. It's got a great market. It's got a market. It's really a sub market. People want gasoline propelled cars they want hybrids, they want to have everything and they want electric.

But they want everybody to have an electric car. We don't have enough electricity we couldn't make enough electricity for that.

And what else, the weight of a car, the weight of a truck. They want all trucks to be electric. Little things that a lot of people don't talk about. The weight of a truck is two and a half times it's two and a half times heavier. You would have to rebuild every bridge in this country if you were going to do this ridiculous policy. [...]

노스캐롤라이나주 애슈빌 유세 [2024.8.15]

신차와 중고차를 모두 더 저렴하게 만들기 위해 저는 취임 첫날 바이든-해리스 전기차 의무화 정책을 폐기할 것입니다. 그건 말이 안 돼요.

참고로 저는 전기차를 위한 훌륭한 시장이 있다고 봅니다. 전기차 비즈니스는 잘될 거라고 생각해요. 일론 머스크는 제가 그렇게 말하는 걸 여러 번 들었지만 여전히 저를 지지해요. 제 말은, 제가 그 점을 바꿀 수는 없어요. 이건 전기차의 주행거리가 얼마나 되는지, 차 가격이 어느 정도인지, 그런 모든 요소의 문제입니다.

하지만 전기차는 우리나라에서 큰 위상을 차지하고 있습니다. 그렇지만 우리는 동시에 휘발유차, 하이브리드차나 기타 유형의 자동차도 살 수 있어야 합니다. 디젤은 트럭의 경우 특히 중요해요. 저들은 모든 트럭을 전기트럭으로 전환하려고 합니다. 전기트럭으로 여기서 캘리포니아까지 가려면 여섯 번은 정차해야 합니다. 디젤을 사용하면 논스톱으로 달릴 수 있어요. 이걸 어떻게 이깁니까.

전기트럭은 너무 무겁습니다. 이건 상식이에요. 우리는

상식의 정당입니다. 전기트럭은 휘발유 트럭보다 두 배,
어쩌면 두 배 반 이상 무겁습니다. 전기트럭이 다니게
하려면 미국의 모든 교량과 터널을 다시 건설해야 한다는
뜻이죠. 이 정도면 합리적이라고 할 수 있겠습니까. 돈이
너무 많이 들 겁니다. 미국에는 그런 돈이 없고, 모든 국가의
힘을 합친다고 해도 그만한 돈을 구할 수 없습니다.

전기차를 위한 훌륭한 시장이 있지만, 모든 상품에는 그에
맞는 시장이 있습니다. 소비자들은 나가서 원하는 것을
살 수 있어야 합니다. 여러분은 스스로 원하는 것을 살 수
있어야 합니다. [...]

Trump Rally in Asheville, NC

To make both new and used cars more affordable, I will end the Biden-
Harris Electric Vehicle mandate on day one. It doesn't make sense.

By the way, there's a great place for electric cars. I think they'll do great.
Elon's heard me say that many times, and he still endorsed me. I mean, I
wouldn't be able to change that. It's a question of how far they go, how
much they cost, and all the factors involved.

But electric cars do have a great place in our country. At the same time, you
need to be able to get gasoline-powered cars, hybrids, and other types.
Diesel is important, especially for trucks. They want to make all trucks
electric. Going to California, you'd need six stops. With diesel, you don't
need any stops. That's hard to beat, right?

Electric trucks are too heavy. Common sense—we're the party of common
sense. An electric truck weighs more than twice, maybe two-and-a-half
times, what a gasoline-powered truck weighs. That would mean you'd have
to rebuild every bridge and tunnel in the United States. Oh, that sounds
reasonable. It would cost so much money. The United States doesn't have
that kind of money—every country combined wouldn't have it.

There's a great place for electric vehicles, but there's a place for
everything. People should be able to go out and buy what they want. You
should be able to buy what you want. [...]

우리는 자동차 산업을 되살릴 것입니다. 우리는 할 수
있습니다. 우리는 세계 어느 누구보다 잘할 수 있습니다.
그들은 우리 자동차 제조업의 59퍼센트를 빼앗아
갔습니다. 전미자동차노조(UAW)는 제가 자동차 산업을
되살릴 것이기 때문에 압도적으로 저에게 투표하리라고
생각합니다. 저들은 자동차 산업을 파괴하고 있습니다.
그들이 순수 전기차에 동의하게 될 때, 미국에서 전기차가
생산되는 일은 없을 것입니다. 우리는 이 나라에서 자동차
자체를 생산하지 않게 될 것입니다.

그리고 한국산 소형 트럭에 관세를 부과하고, 이 조치를
다시 연장한 것은 저였어요. 그 관세가 없었다면 그
나라에서 가장 성공한 제품은 소형 트럭이었을 겁니다.
제가 그 관세를 거두지 못했다면 지금쯤 한국과 중국은 추가
제품을 생산해 미국 시장을 파괴하고 있었을 겁니다. 우리가
그 시장을 구한 거죠.

우리는 산업공동화 현상이 일어난 방위 산업 기반을
재건하여 미국이 전쟁에서 싸우고 승리하는 데 필요한
탱크, 미사일이나 원자재가 부족한 상황에 처하지 않도록
할 것입니다. 우리에게는 방위 산업이 꼭 필요합니다.
전쟁이 일어나면 어떻게 될까요? 저를 선출한다면 전쟁은
일어나지 않을 겁니다. 하지만 제 생각에, 제가 없다면 제3차
세계대전이 일어납니다. 제3차 세계대전은 없을 겁니다.
하지만 만약 전쟁이 일어난다면 어떻게 되겠습니까?
중국과의 전쟁이 났는데 그동안 우리가 중국에서 철강
제품을 모두 수입해왔다고 가정해 봅시다. 그럼 우리는

1950.9.8.
'방위 생산물법(Defense
Production Act)'은
방위물자의 우선 사항
및 할당과 생산력 및
공급의 확대를 다루고
있으며, 1950년
제정되고 2023년 최종
개정되었다.

중국에 철강을 요청해야만 전쟁을 치를 수 있겠죠. 저 사람들은 도대체 얼마나 멍청한 겁니까? 저는 취임과 동시에 '방위 생산물법'을 발동해 필수 제품의 생산량을 조속히 늘릴 것입니다.

그리고 일본의 유에스스틸 인수를 금지할 것입니다. 어떤 외국이 우리의 가장 위대한 기업 중 하나를 인수하려 합니다. 70년 전으로 거슬러 올라가면 그때까지 우리나라에서 가장 위대한 회사는 단연코 유에스스틸이었습니다. 대단한 회사였죠. 그런데 이제 일본이 그 회사를 사들이려 합니다. 이 인수 건을 허용해서는 안 됩니다. 우리는 유에스스틸을 회생시켜야 합니다. 우리가 성공시켜야 합니다. 유에스스틸을 팔아 치우고 싶지 않습니다. [...]

Trump Rally in York, PA

We're going to bring back the auto industry. We can do that. We can do better than anybody in the world. They've stolen 59 percent of our car-making business. The union, the United Auto Workers, I think the people in that union are going to vote for me overwhelmingly because I'm going to bring car industry back. They are destroying it. When they agree to all electric cars, they're not going to be made in this country. We will be making no cars in this country.

And I was the one with South Korea that got the tax put on and extended on the small trucks. And if I didn't have that tax, the most successful product made in this country is the small trucks. If I didn't get that tax, South Korea and China would be destroying us now with additional product. We saved them.

We will rebuild our hollowed-out defense industrial base, ensuring that America is never in a situation where we don't have tanks, missiles, the raw materials to fight and win a war. We have to have those. What would happen if we had a war? We won't, with me. But you will have World War Three, I believe, without me. But we won't have. But what would happen if we did? And let's say it was with China, but they give us all of our steel. So we'll have to call China for steel so we can fight a war with them. How stupid are these people? Upon taking office, I will invoke the Defense Production Act wherever it's necessary to very quickly ramp up capacity of essential products.

And I will stop Japan from buying United States Steel. We have a foreign country that wants to purchase one of our greatest. If you go back 70 years, our greatest company, by far, was United States Steel Corporation. That was the big deal. And now we have Japan buying it. They shouldn't be allowed to buy it. We have to make it work. We have to make it work. You don't want to sell U.S. Steel. [...]

뉴욕주 뉴욕 경제인 클럽 대담 [2024.9.5]

저는 모든 중국산 자동차에 27.5퍼센트의 관세를 부과하여 미국 자동차 산업을 소멸 위기에서 구해냈습니다. 이 관세는 현재까지도 유지되고 있습니다. 저들은 관세를 없애고 싶지만 첫째, 돈이 너무 많이 들고 둘째, 중국 자동차의 침략이 우려되어 그럴 수 없습니다. 현재 일어나고 있는 다른 침략도 마찬가지입니다. 제가 부과했던 관세가 없었다면 우리 자동차 산업은 그대로 고사했을 것입니다.

그리고 이제 저는 한 걸음 더 나아가려 합니다. 우리는 관세와 여타 나라에는 없는 다른 수단을 현명하게 사용하여 자동차 제조업을 37년 전의 기록적인 수준으로 매우 빠르게 끌어올릴 것입니다. [...]

Trump Speaks to New York Economic Club in NYC, NY

And I saved the US auto industry from obliteration with a 27.5 percent tariff on all Chinese cars that remains in place to this day. They want to take it off but they can't because number one, it's too much money and number two, we would be invaded by Chinese cars. On top of the other invasions that are taking place. Without it, our auto industry would be dead.

And now I am going further. We will bring our automaking industry to the record levels of 37 years ago and will be able to do it very quickly through tariffs and other smart use of certain things that we have that other countries don't. [...]

기업과 일자리를 다시 미국으로

조지아주 사바나 유세 [2024.9.25]

저의 계획으로는, 미국의 노동자들은 더 이상 일자리가 외국으로 빠져나가지 않을까 걱정하지 않아도 됩니다. 대신 외국은 일자리가 미국으로 빠져나가지 않을까 걱정하게 될 것입니다. 일자리는 다시 돌아올 것이고 그건 그리 어렵지도 않습니다. 여러분은 어떤 일을 할 것인지만 걱정하면 됩니다. 일자리는 많아질 것입니다. 가장 큰 문제는 "여보, 나 어느 직장을 고르지?" 정도가 되겠죠.

우리는 일자리를 미국으로 다시 가져올 것이고, 믿기 어려운 수준에 이를 겁니다. 여러분은 믿게 될 거예요. 약 2년 후면, "와, 일사천리였구나"라고 말하게 될 것입니다.

많은 회사가 돈을 벌 수 있는 미국으로 들어오고 싶어 할 것입니다. 물론 지난 4년처럼 국가를 통치한다면 그렇게 되지는 않겠죠. 그들이 원하는 것은 이것입니다. 제 계획을 들어보십시오.

저는 독일 자동차 회사가 미국 자동차 회사가 되기를 원합니다. 저는 독일 자동차 회사들이 미국에 공장을 짓기를 원합니다. 저는 전자 제품 생산에서 중국을 이기고 싶습니다. 우리는 중국을 쉽게 이기게 될 것입니다. 우리는 최고의 천재와 인재들을 미국에 모으고 공장은 정작 다른 나라에 짓고 있습니다. 이는 많은 경우 정말 어리석은 세금 정책 때문입니다. 저는 GE, IBM, 그리고 우리를 떠난 다른 모든 제조업체가 후회하며 다시 미국으로 돌아오기를 바라며, 그렇게 될 것입니다.

그래서 저는 대통령으로서 지구상의 모든 주요 기업과 제조업체에 다음과 같은 제안을 하겠습니다. 저는 이들 기업에 가장 낮은 세금, 가장 낮은 에너지 비용, 가장 낮은 규제 부담, 그리고 지구상에서 가장 크고 가장 좋은 시장에 대한 자유로운 접근을 제공하겠습니다. 하지만 미국에서 제품을 생산하고 미국 노동자를 고용하지 않는다면 이 모든 혜택은 사라집니다. 여기서 제품을 만들지 않는 기업은 미국에 제품을 수출하는 순간 상당한 관세를 지불해야 합니다.

참고로 저들(바이든-해리스 행정부)은 수년 동안 그 단어를 두드렸습니다. 관세는 제가 들어본 가장 아름다운 단어 중 하나입니다. 제 귀에는 아름다운 음악 소리처럼 들립니다. 많은 나쁜 사람들이 그 단어를 좋아하지 않았죠. 하지만 이제 저들은 제가 옳았다는 것을 알았고, 우리는 수천억 달러를 국고로 가져와 미국 시민들에게 혜택을 주기 위해 그 돈을 사용할 것입니다. [...]

이것은 미국을 건설한 정책이고 미국을 구할 정책입니다. 왜냐하면 우리는 국경에서 무려 2,100만 명이 알 수 없는 곳에서 불법 입국하도록 방관하고 있음은 물론, 너무 많은 분야에서 추락했기 때문입니다. 하지만 우리는 제가 항상 사용해온, 매우 아름답고 단순한 용어, 미국 우선주의를 구현할 것입니다.

이 새로운 미국의 산업주의 정신은 수백만 개의 일자리를 창출하고 미국 노동자들의 임금을 대폭 인상하며 미국을 오래전과 같은 제조업 강국으로 만들 것입니다. 우리는 다시 선박을 건조하고 훨씬 높은 사양의 비행기를 제조할 수 있을 것입니다. 우리는 로봇 공학 및 기타 모든 분야에서 세계적인 리더가 될 것입니다. 수십 년 동안 쇠퇴했던 미국의 자동차 산업은 다시금 전 세계의 부러움을 사게 될 것입니다. [...]

Trump Rally in Savannah, GA

And under my plan, American workers will no longer be worried about losing your jobs to foreign nations. Instead foreign nations will be worried about losing their jobs to America. It's going to bring them back and it won't even be difficult. Your only worry will be deciding which job to take. There will be plenty of them. That will be your biggest problem. "Darling, which company should I go with?"

We're going to bring them back and we're going to bring them back at levels not to be believed but you'll believe it. And about two years from now you're going to say, wow, that happened fast.

You can have so many companies wanting to come in because this is where the money is. It won't be if we keep running it like we have for the last four years but this is what they want. And you'll hear the plan.

I want German car companies to become American car companies. I want them to build their plants here. I want to beat China in electronics production and we'll be able to do that easily. We have the greatest genius, the greatest minds here and then we end up building them in different places. A lot of that's really stupid tax policy. I want GE, IBM and every other manufacturer that left us to be filled with regret and come sprinting back to our shores and they will.

So as your president, here is the deal that I will be offering to every major company and manufacturer on Earth. I will give you the lowest taxes, the lowest energy costs, the lowest regulatory burden and free access to the best and biggest market on the planet. But only if you make your product here in America it all goes away if you don't make your product here and hire American workers for the job. If you don't make your product here, then you will have to pay a tariff, a very substantial tariff when you send your product into the United States.

And by the way, for years they knocked the word. The word tariff properly used is a beautiful word, one of the most beautiful words I've ever heard. It's music to my ears. A lot of bad people didn't like that word but now they're finding out I was right and we will take in hundreds of billions of dollars into our treasury and use that money to benefit the American citizens. […]

This is the policy that built America and this is the policy that is going to save America is going to save us because we have gone so far down in so many different ways not to mention the border not to mention 21 million people pouring in from places unknown, totally unfettered. But like I've always called it, because it's a very beautiful and simple term it's called America First. We're putting America first.

This new American industrialism will create millions and millions of jobs, massivelyraise wages for American workers and make the United States into a manufacturing powerhouse like it used to be many years ago. We will be able to build ships again We will be able to build aeroplanes at a much higher level again We will become the world leader in robotics and every other field. The U s auto industry, which has been decimated over many, many decades, will once again be the envy of the planet. […]

나는 캐딜락을 사랑한다

미시간주 워런 타운 홀 [2024.9.28]

(가장 좋아하는 미국 자동차에 대하여) 아버지는 훌륭한 분이었어요. 저는 아버지에게서 많은 것을 배웠습니다. 그분은 캐딜락을 좋아하셨죠. 아버지의 인생에서 가장 큰

사치는 2년마다 짙은 파란색 캐딜락 새차를 사는 것이었죠.
아버지는 "이 차 좀 봐라" 하고 제게 말씀하시곤 했습니다.
롤스로이스 같은 차는 몰랐고 캐딜락만 좋아하셨습니다.

저도 마음에 들어요. 정말 좋은 차라고 생각해요. 지금은
정말… 몇 가지 문제를 겪으며 먼 길을 온 차라고 생각해요.
하지만 아주 좋은 차예요. 제가 운영하는 클럽용으로도,
이런저런 용도로 많이 사죠. 그리고 정말 좋은 차입니다.
회사의 경영진도 정말 좋은 사람들이에요. 제가 좋아하는
이유는 아버지가 캐딜락을 좋아하셨다는 것만으로
충분해요. 이해가 되시나요? 좋습니다.

사람들은 앞으로 단기간에, 지금까지 만든 것보다 더 많은
차를 만들게 될 거예요. 한 가지만 하면 됩니다. 사업적
재능과 상식을 갖춘 사람을 선출하세요. 그러면 이 모든
일이 매우 빠르게 전환될 것입니다. 아주 빨리요. […]

Town Hall in Warren, MI

(On my all-time favorite American cars) So, my father was a great guy. I
learned so much from him. And he loved Cadillacs. I have to… I mean, his
biggest luxury in life was to get a brand-new dark blue Cadillac every two
years. He would get that car. He said, look at this car. He didn't know about
a Rolls Royce. He didn't know about… All he liked was Cadillac.

And I love it. I think it's a great car. Right now, it's really… It's come a
long way, too, because it's come through some problems. But it's a very
good car. I buy a lot of them for different clubs and things. And it's great.
And they're very nice people that run the company. But my father liked
Cadillacs, so that's good enough for me. Does that make sense? Good.

They're going to be making more than they've ever made in a very short
period of time. You have one thing to do. You have to elect a person with
business talent and common sense. And this whole thing is going to turn
around very quickly. Very quick. […]

펜실베이니아주 버틀러 MAGA 유세 [2024.10.5]

저는 그 어느 때보다 더 잘할 수 있는 우리 자동차
노동자들에게 치명적인 손해를 끼치는 방향으로 멕시코,
중국 또는 다른 어떤 나라가 미국에 자동차를 파는 것을
내버려두지 않을 것입니다. 우리는 50, 60, 70년 전의
자동차 산업을 되살릴 것입니다. 모두가 이곳으로 돌아오고
싶게 만들겠습니다. [...]

Trump MAGA Rally in Butler, PA

I will not let Mexico, China, or any other country sell cars into the United
States to the detriment of our autoworkers, who will do better than they
have ever done. We're going to bring back the car business like it was 50,
60, and 70 years ago. Everyone's going to want to be back here. [...]

전기차는 시장에 맡겨야

펜실베이니아주 스크랜턴 유세 [2024.10.9]

나는 저들이 더 이상 우리의 전력망을 파괴하지 못하게 할
것입니다. 저들이 우리 전력망을 파괴하고 있어요. 이미 안
좋은 상태입니다. 지금 당장 말씀드리죠. 저들은 전력망을
파괴하고 있습니다. 우리에게는, 놀랍지 않나요?, 우리는
전기가 없는데, 그들은 순수 전기차를 만들고 싶어 하죠.
한번 생각해보십시오.
저는 지금 순수 전기차 이야기를 하는 중인데요. 저는
전기차를 좋아합니다. 왜 그런지 아시나요? 일론 머스크가
대단하다고 생각하기 때문입니다. 하지만 그거 아시나요?
저는 전기차 시장이 있는 그대로 좋습니다. 전기차 시장이

형성되어 있죠. 훌륭하다, 대단하다고 생각합니다. 하지만 장거리 운행 문제가 있고, 제작 단가가 더 높고, 많은 수가 중국에서 생산될 예정입니다. [...]

하지만 일론의 재미있는 점은 그는 절대로 … 저는 전기 자동차에 대해 이야기할 때마다 전기차를 지지하고 소비자가 원하는 차가 무엇이든 전적으로 찬성합니다. 하지만 전기차를 사람들의 목구멍으로 강제로 밀어 넣으면 안 된다고 생각합니다. '전기차 의무화'처럼 말이죠. 우리는 의무를 강요하지 않습니다. 그러니 그렇게 하면 안 됩니다.

그런데 놀라운 게 뭔지 아세요? 테슬라는 정말 멋진 자동차를 만드는 대기업이죠. 정말 멋진 자동차를요. 일론 머스크는 단 한 번도 "전기차 규제를 좀 줄여줄래요?" 하고 부탁한 적이 없어요. 여러분은 일론이 "저기, 부탁 하나만 들어줄래요?"라고 말했을 것 같지 않습니까? 저도 쉽게 할 수 있을 것 같아요. 문장 한 줄이잖아요. 연설문의 문장 한 줄이면 되죠.

하지만 그는 자신이 잘할 거라는 걸 알고 있기 때문에 그랬는지 제게 한 번도 부탁하지 않았습니다. 그런 사람들이 있어요. [...]

우리는 전기차를 없애지 않습니다. 우리는 시장이 원하는 대로 할 것입니다. 우리는 시장에서 휘발유차, 하이브리드차를 살 수 있을 것입니다. 하이브리드차는 훌륭하고 잘 작동하죠. 우리는 모든 차를 살 수 있을 것입니다. [...]

Trump Rally in Scranton, PA

I will end the destruction of our electrical grid. They are destroying our grid. It's already in bad shape, I'll tell you right now. But they are destroying it. We'll make — isn't it amazing? We don't have any electricity, but they want to go all-electric cars. Think of that.

We're talking about all-electric. And I love electric cars. You know why? Because I think Elon is great. But you know what? I like them for what the market is. There's a market. I think they're great. I think it's incredible. But the long distances and they are more expensive to make, and a lot of them are going to be made in China.

The funny thing with Elon, he never … with all I talk about electric cars, and I'm totally for electric cars for whatever the buyer wants to buy, that's good. But you can't force them down people's throats. You can't do that like the mandate. We're not doing mandates. So, you can't do that.

But you know the amazing thing? A big company is Tesla. It makes great, really amazing cars. He never once said, "Could you ease up on the electric thing?" You would think he would have said, "Hey, listen, do me a favor, could you —" I could take it out pretty easily, right? It's a sentence. It's a sentence in a speech.

But he never asked me to, because I think he knows he's going to do great. And there's people that are like him. […]

And we're not doing away. We're going to have whatever the market wants. We're going to have gasoline. We're going to have hybrids. The hybrids are great. They're working good. We're going to have everything. […]

미시간주 디트로이트 경제인 클럽 대담 [2024.10.10]

디트로이트 빅3로 불리는 자동차 대기업은 지금 당장 문을 닫을지도 모릅니다. 미국 자동차 매출의 50퍼센트가 픽업트럭에서 나옵니다. 생각해보세요. 이들 기업은 거의 모든 돈을 픽업트럭으로 벌고 있습니다. 미국에는 가짜뉴스가 많기 때문에 이 부분을 정확하게 짚고 싶어요. 극도의 정확성을 기하고 싶습니다. […]

가장 중요한 것은 제가 모든 중국산 자동차에 27.5퍼센트의 관세를 부과하여 중국산 자동차를 시장에서 퇴출시킨 일입니다. 이는 곧 중국산 자동차를 시장에서 퇴출시키고 디트로이트의 산업을 계속 유지했다는 의미입니다. 다시 말해, 중국 자동차가 미국에 들어오지 못하도록 막은 것이죠. 중국 자동차가 들어오면 모든 것을 장악하고 자동차 생산이 전혀 불가능해지기 때문에 그렇게 해야만 했습니다. 그리고 그렇게 한 것은 저뿐이었습니다.

이렇게 하기까지 많은 저항에 부딪혔죠. 그리고 기억하세요, 로비스트와 여타 모든 것들이 움직일 때는 가혹합니다. 사람들의 동조를 끌어내는 것은 가혹한 일입니다. 그들은 잘못된 일이라는 걸 알면서도 많은 돈을 받고 있으니까요. 그래서 제가 드리고 싶은 말씀은, 미시간주에서 시작할 수 있는 기반이 미약하게나마 있으니 환영하고 싶습니다. 유럽을 보시면, 중국 자동차들이 유럽 시장을 완전히 잠식했죠. 완전히 죽이고 있습니다. 하지만 제 덕분에 중국 자동차는 미국을 익사시키지 못하고 있습니다.

관세 덕택에 중국산 자동차는 미국에서 거의 보이지 않습니다. 그리고 중국산 자동차를 수입하려면 많은 돈을 내야 합니다. 바이든 행정부는 그 세금(관세)을 없애려고 생각하고 있습니다. 그렇게 되면 자동차 산업과는 작별해야 할 것입니다.

여러분에게는 아마도 미국 역사상, 아마도 모든 기업 역사상 최악의 노조 지도자가 있습니다. 전 그를 몰라요. 숀 페인은 재앙입니다. 하지만 당신의 산업은 아주 빨리 사라질 것입니다. [...]

숀 페인(1968~, 재임 2013~현재) 전미자동차노조 (UAW) 위원장을 말한다.

제가 퇴임한 이후 자동차 판매량은 38퍼센트 감소했고
미국산 자동차 판매 비중은 크게 줄었으며 미국의 자동차
무역 적자는 500억 달러 가까이 폭증해 사상 최대치를
기록했습니다.

지금이 최악의 상황입니다. 자동차 산업이 도산하고
있습니다. 저와는 관계없는 일이죠. 저는 도산을 막은
사람이에요. 저는 멕시코가 제2의 중국이 되려는 것도
막았어요. 멕시코가 여러분의 자동차 공장과 모든 관련
업종을 가져가서 생산하려는 것을 막았습니다.

우리는 미시간, 사우스캐롤라이나, 그리고 테네시 등 많은
곳에서 일자리를 잃고 있습니다. 하지만 이런 점에서 이
지역, 이 주는 여러분의, 멍청한 정치인들로부터 너무 나쁜
대우를 받았다고 생각합니다. 저들이 이 주에서 벌인 일은
놀랍습니다. 그리고 멈추게 하기도 쉬웠을 것입니다.

하지만 저들 중 절반은 미국에 관심을 갖지 않는 나쁜
사람들로부터 많은 돈을 받고 있습니다. 그들은 로비스트와
그 밖의 사람들이 떼돈을 버는 것을 포함하여 얼마나 많은
돈을 벌 수 있는지에 관심이 있습니다. 로비스트들이 얼마나
많은 돈을 버는지 돈을 본 적이 있나요? 그들은 돈을 많이
벌기도 하지만 줘서 없애기도 합니다. 누구에게 주는지
궁금해요.

그러나 우리는 이 공포가 계속되도록 내버려두지 않을
것입니다. 미국 자동차 노동자의 4년간의 악몽은 이세
곧 끝납니다. 제가 취임 선서를 하는 날, 1월 20일이면
끝납니다.

네, 오늘 여론조사가 나왔어요. 제가 걸어가는데 "미시간에서 4포인트 앞섰다"고 하더군요. "그게 다냐?"고 물었어요. 하지만 이건 이른바 '민주당 여론조사'로 불리는 여론조사 결과라고 하더군요. 보통은 매우 부정적인 결과가 나오는 조사예요. 그래서 4포인트라고 하면 더 큰 의미가 있는 것이죠.

하지만 저는 우리가 여기서 잘하고 있다고 생각하며 모든 곳에서 잘하고 있다고 생각합니다. 우리는 모든 주, 모든 경합주에서 실제로 어떤 경우에는 큰 차이로 앞서고 있습니다.

오늘 저는 미국 자동차 산업을 살리고 수백만, 수백만 개의 일자리를 매우 빠르게 우리 해안으로 되돌리기 위한 세부 계획을 발표합니다. 트럼프에게 투표하면 멕시코에서 미시간으로, 상하이에서 스털링 하이츠로, 베이징에서 바로 이곳 아름다운 디트로이트로 제조업 일자리가 대량으로 유입되는 것을 보게 될 것입니다. 디트로이트가 어디 위치한 것으로 보이시나요? 또한 사우스캐롤라이나, 테네시 등의 지역으로 갈 것입니다. 자동차와 부품을 만드는 주는 많이 있습니다.

그리고 우리 자동차 산업은 이 나라에서 한 번도 본 적 없는 르네상스를 맞이할 것입니다. 우리가 황금기 이후 한 번도 본 적이 없는 르네상스를요. 조만간 우리나라가 그 어느 때보다 더 크고 중요한 자동차 산업의 길로 들어서게 하는 것이 제 목표입니다. 그리고 오래전 전성기 때도, 미국의 자동차 산업은 믿을 수 없을 정도로 대단했습니다.

저는 우리가 더 크고 중요해질 수 있다고 생각합니다.
왜냐하면 우리는 매우 훌륭한 자산을 가지고 있기 때문이고,
이것은 저에게 매우 개인적인 일이기 때문입니다. 무엇보다
제가 20년 동안 이 이야기를 계속해왔기 때문입니다. 이런
일이 일어났다는 게 믿기지 않아요. 영광을 안았을 때 제가
이야기한 것은 그것뿐이었어요.

저는 이 일을 지켜보고 있었어요. 당시 일본은 우리를
어린애 취급하듯 하면서 우리 차를 가져갔어요. 저는
항상 아기에게 사탕을 준다고 말하죠. 당시에는 얼마나
쉬운 일이었는지 모릅니다. 지금은 일본도 그렇지만
중국도 그렇고 많은 나라들이 그렇습니다. 이것이 제가
애초에 대통령에 출마한 가장 큰 이유 중 하나였어요. 가장
사악하게 착취당한 산업은 아마도 자동차 산업이었을
겁니다. 당신들에게 가장 사악하게 굴었어요.

그들이 사악하게 이용해 먹은 산업은 정말 많아요. 우리는
그것을 중단시켰고 이제 저는 자유자재로 제동을 걸 수 있게
되었습니다. 중단시킨 것뿐 아니라 이제 게임을 좀 더 잘
알게 되었죠. [...]

그러나 우리는 국익의 근간이 되는 핵심 산업에 대한
추가적인 보호를 시행할 것입니다. 가장 중요한 것으로
철강과 자동차 산업이 포함됩니다. 자동차 산업은 우리에게
대단히 중요합니다. 자동차, 트럭, 엔진, 변속기, 구동계를
만들지 못하는 나라는 전쟁을 치를 수 없습니다.

자동차 산업을 포기하는 것은 선택의 문제가 아닙니다.
우리는 자동차 산업을 다시 훌륭하고 더 크게 육성해야

합니다. 저는 자동차 산업을 그 어느 때보다 더 크게 만들 것입니다. 이제 저는 그것을 현실에서, 아주 빠른 시간 안에 이루어낼 것입니다.

하지만 그 수준에 도달하려면 시간이 좀 더 필요할 것 같습니다. 하지만 그럴 시간이 없어요. 저는 사람들에게 그 역할을 넘겨주겠습니다. 우리는 이 나라를 매우 강하게 만들 것입니다. 그때 이 나라는 훨씬 더 쉽게 통치될 수 있을 겁니다. 그리고 저는 우리가 실제로 저쪽 정당으로부터 많은 지지를 끌어낼 수 있을 것으로 생각합니다. 전 정말 그렇게 믿습니다. 이건 너무 기본적인 문제예요.

그래서 이미 말씀드렸듯, 중국은 현재 멕시코에 거대한 자동차 공장을 건설하고 있습니다. 그리고 그들은 거기서 만든 자동차를 전부 미국에 판매하여 미시간주를, 여러분의 주를 완전히 파괴할 요량입니다. 하지만 그런 일은 일어나지 않아요. 그런 일 근처에도 못 갑니다. 차라리 그 망할 공장 건설을 중단하는 편이 좋을 것입니다

"그 규모가 어마어마하다. 당신이 직접 봐야 한다." 저는 "보고 싶지 않다"고 말했습니다. 100퍼센트, 200퍼센트, 1,000퍼센트 관세를 필요한 대로 계속 부과하겠습니다. 그들은 그 공장을 통해서 미국에 단 한 대의 자동차도 팔지 못할 것입니다. 그들은 운송이 용이하도록 우리 국경 가까이에 공장을 짓고 있습니다. 그들은 멍청한 사람들을 상대하는 데 익숙하기 때문입니다. 우리는 그런 일이 일어나도록 내버려두지 않을 것입니다. 그 일자리가 미시간으로, 다른 주로, 우리나라로 돌아오고, 미국을 다시 위대하게 만들 것입니다. [...]

Trump Speaks to Detroit Economic Club in Detroit, MI

Every single one of the big Detroit, the Detroit big three would right now guaranteed be out of business. 50% of their US sales are pickup trucks. Think of that. They make all their money with the, almost all their money. I want to be very accurate because you get a lot of fake news back there. I want to be extremely accurate. [...]

Perhaps most importantly, I imposed a 27.5% tariff on all Chinese automobiles, which largely kept them out of the market, meaning kept them out of the market and kept Detroit in business. In other words, I kept China cars out of America. And we had to do it because when they come in, they take over everything and you would have had no car manufacturing at all. And it was only me that did it.

I met with a lot of resistance. And remember this, between the lobbyists and everything else, it's, it's brutal. Getting people to go along with you is brutal. Even if it's the wrong thing, they know it's the wrong thing, but they get paid a lot of money. So I just want to say, Michigan, you're welcome because we have a little base to start on. And if you look at Europe, Chinese cars have been absolutely drowning Europe, drowning it, it's killing it. But because of me, they are not drowning America.

You see very few of them because of the tariffs. And when they do come in, they pay a lot of money. The Biden administration is thinking of taking that tax off. And if they take that tax off, you can wave goodbye to your auto industry.

And you have the worst union leader probably in the history of, maybe in the history of our country for any business. I don't know him. Shawn Fain is a disaster. But your industry would be gone very quickly. [...]

Car sales are down by 38 percent since I left the share of domestically produced cars sold has dropped significantly and the U.S. trade deficit in automobiles has exploded by nearly 50 billion dollars to an all time high. The worst they've ever had it right now. The car industry is going out of business. Nothing to do with me. I stopped that. I stopped Mexico, which is becoming the second China. I stopped Mexico from taking your car plants and moving them into Mexico and taking all of the all of that business, making it in Mexico.

So we lose all those jobs in Michigan and South Carolina and other places in Tennessee. But I think in terms of this, because it's been so badly treated, this area, this state has been so badly treated by your politicians, your stupid politicians. What they've done to this state is incredible. And it would have been easy to stop.

But half of them are paid a lot of money by a lot of bad, a lot of people that don't care about the country. They care about how much money they're going to make, including lobbyists and others make a lot of money. You ever see the money the lobbyists make? They make a lot, but they give a lot of it away. I wonder who they give it to.

But we're not going to allow this horror to continue. The four year long nightmare for the American autoworker ends. The day I take the oath of office, January 20th, it ends.

Yeah, the poll, the poll just came out today. As I was walking on, they said, "Sir, you're four points up in Michigan." I said, "That's all?" But they say you're by a poll that they call it a Democrat poll. It's a poll that would normally be very negative. So if they say four points, that means more.

But I think we're doing well here and I think we're doing well all over. We're leading in every single state, every swing state by actually in some cases a lot.

Today I am announcing a detailed plan to save the American auto industry and bring millions and millions of jobs back to our shores and very quickly. If you vote for Trump and you will see a mass exodus of manufacturing jobs, but from Mexico to Michigan, from Shanghai to Sterling Heights and from Beijing to right here in beautiful Detroit. Where do you see Detroit? And they'll also be going to places like South Carolina, Tennessee and others. We have a lot of car making states, a lot of parts making states too.

And our car industry will have a renaissance, the likes of which we have never seen before in this country. We have never seen since the golden years. It's my goal to get our country on an automaking path where at some point in the near future it will be bigger and more important than it ever was. And even in its heyday many years ago, it was unbelievable. I think we can be bigger and more important because we have some very, very great assets and this is very personal for me, personal. One of the reasons is because I've been talking about it for 20 years. I can't believe it happened. That was the, when I was honored, that's all I talked about.

I was watching this happen. It was at that time, Japan was just taking our cars like we were a bunch of babies. I always say candy from a baby. That's how easy it was. Now it's Japan, but it's China and it's a lot of countries. This was one of the biggest reasons I ran for president in the first place.

You know, it was probably the auto industry that was most abused. You were the most abused.

There are a lot of industries that are abused. We stopped it, but now I could put the brakes on. Not only stop, I now know the game a little better. [...]

We will implement further protections for critical industries that are fundamental to our national interests. And those include, above all, steel and the car industry. The car industry is critical to us. We can't fight a war if we can't make cars and trucks and engines and transmissions and drivetrains.

Surrendering our car industry is not an option. We have to make our car industry brilliant again. We have to make it bigger. I'm going to make it bigger than it was ever before. Now, I'm going to make it real, very quick it's going to go.

But to bring it to that level, I guess I'll need a little more time. But I won't have that time. But I'm going to hand it over to people. We're going to make this country so strong. And it's going to be so much easier to run. And I think we're going to end up actually having a lot of support from the other party. I really believe that. I think it's too basic.

So as I said, China is currently building gigantic auto plants in Mexico. And they think that they're going to sell all of these cars into the United States, which would destroy Michigan, totally destroy your state. But it's not going to happen, not even close. They might as well stop building the damn plants.

"They are giants. Sir, you really have to see them." I said, "I don't want to see them." I will impose whatever tariffs are required, 100%, 200%, 1,000%. They're not going to sell any cars into the United States with those plants. They're building them close to our border so that they can have easy shipping. Because they're used to having stupid people to deal with. We're not going to let it happen. Those jobs are coming back to Michigan, and they're coming back to other states, and they're coming back to our country, and they're going to make America great again. [...]

한국산 소형 트럭에 고관세 부과

일리노이주 시카고 경제인 클럽 대담 [2024.10.16]

(미국) 자동차 회사들의 매출은 대부분 소형 트럭에서 나옵니다. 저는 중국에 관세를 부과하되 세율을 27.5퍼센트로 책정했습니다. 제가 그렇게 하지 않았다면 중국산 자동차가 (미국 시장에) 넘쳐나서 모든 공장이 문을 닫게 되었을 겁니다. 참고로 이건 킬러 제품인 전기차에도 당연히 해당되죠. 이 문제는 다른 곳에서 언급한 바 있고 이 자리에서 또 설명해서 여러분을 지루하게 할 필요는 없다고 생각합니다.

한국도 트럭을 수출했기 때문에 저는 한국산 자동차에도 상당히 높은 관세를 부과했어요. 미국 자동차 회사들의 매출이 대부분 소형 트럭과 SUV에서 나온다는 사실을 아셨나요? 제가 관세를 부과하지 않았다면 미국 자동차 회사들은 모두 도산했을 거예요

그 후 포드에서 전화가 왔고, 모든 회사에서 "우리를 위해 이렇게까지 해주다니 믿을 수 없다. 당신이 우리 회사를 구했다"고 말하더군요. […]

Trump Speaks to Economic Club of Chicago in Chicago, IL

The car companies would make most of their money with small trucks. I put tariffs on China, but I put them at 27.5 percent; otherwise, we'd be flooded with Chinese cars and all of our factories would close. We'd have no jobs at all in the auto industry. That goes for electric by the way, which is a killer, which I've explained and I don't think I have to bore anybody by talking about it.

But I put tariffs on South Korea because they were sending in trucks, and I put fairly substantial tariffs. Do you know that our car companies make almost all of their money with the small trucks, SUVs, and small trucks? If I took those tariffs on, you would be inundated; every car company would be out of business.

And I got calls from Ford, I got calls from everybody saying, "Sir, I can't believe you're doing this for us. You saved our company." [...]

노스캐롤라이나주 그린즈버러 유세 [2024.10.22]

미시간주의 자동차 산업에서 일어난 일을 보십시오. 미시간주는 한때 세계 자동차의 수도였습니다. 그러나 이제 그들은 매우 위태로운 상황에 처해 있습니다.

저는 중국이 멕시코에 건설하려던 세계 최대 규모의 공장 건설을 막았습니다. 그들은 그 공장에서 자동차를 만들어 미국에 판매하려 했죠. 여러분도 이 이야기를 아실 겁니다. 1년 전에 그들은 "세계에서 가장 큰 공장"이라고 발표했습니다.

중국은 멕시코에서 자동차를 생산해 미국에 수출하고, 디트로이트와 미시간주 전체를 파괴할 계획이었습니다. 그 한 공장에서 미시간 전체가 생산하는 것보다 더 많은 자동차를 만들려 했죠.

그래서 저는 "당신들은 그렇게 하지 못할 것이다"라고 말했습니다. 저는 "그거 아느냐? 나는 대통령에 출마해서 그 공장에 관세를 부과할 것이다. 그러니 당신들은 그렇게 하지 못할 것이다"라고 경고했습니다.

그리고 지난주, 저는 그들이 트럼프 때문에 공장 건설을
포기했다는 소식을 들었습니다. 그들은 우리가 당선될
거라고 생각했던 것이죠. 그리고 그들은 이렇게 말했습니다.
"트럼프가 당선되면 우리는 큰 손해를 입을 것이다. 그래서
우리는 공장을 짓지 않기로 결정했다." 그렇게 그들은
공장을 짓지 않기로 결정했습니다.

하지만 그거 아십니까? 만약 그녀(카멀라 해리스)가
집권하게 된다면, 그 공장은 전광석화처럼 빠르게 가동될
것입니다. 그리고 그들은 그 거대한 공장에서 수십만,
수백만 대의 자동차를 생산해 미국에 판매할 것입니다.

이 외에도 다른 공장들이 몇 개 더 있지만, 모두 멈춰 있는
상태입니다. 왜냐하면 그들은 제가 100퍼센트, 200퍼센트,
필요하다면 그 이상까지도 관세를 부과할 것이라고
생각하기 때문입니다.

그들의 자동차가 단 한 대도 미국에 들어와
미시간주, 사우스캐롤라이나주, 테네시주, 그리고
노스캐롤라이나주의 일부를 파괴하는 일은 없을 것입니다.
사우스캐롤라이나에는 상당한 규모의 자동차 산업이 자리
잡고 있습니다. 우리는 그들이 우리나라, 자동차 산업이
있는 우리 주들을 더 이상 파괴하도록 내버려두지 않을
것입니다. [...]

하지만 사람들이 제게 이렇게 묻습니다. "자동차에 대한
대출이자 세금 공제는 어떻게 구상했나요?" 자동차.
제가 말했죠. "그냥 제 아이디어입니다." 그런데 더 나은
아이디어가 있었습니다. 저는 이렇게 하겠습니다. 다른

나라에 이익이 되길 원하지 않습니다. 미국에만 도움이 되길 바라기 때문에, 미국산 자동차에만 이 큰 혜택을 부여하겠습니다.

좋은 생각 아닙니까? 왜 중국, 일본, 또는 수년간 우리 산업을 약탈한 다른 국가들에 그런 혜택을 줘야 합니까? 멕시코도 큰 위협입니다. 아주 큰 위협이죠. 멕시코는 매우 큰 위협입니다. 정말 큰 위협이라고 말씀드리고 싶어요.

그래서 우리는 지금 그렇게 하고 있고 이 공약은 디트로이트주에 큰 도움이 될 것이라고 생각합니다. 그런데 미시간주에서 저는 큰 차이로 앞서고 있습니다. 아마도 그 이유는 "다음 주부터 모든 차량을 전기차로만 운행하도록 강제하는 정책" 덕분일 것입니다. 앞으로 모두가 전기차를 사야만 하죠.

전기차는 멀리 가지 못합니다. 그리고 너무 비싸요. 그건 그렇고, 전기차는 훌륭해요. 그거 아시나요? 전기차는 훌륭합니다. 그리고 제가 보기엔, 일론 머스크가 전기차를 가장 잘 만듭니다. 그는 전기차 시장이 '특정' 시장이라는 점을 처음으로 인정한 기업인입니다. 전기차 시장은 '특정' 제품을 원하는 소비자를 대상으로 하는 '특정' 시장입니다. 하지만 휘발유차도 여전히 필요합니다. 우리에겐 석유와 가스, 이른바 '액상 금'이 풍부하게 있습니다. 그런데도 전기차 의무화를 시도하고 있습니다.

그래서 우리는 전기차를 원합니다. 우리는 하이브리드차를 원합니다. 하지만 우리는 수소차를 원하지 않습니다. 수소차를 원하는 분 있나요? 혹시 수소차에 대해 들어보셨나요? 멋진 차입니다. 폭발하면 형체를 알아볼 수 없게 된다는 것만 빼면 멋진 차입니다.

그들은 말합니다. "1년에 최대 10대에서 20대 정도 폭발할 수 있다"고요. 하지만 폭발하면 큰 문제가 됩니다. 그래서 우리는 말했습니다. "그런 데 많은 돈을 쓰지 말자." 수소차는 아무리 좋아도 원하지 않는 것 중 하나죠. 하지만 그 문제 외에는 꽤 잘 작동한다고 하더군요.

트럼프 행정부가 출범하는 첫날, 저는 카멀라 해리스의 미친 전기차 의무화 정책을 폐기하고 "그린 뉴 스캠"(사기극)을 완전히 끝장낼 것입니다. [...]

Trump Rally in Greensboro, North Carolina

Look at what's happened in Michigan with the automobiles. I mean, they were the capital of the world for automobiles. Now they're really just hanging by a thread.

I just stopped the largest plant anywhere in the world being built in Mexico, owned by China. They were going to make cars. You know this story. A year ago they announced, "Largest plant in the world."

They were going to make cars, sell them into the United States and destroy Detroit, Michigan and all of Michigan. They were going to make more cars in that one plant than all of Michigan makes as a whole.

And I said, "You're not going to do it." And I said, "You know what? I'm going to run for president and I'm going to put tariffs on that damn plant. And you're not going to do it."

And I just heard last week they've abandoned the plant, because of Trump. Because they think we're going to get elected. And they say, "If Trump gets elected, we're going to lose our ass. And we're not going to do it." So they decided they're not going to build the plant. [...]

But you know what? If she gets in, they'll start the plant like your head will spin. And they'll be selling hundreds of thousands, millions of cars into our country with that big monstrous plant.

There are a number of plants. They're all stopped. Every one of them. Because they think I'm going to come in impose 100, maybe 200 or do whatever's necessary.

They're not going to have one car come into our country and destroy Michigan and South Carolina and Tennessee and a little bit of North Carolina. But South Carolina has been very big with that. But we're not going to let them destroy our country, our states that do the auto things. [...]

But they said, "How did you come up with this thing on deductibility of interest on automobiles?" Automobiles. I said it was just an idea I had, but I had a better idea because here's what I'm doing. I don't want it to benefit other countries. I want it to benefit us, so its deductibility of interest is great, but only if the car is manufactured in the United States.

Is that a great idea? Why the hell would we give them taxes if they manufacture the car in China, or Japan, or lots of other places that stole our business over the years? Mexico is a very big threat. I'm telling you, it's a big threat.

So, we're doing that now and I think that's going to be great for Detroit. And we're leading in Michigan, by the way, by good margin because of the brilliant mandate that next week you're going to be forced to drive all electric. Everybody's going to have an electric car.

They don't go far. They cost too much. And by the way, they're great. You know what? They're great. And Elon makes the best of them, as far as I'm concerned. And he'll be the first to admit it's a certain market. And it's a certain market for certain things, but you have to have gasoline powered. Here we have more gasoline, we have more oil and gas, we have more liquid gold than anybody in the world, and we're trying to go all electric.

So, we want that. We want hybrids. We don't want hydrogen cars. We don't want hydrogen. Would anybody like a hydrogen car? You know what a hydrogen car? It's a great car. It's a wonderful car, except if it happens to explode, then you are unrecognizable.

They said they have it down, they don't think more than 10 or 20 will explode a year, but if it does, you're gonzo. So, we told them, "Let's not spend a lot of money on that." That's one of those things, no matter how good it is, you don't want it. But other than that, they said it works quite well.

On day one of the Trump administration, I will terminate Kamala's insane electric vehicle mandate and we will end the Green New Scam once and for all. [...]

조 로건 팟캐스트 출연 [2024.10.25]

그리고 아세요? 외부 세력에 대해 생각해보면, 우리는 일종의 '금덩이'를 가지고 있기에 이들을 충분히 잘 다룰 수 있습니다. 하지만 앞으로 그 '금덩이'가 없어질 수도 있습니다.

이건 훌륭한 협상을 이끌어낼 수 있는 부분이에요. 제가 말씀드린 것처럼 저는 디트로이트의 자동차 산업을 쓸어버리려던 거대 자동차 회사를 제압했습니다. 저는 오로지 '수사(rhetoric)'만으로 그 회사를 굴복시켰어요. 그때 저는 이렇게 말했죠. "그들은 이곳에서 절대 차를 팔 수 없다. 관세를 2,000퍼센트로 올려도 상관없다." [...]

Joe Rogan Experience Podcast

And you know what? I look at the outside forces, and I say, they can all be handled because we have a pot of gold. But we're not going to have that pot of gold to play with anymore.

It's a great negotiating thing. I told you, I knocked out this massive car company that's going to take all of our car business from Detroit. I knocked it out just by my rhetoric. Rhetorically, I said, they'll never sell a car in here. I don't care if they are 2000%. [...]

애플 CEO 팀 쿡과의 일화

일리노이주 시카고 경제인 클럽 대담 [2024.10.15]

애플의 경우 (중국산 제품 관세 부과에 대해) 예외를 인정했습니다. 애플에 예외 조치가 필요했기 때문입니다. 그 이유는 삼성전자에 있습니다. 팀 쿡 CEO가 저를 찾아와서 "삼성전자는 우리와 유사한 제품, 즉 휴대폰과 기타 기기를 잘 만드는 회사이다. 그리고 삼성전자는 한국에서 제조하고 있기에 괜찮지만 우리는 중국에서 제조하므로 관세가 부과된다"고 말했습니다.

저는 "당신 말이 맞다. 그래서는 (삼성전자와) 경쟁할 수 없을 것"이라고 말했습니다. 그리고 저는 팀 쿡에게 "1년의 시간을 주겠다. 텍사스든 이 나라 어디든 공장을 짓기 시작하면 좋겠다"고 말했습니다. 그는 "그게 무슨 뜻이냐?"고 물었습니다.

저는 "애플은 제조 기반이 다 중국에 있다. 중국 공장을 접고 미국으로 다시 옮겨 오라"고 말했습니다. 그리고 그는 실행하기 시작했어요. 텍사스에 큰 공장을 세우고 다른 곳에도 공장을 세웠습니다. 이건 모두 하나의 과정이었어요. 하지만 저는 그에게 예외를 인정해주었습니다.

왜냐하면 팀 쿡이 삼성전자를 언급하자마자 제가 그에게 "삼성의 제품은 애플과 비교한다면 어느 정도 수준에 와 있냐?"고 물었기 때문입니다. 그는 "좋은 제품"이라고 말했습니다. 저는 "그래서야 당신이 경쟁할 수 있겠나. 25퍼센트나 50퍼센트의 관세를 맞고서 경쟁할 수는

임기 3년 차인 2019.8.16. (금) 백악관에서 가진 만찬으로 보인다. 트럼프는 18일 출입 기자들과 만난 자리에서 "팀 쿡이 관세 문제를 언급했고, 이 때문에 애플은 어려움을 겪겠지만 최대 경쟁사인 삼성은 영향을 받지 않을 것이며, 팀 쿡이 설득력 있는 주장을 해서 그것에 대해 생각하고 있다"고 밝혔다.

없지 않겠는가"라고 물었습니다. 그리고 저는 "예외를 인정하겠다"고 말했습니다. [...]

Trump Speaks to Economic Club of Chicago in Chicago, IL

We made exceptions in the case of Apple because they needed one. You know why? Because of Samsung. Tim came to me and said, "Samsung makes a product similar to ours—a very good product, the phones and other things. And because they're in South Korea, they don't have the tariffs. But we're in China, so we have the tariffs."

I said, "You happen to be right. You're not going to be able to compete." Then I told him, "Look, I'm going to give you a one-year break, but I want you to start building your factories in this country—whether it's Texas or any other place—anywhere in the country." He asked, "What does that mean?"

I said, "You have everything in China. I want you to move it from China back to our country." And he started doing that. He built a big factory in Texas and another one elsewhere. It was all a process. It was happening, but I did give him an exception.

The reason was, as soon as he mentioned Samsung, I asked him, "How is that product compared to yours?" He said, "It's a good product." I replied, "Then you really can't compete. You can't have a 25 or 50 percent tariff and compete, right?" So, I said, "I'm giving you an exception." [...]

PBD 팟캐스트 (패트릭 베트-데이비드 진행) [2024.10.15]

방금 두 시간 전에 팀 쿡과 통화했습니다. 그가 저에게 전화를 했어요 … 저는 팀 쿡이 애플을 운영하지 않고 스티브 잡스가 애플을 운영했다면, 지금처럼 성공하지는 못했으리라고 생각합니다. 팀 쿡이 놀라운 일을 해냈다고 생각해요. 스티브 잡스를 깎아내리는 것은 아니고, 그 정도까지는 되지 않았을 것이라고 생각합니다.

몇 가지 이야기를 들려드리죠. 제 임기 2년 차에 팀 쿡의
전화를 받았어요. "만날 수 있을까?" 그는 애플의 수장이고
저는 퀸즈에서 태어났기 때문에 "오, 애플의 수장이 저를
보고 싶다니, 좋다"고 했어요. 제가 대통령이긴 하지만
퀸즈에서 태어난 사람인데 애플의 수장이 나를 찾다니,
싫었죠. 당시 애플은 세계에서 가장 큰 회사, 당시 시가총액
면에서 가장 큰 회사였죠. 지금은 어떤 회사인지 모르겠지만
당시에는 그랬어요.

그래서 그가 저를 만나러 왔는데 관세 문제 때문이었습니다.
그는 "우리는 중국에 있기 때문에 25퍼센트의 관세가
부과된다"고 했어요. 그는 "삼성은 중국에 있지 않고
한국에 있어 관세를 내지 않는다. 삼성과 경쟁할 수 없다는
게 문제다"라고 말했습니다. 그는 "이 상황에서는 삼성을
이기는 것이 불가능하다"고 말했습니다. 그리고 저는
관세 부과 면제, 즉 표준 면제를 줄 수 있었어요. 그는
"우리 제품을 들여오는 데 관세를 내야 하고, 그들은 내지
않는다니, 이렇게 해서는 경쟁이 안 된다"고 말했습니다.

저는 "동의한다"고 했어요. 오래 걸리지는 않았어요. 어느
정도 정리가 되자 저는 "면제해주겠다"고 말했습니다.
그리고 "1년 동안 면제해줄 테니 미국에 공장을 짓기
시작하라"고 말했습니다. 그는 알겠다고 했고 실제로
그렇게 했습니다. 그는 텍사스에 공장을 지었습니다. 더
많이 지을 수 있었지만 정권 교체라는 끔찍한 일이 있었죠.
[...]

그렇게 팀 쿡에게 전화가 왔었고, 1년쯤 후에 다시 전화가
왔어요. 그는 "만나도 될까?"라고 물었습니다. 대부분의

기업은 보통 수백만 달러를 받는 로비스트를 고용해
로비 활동을 합니다. 그리고 로비스트들은 대개 "우리는
트럼프와 대화할 수 있다"라고 말하고 실제로는 하지
않습니다. 대개는 하지 않아요.

팀 쿡은 저에게 직접 전화를 걸었어요. 그는 10센트도 내지
않았고 저는 그가 원하는 것을 100퍼센트 들어주었죠.
왜냐하면 그가 옳았기 때문입니다. 관세를 내면서 삼성과
경쟁할 수는 없어요. 하지만 저는 "당신들은 순차적으로
회사를 미국으로 옮겨야 한다"고 말했습니다.

그런데 바로 두 시간, 세 시간 전에 팀 쿡에게 전화가 왔어요.
"할 얘기가 있다"고 하더군요. "무슨 일인가?" 했더니 그는
"유럽연합에서 방금 150억 달러의 벌금을 부과했다"고
말했습니다. 저는 "엄청난 금액이군"이라고 말했습니다.
저도 조작 사건으로 벌금을 낸 적이 있어서 그 기분을
알아요. 애플 쪽도 조작 사건인지는 아직 모르겠지만 엄청난
금액이죠.

게다가 유럽연합은 20억 달러의 벌금을 더 때렸습니다.
그래서 총 170억에서 180억 달러 사이의 벌금이
부과되었습니다. 저는 심지어 "애플, 당신들 그거 낼
수 있나? 그 정도 돈이 있나? 엄청난 금액이잖나"라고
말했습니다.

그러자 그는 흥미로운 이야기를 했습니다. "그들은
그 돈으로 유럽연합을 운영하고 있다"는 겁니다.
"유럽연합이 기업화한 셈이다"라고 말했습니다. 저는
"엄청난 금액"이라고 대답했습니다. 저는 "팀, 우선 내가

당선되어야겠지만, 그들이 미국 기업을 착취하도록
내버려두지는 않을 것이다. 그럴 일은 없다"고 말했습니다.
[…]

PBD Podcast (Patrick Bet-David)

I just spoke to Tim Cooks two hours ago. He called me. […] I believe that if Tim Cook didn't run Apple if Steve Jobs did, it wouldn't maybe it would be but it wouldn't be nearly as successful. I think so because I think Tim Cook has done an amazing job. I'm not knocking Steve Jobs, I just think that it wouldn't have been.

So I'll tell you a couple of stories. In my second year I get a call and they say Tim Cook's on the phone he calls. "Could I see you, Sir?" He's the head of Apple and I was born in Queens and I said, "Oh, the head of Apple wants to see me. Let's go." I guess even though I'm President still I was born in Queens and the head of Apple's calling. By that time it was the largest company in the world, the largest in terms of value at that time. I don't know what it is now but it was.

So he comes in to see me and it was about tariffs. He said, "You're charging us 25 percent," because I was going to charge them, "Because we're in China. The problem is we can't compete with Samsung because they didn't have to pay tariffs, because they weren't in China and they were in South Korea." And he said, "it's not really possible for me." And I did waivers, standard waivers. "It's not possible for me to compete with them if I have to pay a tax and they don't, to get our product into the United States.

I said, "I agree with you." It didn't take long. I sort of got it right and I said, "I'm going to give you a waiver." And I gave a waiver, but I said, "I'm going to give you a one year waiver but I want you to start building your plants in the United States." And he said all right and he actually did. He built one in Texas. He would have built a lot more but we had a thing called a change in the administration which is so horrible. […]

So Tim Cook called and then about a year later he called again or something else. He said, "Could I see you?" Now, most companies send in lobbyists that get paid millions and millions of dollars to talk for them. And they probably say, "We know Trump we can talk." But they don't. For the most part, they don't.

And Tim Cook called me up directly and he did it himself. Didn't have to pay

10 cents and I gave him 100 percent of what he wanted because he was right. I mean, you can't compete with Samsung and one's paying a tax. But I said, "You gotta gradually move your company here."

But then two hours ago, three hours ago he called me. He said, "I'd like to talk to you about something." "What?" He said, "the European Union has just fined us fifteen billion dollars." I said, "That's a lot." I know the feeling because I get fined too in fake cases. I don't know if his case is fake yet, but it's a lot.

Then on top of that they got fined by the European Union another two billion. So it's a 17 to 18 billion dollar fine. I even said, "Apple, can you pay that? I mean, do you have that? That's a lot of money."

And he said something that was interesting. He said, "They're using that to run their enterprise," meaning Europe is their enterprise. And I said, "That's a lot." I said, "Tim, I gotta get elected first, but I'm not going to let them take advantage of our companies. That won't be happening." [...]

조 로건 팟캐스트 출연 [2024.10.25]

하지만 그 반도체 협상은 정말 형편없었습니다. 우리는 부유한 기업들에게 수십억 달러를 주면서, 어쨌든 좋은 공장을 지어달라고 부탁했습니다. 사실, 관세만 부과했어도 해결될 일이었죠. 반도체 수입에 대해 관세를 매겼다면 우리는 훨씬 나은 결과를 얻을 수 있었을 겁니다….

이 상황은 자동차 산업과 다르지 않습니다. 물론 반도체는 더 정교한 기술을 요구하지만, 본질적으로 같은 문제입니다. 대만은 미국의 반도체 산업을 빼앗아갔습니다. 아시겠어요? 그들은 미국의 보호를 원하면서도 돈을 내지는 않습니다. 마피아라면 돈을 내게 만들잖아요?

하지만 우리가 보호하는 이 국가들에 대해서, 저는

방위비를 한 번도 내지 않던 나토 회원국들로부터
수천억 달러를 받아냈어요. 저를 가장 좋아하는 사람
중에 옌스 스톨텐베르그 전 나토 사무총장이 있습니다.
얼마 전 자리에서 물러났는데, 아주 훌륭한 사람이었죠.
스톨텐베르그가 제게 말했습니다. "부시 대통령이
오더니 연설했다. 오바마 대통령도 오더니 연설했다.
트럼프 대통령이 오더니, '당신들은 돈을 안 내고 있으니
돈을 내라'고 하더라." 그들은 제게 말했습니다. "우리가
돈을 내지 않는다면, 그래도 러시아로부터 우리를
보호해주겠는가." 저는 대답했습니다. "아니. 나토에 돈을
내고 있지 않았다면, 지금부터는 돈을 내라."

미국이 반도체 생산을 유도하기 위해 막대한 보조금을
지급하는 건 잘못된 접근입니다. 사실 우리는 단 10센트도
쓸 필요가 없었습니다. 고율 관세를 부과하는 것만으로도
충분히 가능했을 겁니다. 즉, 특정 품목들에 관세를
매겼다면, 보조금 없이도 반도체 기업들이 미국에 공장을
세우고 생산을 시작했을 것입니다.

다시 말해, 조, 미국에 수입되는 반도체에 고율 관세를
부과하면 됩니다. 기업들은 미국에 공장을 짓기만 하면
그 관세를 내지 않아도 됩니다. 우리가 공장을 짓기 위해
그들에게 보조금을 지급할 필요가 없었어요. 이 기업들은
매우 부유합니다. 우리 사업의 95퍼센트를 가져갔고,
지금은 대만에 자리 잡고 있죠.

이들이 성공할 수 있었던 이유는 우리나라에 멍청한
정치인들이 있기 때문입니다. 우리는 반도체 산업을 잃었고,
이제는 보조금을 주면 된다고 생각해요.

그렇게 해서는 반도체 산업을 일으켜 세울 수 없습니다. 이 기업들이 미국에서 돈을 쓰도록 만들어야 합니다. 그래야 그들이 미국 곳곳에 공장을 세우고, 자금을 투입하게 될 것입니다. [...]

Joe Rogan Experience Podcast

But let me just say, that chip deal is so bad. We put up billions of dollars for rich companies to come and give us the good companies anyway. All you had to do was charge them tariffs. If you would have put a tariff on the chips coming in, you would have been able to…

Just like the auto companies, no different. More sophisticated, but no different. You know, Taiwan, they stole our chip business. Okay? They want us to protect, and they want protection. They don't pay us money for the protection, you know? The mob makes you pay money, right?

But with these countries that we protect, I got hundreds of billions of dollars from NATO countries that were never paying us. And my biggest fan is Stoltenberg, who just left as the Secretary General. Good guy. He said Bush came, he made a speech. Obama came, he made a speech. Trump came, he said, 'you guys aren't paying, you got to pay.' And they said, 'will you protect us from Russia if we don't?' I said, "no, you got to pay if you don't pay to NATO."

3 철강

일본제철의 유에스스틸 인수 불허

조지아주 사바나 유세 [2024.8.19]

해리스 정권 아래에서 GE 가전 부문과 IBM은 중국에
팔렸습니다. 유에스스틸은 일본(일본 제철)에 매각
중입니다. 제가 막겠습니다. 빨리 일에 착수해야겠죠.
하지만 그런 일은 허용하지 않겠습니다. 70년 전
지구상에서 가장 위대한 회사였던 유에스스틸이 이제
하찮은 존재처럼 매각되는 것을 좌시하지 않겠습니다.
우리는 유에스스틸을 재건하고, 다시 강하게 만들 것입니다.
[...]

Trump Rally in Savannah, GA

GE appliances were sold to the Chinese IBM computers were again sold to
China under Kamala Harris. US Steel is now being sold to Japan. I will stop
it. We got to do fast but we're not going to let it happen. We're not going to
let us deal 70 years ago, the greatest company on earth, US Steel now it's
going to be sold off like it was nothing. We're not going to let that happen.
We'll build it up, we'll make it strong. [...]

미시간주 새기노 유세 [2024.10.3]

유에스스틸 문제는 어떻습니까? 유에스스틸 매각은
허용하지 않을 것입니다. 매각이 좋은 일이라 하더라도
상관없어요. 하지만 65~70년 전만 해도 유에스스틸은
세계 유수의 회사였어요. 이제 일본이 유에스스틸을 사고
싶어 합니다. 저는 그런 일을 허용하지 않을 것입니다.
제가 대통령에 취임하기 전까지 인수가 성사되지 않기를
바랍니다. 왜냐하면 제가 취임하기 전까지 매각이

마무리되지 않는다면 우리는 그걸 무력화할 것이기
때문입니다. 우리가 도와줄게요. 우리는 유에스스틸을
돕겠지만, 일본에서 인수하게 놔두지는 않을 것입니다. [...]

Trump Rally in Saginaw, Michigan

And how about U.S. Steel? I'm not going to let them sell U.S. Steel. I don't
care. Even if it's maybe good, but 65, 70 years ago. U.S. Steel was the most
important company in the world. Now Japan wants to buy it. I would not
let that happen. I hope it doesn't go through before I get there because if
I get there and it's not done, we're not letting that. We'll help it get along.
But we're not letting them buy U.S. Steel. [...]

펜실베이니아주 버틀러 MAGA 유세 [2024.10.5]

일본의 유에스스틸 인수 건도 승인하지 않을 것입니다.
70년 전, 유에스스틸은 세계 최고의 회사였습니다.
전 세계에서 가장 위대한 회사였는데 이제 일본이
유에스스틸을 사들이려 하고 있습니다. 못마땅한 일입니다.
[...]

Trump MAGA Rally in Butler, PA

I will not approve Japan buying U.S. Steel. 70 years ago, the greatest
company anywhere in the world. It was the greatest company anywhere in
the world, and now we have Japan buying U.S. Steel. I don't like that. [...]

미시간주 디트로이트 경제인 클럽 대담 [2024.10.10]

그들은 유에스스틸을 외국에 매각하려고 합니다. 저는 그런
일이 일어나지 않게 할 겁니다. 그전에 거래가 성사되지

않기를 바랍니다. 저는 그런 일이 일어나도록 내버려두지 않을 것입니다. 우리는 철강이 필요합니다. 아시다시피 저는 중국과 철강에 엄청난 관세를 부과했습니다. 그들은 전국에 철강을 덤핑했고 우리 제철소는 문을 닫고 있었죠.

제가 50퍼센트의 관세를 부과했고, 그 결과 대부분 중단되었습니다. 그리고 저를 가장 좋아하는 사람들은 제가 구해준 철강업 종사자들이라고 생각합니다. 제가 그렇게 하지 않았다면 이 나라에 철강 공장은 하나도 없을 겁니다. 하나도 없을 거예요.

그리고 제 재임 기간에는 전쟁이 없었어요. ISIS와의 전쟁을 아주 빨리 끝낸 것 외에는 전쟁을 하지 않았습니다. 하지만 전쟁이 있든 없든, 군용 탱크를 만들어야 할 때나 비행기를 만들어야 할 때나 그 외 군수품은 대부분 철강으로 만듭니다. 우리에게 문제가 생겼을 때 중국의 도움을 받아 철강을 조달해야 하는 상황에 부닥치고 싶지 않습니다. 그것은 심각한 문제가 될 수 있습니다.

중국이 분쟁 중에 우리에게 철강을 팔까요? 저는 우리가 중국과 갈등을 겪을 것이라고 보지는 않아요. 중국, 러시아, 우크라이나와 다 잘 지내리라고 생각합니다. 그리고 우리는 그 문제를 해결해내리라고 생각합니다. [...]

Trump Speaks to Detroit Economic Club in Detroit, MI

They want to sell U.S. steel to a foreign country. I'm going to not let that happen. I hope the deal doesn't close before then. I will not let that happen. We need our steel. You know, I imposed a tremendous tariff on China and the steel. They were dumping steel all over the country and our steel mills were going out of business.

And I put a 50 percent tariff on and that largely stopped it. And I think the people that like me the best are the steel people because I saved their end. We wouldn't have one steel plant in this country if I didn't do that. There wouldn't be one.

And I had no wars, but other than I finished off ISIS very quickly, but I had no wars. But whether you have wars or don't have wars, when you have to make army tanks and when you have to make planes and everything else that you have to do is mostly steel. And we don't want to be in a position where we have a problem and we need China to help us out with steel. That could that could be a serious problem.

Do you think they'd mind selling us some steels in the middle of a conflict? But I don't think we'll have a conflict with China. I think we'll get along with China and I think we'll get along with Russia and I think we'll get along with Ukraine. [...]

철강은 국가 안보 산업

일리노이주 시카고 경제인 클럽 대담 [2024.10.15]

미국의 철강 회사들은 모두 도산할 지경이었어요. 중국은 전례 없는 수준으로 철강을 덤핑하고 있었고, 저는 그 덤핑 철강에 50퍼센트의 관세를 부과했습니다. 그건 건물이나 비행기 등의 구조에 나쁜 영향을 미치는 불량 철강입니다

중국은 우리나라에 쓰레기를 덤핑했고 저는 이 제품에 50퍼센트 관세를 부과했습니다. 25퍼센트로 시작했는데 충분하지 않아서 50퍼센트로 올렸죠. 그랬더니 효과가 있었어요. 그들은 철강 덤핑을 중단했고 저는 관세를 활용해 제철소를 구했습니다. 이제 남은 것은 ⋯ 우리가 너무 많은 기업을 잃었지만 그래도 꼭 필요한 기업들이 있죠. 제철소가 그런 기업에 해당합니다. [...]

2018년 트럼프 행정부가 수입산 철강 제품에 '철강 232조'(고율 관세 부과와 물량 제한)를 적용하자 한국은 '쿼터 축소' 카드를 선택했다.

Trump Speaks to Economic Club of Chicago in Chicago, IL

We're going to lose all our steel companies because China was dumping steel at levels that nobody's ever seen before and I put a 50 percent tariff on that all dumped steel and it was also bad steel. It was what they called dirty steel was a not a good steel, which is a bad thing for structural components of buildings and planes and things like that.

They were dumping crap into our country and I put a 50% tariff. I started at 25 I raised it to 50 because the 25 didn't quite do it. I raised it to 50% and that did it. They stopped dumping steel and I saved our steel mills by having that. Now what was left... because we've lost so much but there are certain companies you have to have there are certain things you have to have steel you have to have. [...]

3장

트럼프 2기의
미국

1   **미국 우선주의**

북미자유무역협정(NAFTA)과 중국의
세계무역기구(WTO) 가입으로, 뉴햄프셔주에서는 제조업
일자리 4개 중 1개가 사라졌습니다. 그러나 저는 과거
지도자들이 잔인하게 팔아넘긴, 사상 최악의 무역협정인
NAFTA를 종료했습니다.

NAFTA는 역사상 최악의 무역협정이었습니다.
수십 년 동안 그들이 우리에게 저지른 일은 정말로
나빴습니다. 저는 이 협정을 믿을 수 없을 정도로 훌륭한
'미국·멕시코·캐나다협정(USMCA)'으로 대체했습니다.
USMCA는 역대 최고의 무역협정으로 평가받고 있으며, 이
협정이 우리에게 얼마나 유리한지 현재 멕시코와 캐나다는
바이든 행정부와 재협상을 시도하고 있습니다. 저는 이렇게
말합니다. "하지 마라. 그런 얘기는 꺼내지도 마라."

누군가는 제게 이 협정은 불공평하다고 말했습니다. 하지만
저는 이렇게 말합니다. "혹시 이건 아느냐? 우리는 수십
년 동안 불공평하게 살아왔다." 이제 그들이 이 협정이
불공평하다고 불평하는군요. 그렇지 않습니다. 우리는
훌륭한 협정을 맺었고, 생산자와 농민 여러분 모두가 혜택을
누리고 있습니다. USMCA는 우리가 자랑스러워해야 할
협정이며, 재협상해서는 안 됩니다.

또한, 저는 우리나라를 완전히 파괴할 뻔했던
환태평양경제동반자협정(TPP)에서도 탈퇴했습니다.
저들은 서명 직전까지 갔습니다. 오바마, 버락
후세인 오바마가 그랬죠. 저들은 서명할 준비가 다 된

상태였습니다. [...]

Trump Rally in Manchester, NH

Your state lost one in four manufacturing jobs after the NAFTA disaster and China's entrance into the World Trade Organization, but after years of cruel sellouts by past leaders, I ended NAFTA, the worst trade deal ever, ever made.

That was the worst trade deal ever made, what they did to us for so many decades, and replaced it with the incredible USMCA Mexico Canada. That's considered now the best trade deal ever made, so good, in fact, that Mexico and Canada are now trying to renegotiate the deal with the Biden administration. I say, "Don't do it, don't talk about it. Don't do it."

Somebody over there told me it's unfair. I said, "You know what? We lived with unfair for decades." Now they say it's unfair. No, we made a great deal and you're all manufacturers, farmers. Everybody is benefiting. USMCA, we're very proud of that. Don't let them renegotiate.

I withdrew from the job crushing Trans-Pacific Partnership that would've totally destroyed this country. They were all set to sign. Obama, Barack Hussein Obama. They were all set to sign it. [...]

'트럼프 상호무역법' 제정

어젠다47 - 상호무역법으로 공정하고 호혜적인 무역 공고화 (동영상 연설)
[2023.6.21]

조 바이든은 역대 어느 대통령보다도 큰 무역 적자, 즉 손실을 기록했습니다. 그리하여 미국은 수많은 일자리와 수조 달러의 부를 잃고 있습니다.

저의 경제 과제 최우선 순위는 이러한 출혈을 막고, 미국 노동자들에게 공정한 경쟁의 장을 보장하는 것입니다.

이제 때가 되었습니다. 제가 3년 전에 완수한 이 일은 잘
진행되고 있었습니다. 그러나 바이든 행정부는 이 노력을
무산시켰습니다.

하지만 그 목표를 달성하기 위해, 저는 트럼프
상호무역법이라는 획기적인 법안을 통과시킬 것입니다.

인도, 중국 등 외국이 미국산 제품에 대해 100퍼센트
또는 200퍼센트의 관세를 부과하면 우리도 동일한
비율로 관세를 부과할 것입니다. 즉, 100퍼센트에는
100퍼센트입니다. 그들이 우리에게 관세를 부과하면
우리도 눈에는 눈으로, 관세에는 관세로, 똑같은 관세로
대응할 것입니다.

한 가지는 확실히 예상할 수 있습니다. 아마 그들은 관세를
내리는 식으로 대응하겠지만, 설령 그러지 않더라도
괜찮습니다. 우리는 많은 돈을 받게 될 테니까요.

트럼프 상호무역법에 따라, 다른 나라들은 두 가지 선택지에
직면할 것입니다. 미국 제품에 대한 관세를 없애거나,
미국에 수천억 달러를 치러야 합니다. 미국은 절대적인 부를
쌓을 것입니다. 지난 수십 년처럼 미국이 일방적으로 경제적
항복을 하는 일은 없을 것입니다.

이는 특히 아이오와와 그 밖의 농업주(農業州)에 있는
우리 위대한 농민들에게 도움을 줄 것이며, 미국 전역의
제조업에도 마찬가지입니다. 우리는 미국산 농산물,
유제품, 철강 등 여러분이 생각할 수 있는 거의 모든 것에
대한 장벽을 무너뜨릴 것입니다. 전 세계가 우리를 착취하고

있지만 더는 안 됩니다.

우리는 공정성과 상호주의를 가져야 합니다.

상호주의, 바로 그 단어입니다. 그들이 우리에게 이익을 내듯, 우리도 그들에게서 얻어내야 합니다.

상호주의는 일자리와 부를 미국으로 되돌리고, 중산층을 끌어올리며, 중국과 여타 외국에 대한 의존도를 없애는, 경제 붐을 일으키기 위한 우리 전략의 핵심 부분이 될 것입니다. 그리고 이는 오랫동안 일어나기를 기다려온 일입니다.

우리는 다른 모든 나라들의 태형대(동네북) 역할을 해왔습니다. 우리는 존중받지 못한 무역상대국이며, 솔직히 말하자면 거의 모든 면에서 존중받지 못한 상대국이었습니다. 이제 더는 아닙니다.

이상 트럼프 상호무역법을 알려드렸습니다.

감사합니다.

Agenda 47: Cementing Fair and Reciprocal Trade with the Trump Reciprocal Trade Act (Video)

Joe Biden has run up record trade deficits, also known as losses, higher than any president in history by far. These gaping wounds are costing our country countless jobs and trillions and trillions of dollars in wealth.

One of my top economic priorities will be to stem this bleeding and put American workers on a level playing field.

It's about time. And I must say, I did it three years ago, and they were doing great, but that's been blown out the window by the Biden Administration.

But to that end, I will pass landmark legislation that will be known as the Trump Reciprocal Trade Act.

If India, China, or any other country hits us with a 100 or 200 percent tariff on American-made goods, we will hit them with the same exact tariff. In other words, 100 percent is 100 percent. If they charge US, we charge THEM—an eye for an eye, a tariff for a tariff, same exact amount.

One thing is going to happen: probably they drop the tariff, but if they don't, that's okay. We'll take in plenty of money.

Under the Trump Reciprocal Trade Act, other countries will have two choices—they'll get rid of their tariffs on us, or they will pay us hundreds of billions of dollars, and the United States will make an absolute FORTUNE. There will be no more unilateral economic surrender like we've done for many many decades.

This will especially help our great farmers in Iowa and other Agricultural states, and it will help our manufactures all across the nation. We will be knocking down barriers to American farm products, American dairy products, steel—just about everything you can think of. From all around the world they take advantage of us, but no more.

We must have FAIRNESS and RECIPROCITY.

That's the word—reciprocity. They do it to us; we do it to them.

This will be a key part of our strategy to return jobs and wealth to the United States and launch an economic boom that will lift up our middle class and eliminate our dependence on China and other countries. And it is something that has been waiting to happen for a long time.

We have been the whipping post for everyone else. We have been a country that was disrespected on trade, and frankly, disrespected on just about everything. No more.

The Trump Reciprocal Trade Act.

Thank you.

어젠다 47 - 상호무역법으로 공정하고 호혜적인 무역 공고화 (트럼프 대선 캠프 보도자료) [2023.6.21]

뉴저지주 베드민스터

도널드 트럼프 대통령은 새로운 '어젠다47' 동영상 연설에서 트럼프 상호무역법 계획을 발표했습니다. 이 법안은 일자리와 부를 미국으로 되돌리고, 중산층을 성장시키며, 중국과 여타 국가에 대한 의존을 줄이는 경제 호황을 목표로 하고 있습니다.

트럼프 대통령은 "트럼프 상호무역법에 따라, 다른 나라들은 두 가지 선택지에 직면하게 될 것이다. 미국 제품에 대한 관세를 없애거나, 미국에 수천억 달러를 지불해야 한다. 미국은 절대적인 부를 쌓을 것"이라고 밝혔습니다.

또, 그는 "인도, 중국 등 외국이 미국산 제품에 대해 100퍼센트 또는 200퍼센트의 관세를 부과하면 우리도 동일한 비율로 관세를 부과할 것이다. 즉, 100퍼센트에는 100퍼센트다. 그들이 우리에게 관세를 부과하면 우리도 눈에는 눈으로, 관세에는 관세로, 똑같은 관세로 대응하겠다"라고 말했습니다.

공정하고 호혜적인 무역을 위한 트럼프 대통령의 계획

트럼프 대통령은 의회와 협력하여 트럼프 상호무역법을 통과시키겠습니다 :

- 트럼프 대통령은 최우선 경제 정책 과제 중 하나로 트럼프

상호무역법을 통과시켜 미국 일자리의 해외 유출을
차단하겠습니다.

– 이 기념비적인 법안은 외국이 미국산 제품에 대해
　미국보다 더 높은 관세를 부과하는 경우 트럼프 대통령이
　해당 국가의 제품에 동일한 '상호관세'를 부과할 권한을
　부여합니다.

– 이 법은, 공정성을 보장하기 위해, 외국이 미국산
　제품에 대한 관세 인하에 동의할 경우 트럼프 대통령이
　외국산 제품에 대한 관세 인하를 협상할 수 있는 권한을
　부여합니다.

– 트럼프 상호무역법은 미국 우선주의를 구현하고, 무역
　적자를 줄이며, 임금을 인상하고, 50만 개 이상의 새로운
　제조업 일자리를 창출한 트럼프 대통령의 비할 데 없는
　무역 성공을 이어갈 것입니다.

– 트럼프 대통령의 이 획기적인 법안은 미국 노동자 보호를
　위해 외국산 제품에 대한 '상호관세' 부과를 지지하는
　보수주의자 91퍼센트와 민주당원 75퍼센트의 견해를
　진전시키고 있습니다.

**트럼프 상호무역법은 무역의 공정성을 회복하여 미국
산업을 활성화할 것입니다 :**

– 미국의 역사는 트럼프 상호무역법에 대한 풍부한 선례를
　제공합니다.

– 미국은 역사적으로 전체 수입품의 95퍼센트 이상에
　관세를 부과했으며, 1816년에서 1947년까지의 미국의
　경제 상승기에 평균 37퍼센트의 관세를 부과했습니다.

– 수십 년에 걸쳐 미국 정부는 내국세 대신 외국 상품에 대한
　관세를 통해 정부 수입의 80퍼센트 이상을 확보했습니다.

– 그러나 현재 미국의 관세는 세계 최저 수준이며, 이로
　인해 미국은 외국 상품의 압박을 가장 많이 받는 국가가
　되었습니다.

– 현재 중국의 평균 관세율은 미국보다 341퍼센트 높고,
　유럽연합은 50퍼센트 더 높으며, 그 외 세계 다른
　국가들도 평균적으로 2배 이상 높은 관세를 부과하고
　있습니다.

– 예를 들어 곡물이나 기타 저장식품 품목의 경우 인도는
　32.9퍼센트, 중국은 19.5퍼센트의 관세를 부과하는 반면,
　미국은 3.1퍼센트만을 부과하고 있습니다. 운송 장비에
　대해서도 인도는 25.3퍼센트의 관세를 부과하는 반면,
　미국은 단 2.9퍼센트만을 부과하고 있습니다.

– 미국이 수입품에 대해 낮은 관세를 책정하더라도,
　일반적으로 외국은 상호주의 조치를 취하지 않았기
　때문에 자국 시장에는 높은 보호관세를 유지했습니다.
　그 결과, 미국 시장에는 값싼 외국 상품이 범람하게
　되었습니다.

– 이처럼 불공정하고 불균형적인 무역 정책의 피해자는

미국 기업들입니다. 이들은 관세로 보호받는 외국 기업들과의 경쟁에서 어려움을 겪고 있습니다. 그 결과 미국 내 생산 수요가 감소하면서 제조업 일자리가 줄어들고, 임금도 하락하게 되었습니다.

– 트럼프 대통령이 트럼프 상호무역법을 통해 상식적이고 상호적인 무역을 복원하면, 미국 내 산업이 강화될 것입니다.

– 경쟁 상대국의 관세 정책 관행에 맞춰 대응하는 것은 미국 일자리를 보호하고, 경쟁 상대국에 대한 의존도를 낮추며, 외국 기업으로부터 수천억 달러의 정부 수입을 창출하는 데 기여할 것입니다.

조 바이든의 "미국 후미주의" 무역 정책은 미국의 일자리와 산업을 피폐하게 만들었습니다 :

– 트럼프 대통령은 경쟁 상대국들에 관세를 부과할 계획이지만, 조 바이든은 경쟁 상대국들이 미국 산업에 관세를 부과하는 동안 뒷짐지고 방관하고 있습니다.

– 조 바이든의 글로벌주의 무역 정책은 취임 이후 무역 적자를 급증시켰고 수많은 일자리와 수천억 달러의 부가 해외로 빠져나가도록 방치했습니다.

– 작년 미국의 무역 적자는 1조 달러에 육박하며 사상 최고치를 기록했습니다.

– 농업 부문 적자는 작년에 20억 달러를 넘어섰으며,

2023년에는 145억 달러에 이를 것으로 예상됩니다.

- 조 바이든 행정부 출범 이후, 중국에 대한 무역
  적자는 작년에만 3천830억 달러로 10퍼센트 가까이
  증가했습니다.

- 조 바이든 행정부가 무역 적자를 증가시킨 결과, 미국
  노동자들의 임금은 하락했고 일자리가 감소했습니다.

- 바이든의 무력한 무역 정책으로 값싼 외국 노동력으로
  생산된 값싼 외국 상품이 미국 시장을 잠식하면서,
  미국 노동자들의 실질 임금은 지난 28개월 동안 급격히
  감소했습니다.

- 바이든 행정부의 2022년 해외 수입액은 4조 달러로 역대
  최고치를 기록했습니다.

- 반면, 트럼프 대통령의 정책은 재임 기간에 중국에 대한
  무역 적자를 줄였습니다.

**트럼프 상호무역법은 '보편적 기본 관세'와 함께 무역
적자를 줄이고 미국의 일자리와 부를 되찾기 위한 추가적인
도구입니다:**

- 트럼프 대통령은 '바이든 시스템'이라 불리는, 국내
  생산자를 처벌하고 아웃소싱 업체에 보상하는 기존
  시스템을 국내 생산자에 보상하고 외국 기업에 관세를
  부과하는 새로운 시스템으로 대체할 계획을 발표한 바
  있습니다.

'보편적 기본 관세'는 모든 수입 상품에 대해 10퍼센트의 무차별적인 관세를 부과하는 것을 주 내용으로 한다.

- 트럼프 대통령은 미국 생산자에 대해 세금을 인상하는
  대신, 대부분의 수입품에 대해 '보편적 기본 관세
  시스템'을 도입하여 외국 생산자에게 관세를 부과할
  것입니다.

- 외국이 통화를 조작하거나 불공정 거래 관행에 관여하는
  경우, 이에 맞서 관세를 점진적으로 인상할 것입니다.

- 외국에 대한 관세를 인상하면, 미국 노동자, 가정, 기업에
  대한 세금을 인하할 수 있습니다.

- 외국 생산자에 대한 관세를 높이고 국내 생산자에 대한
  세금을 낮추는 것은 미국 내 일자리와 부를 유지하는 데 큰
  도움이 됩니다.

- 관세 인상은 수백만 개의 새로운 일자리를 창출하고,
  실질 가계 소득, GDP, 국내 제조업 생산량을 높여 수천억
  달러의 새로운 정부 수입을 창출할 수 있습니다.

- 트럼프 대통령의 '보편적 기본 관세'는 미국 기업들이 전
  세계에서 공정한 경쟁의 장을 회복하도록 할 것입니다.

- 트럼프 대통령은 또한 중국에 대한 최혜국 대우(MFN)를
  취소할 것입니다. 전 세계에서 미국의 국가 안보 이익을
  훼손하고 있는 중국이 더 이상 특혜를 받지 못하도록 하는
  것은 이미 오래전에 시행되었어야 할 일입니다.

- 트럼프 대통령의 리더십 아래, 미국은 다시금 제조업
  강국으로 거듭나고, 중국으로부터 경제적 독립을 달성할

것입니다. [...]

Agenda 47: Cementing Fair and Reciprocal Trade with the Trump Reciprocal Trade Act (Press Release)

Bedminster, NJ — In a new Agenda47 video, President Donald J. Trump announced his plan to return jobs and wealth to the United States, launch an economic boom that will lift our middle class, and eliminate our dependence on China and other countries, known as the "Trump Reciprocal Trade Act."

"Under the Trump Reciprocal Trade Act, other countries will have two choices—they'll get rid of their tariffs on us, or they will pay us hundreds of billions of dollars, and the United States will make an absolute FORTUNE," President Trump said.

"If India, China, or any other country hits us with a 100 or 200 percent tariff on American-made goods, we will hit them with the same exact tariff. In other words, 100 percent is 100 percent. If they charge US, we charge THEM—an eye for an eye, a tariff for a tariff, same exact amount."

PRESIDENT TRUMP'S PLAN TO ENSURE RECIPROCAL AND FAIR TRADE

PRESIDENT TRUMP WILL WORK WITH CONGRESS TO PASS THE TRUMP RECIPROCAL TRADE ACT:

- As one of his top economic priorities, President Trump will stop the flow of American jobs overseas by passing the Trump Reciprocal Trade Act.

- Under the landmark legislation, if any foreign country imposes a tariff on American-made goods that is higher than the tariff imposed by the U.S., President Trump will have the authority to impose a reciprocal tariff on that country's goods.

- To ensure fairness, the Act will empower President Trump to negotiate the reduction of tariffs on foreign goods if foreign countries agree to reduce their tariffs on American goods.

- The Trump Reciprocal Trade Act will put AMERICA FIRST and continue President Trump's unparalleled trade success that reduced America's trade deficit, grew wages, and created more than half a million new manufacturing jobs.

- President Trump's landmark legislation advances the views of 91 percent of conservatives and even 75 percent of Democrats, who support placing reciprocal tariffs on foreign imports to protect American workers.

THE TRUMP RECIPROCAL TRADE ACT WILL RESTORE FAIRNESS TO TRADE, BOOSTING AMERICAN INDUSTRY:

- The Trump Reciprocal Trade Act has a wealth of precedent in American history.

- America historically imposed tariffs on over 95 percent of all imports, with an average tariff of 37 percent on imports during America's economic climb between 1816 and 1947.

- For decades, the U.S. government received over 80% of its revenue through tariffs on foreign goods, instead of taxes on Americans.

- However, U.S. tariffs are now among the lowest in the world, making America the most import-pressured country in the world.

- The current China tariff average is 341 percent higher than the United States, and the European Union tariff average is 50 percent higher than the U.S. The world average tariff rate is more than twice that of the U.S.

- For example, food items like cereals or other preparatory goods are tariffed at 32.9 percent by India, 19.5 percent by China, and only 3.1 percent by the U.S. India applies a tariff of 25.3 percent on transportation equipment, while the U.S. only tariffs those goods at 2.9 percent.

- When the U.S. set low tariffs on foreign goods, foreign countries generally did not reciprocate, allowing them to flood the American market with cheap goods while keeping high, protective tariffs on their own markets.

- These unfair and unbalanced trade policies have hurt American businesses which cannot compete against their tariff-protected foreign rivals. The result has been a decrease in demand for U.S. domestic production, leading to a loss of manufacturing jobs and lower wages.

- President Trump's return to common sense, reciprocal trade protections under the Trump Reciprocal Trade Act will strengthen industry in the United States.

- Matching the tariff practices of our foreign rivals will help protect American jobs, end our reliance on foreign competitors, and generate hundreds of billions of dollars in government revenue from foreign companies.

JOE BIDEN'S "AMERICA LAST" TRADE POLICIES HAVE GUTTED AMERICAN JOBS AND INDUSTRY:

– While President Trump plans to tax foreign rivals, Joe Biden stands by and does nothing while our foreign rivals tax American industry.

– Since the moment he took office, Joe Biden's globalist trade policies skyrocketed the deficit, sending jobs and hundreds of billions of dollars overseas.

– Last year, the U.S. trade deficit increased to nearly $1 trillion, its highest point ever.

– The agricultural deficit shot up to more than $2 billion last year and is projected to increase to a record $14.5 billion in 2023.

– Under Joe Biden, the trade deficit with China has risen almost 10 percent to $383 billion just last year.

– The results of Joe Biden's increases in the U.S. trade deficit are lower wages and fewer jobs for American workers.

– Real wages have sharply declined over 28 months under Biden's weak trade policies that flood the American market with cheap foreign goods produced by cheap foreign labor.

– The $4 trillion in foreign imports in 2022 under Biden was the highest EVER.

– President Trump's policies shrank the trade deficit with China during his administration.

THE TRUMP RECIPROCAL TRADE ACT IS AN ADDITIONAL TOOL, ALONG WITH UNIVERSAL BASELINE TARIFFS, TO SHRINK THE TRADE DEFICIT AND BRING BACK AMERICAN JOBS AND WEALTH:

– President Trump previously announced a plan to replace the Biden system of punishing domestic producers and rewarding outsourcers with a new system that rewards domestic production while taxing foreign companies.

- Rather than raising taxes on American producers, President Trump will impose tariffs on FOREIGN producers through a system of universal baseline tariffs on most imported goods.

- Higher tariffs will increase incrementally if other countries manipulate their currency or otherwise engage in unfair trading practices.

- As tariffs on foreign countries go up, taxes on American workers, families, and businesses can come down.

- Raising tariffs on foreign producers while lowering taxes for domestic producers will help keep jobs and wealth in the United States.

- Higher tariffs create millions of new jobs, increase real household income, boost GDP, increase domestic manufacturing output, and generate hundreds of billions of dollars in new government revenue.

- President Trump's universal baseline tariffs will restore a level playing field for American businesses worldwide.

- President Trump will also REVOKE China's Most Favored Nation trade status. It is long past time China stops getting preferential treatment as they undermine American national security interests around the world.

- Under President Trump's leadership, the U.S. will once again become a manufacturing powerhouse and attain economic independence from China. [...]

'미국 우선주의'란 무엇인가

트루스 소셜 게시물 [2023.7.13]

'미국 우선주의'라고도 부르는 이 '트럼프주의'는 매우 단순하죠. 그것은 낮은 세금과 규제, 최강의 군사력을 실현하고, 미국을 착취해온 나라들로부터 관세와 세금을 거둬 미국을 다시 부유하고 부채 없는 나라로 만드는 것입니다. (다른 나라들이 미국으로부터 무엇인가를

'빼앗으려' 한다면, 반드시 그 대가를 치르게 합니다!)
포위당한 수정헌법 2조의 수호, 훌륭한 의료 서비스
제공, 에너지 독립을 통한 낮은 에너지 가격 실현, 학교
이사회에서의 학부모 권한 강화, '생명권', 그리고 강력한
국경 관리를 추구하는 것 등입니다!

Trump's Truth Social Post

"TRUMPISM," as some call AMERICA FIRST, is very simple: Low Taxes
and Regulations, the most powerful Military, Tariffs & Taxes on other
countries who have taken advantage of the United States and which will
make the USA rich and debt free again (if countries want to "take" from
the U.S., they must pay for the privilege!), protection of our under siege
2nd Amendment, GREAT Healthcare, Low Energy Prices through Energy
Independence, PARENTAL POWER on School Boards, "LIFE," STRONG
Borders, & more!

매킨리 관세 정책의 승계

뉴욕주 뉴욕 경제인 클럽 대담 [2024.9.5]

주지하시는 바와 같이, 미국 제조업의 막대한 부는 내국세나
규제가 거의 없던 시기에 창출되었습니다. 당시 정부 수입의
대부분은 수입품 관세에 의존했습니다. 그 시기는 미국이
상대적으로 가장 부유했던 때였으며, 미국은 세계에서 가장
부유한 나라로 자리매김했습니다. 이는 소득세가 도입되기
전의 일입니다.

하지만 지금 우리는 어리석게도 그와 정반대의 길을 걷고
있습니다. 수입품에 더 낮은 관세를 부과하거나 아예
무관세로 통관시키고 있죠. 현재 미국의 관세율은 세계 최저

수준이며, 미국은 자국 내에서 운영하는 기업들에 대해서는
엄격한 처벌을 가합니다. 미국에서 사업을 운영하면 오히려
더 가혹한 처벌을 받는 상황입니다.

많은 관계자들이 저를 찾아와 이렇게 말합니다. "우리는
도저히 경쟁할 수 없다. 외국 기업들이 싱크대, 세탁기,
건조기, 오토바이 등 모든 것을 들여오고 있다. 이들과는
도무지 경쟁이 되지 않는다."

저는 미국 기업들이 경쟁하고 번창할 수 있도록 기업 환경을
개선했습니다. 그 결과, 많은 사람이 — 언젠가 무대에
모셔 함께 이야기할 기회가 있을 겁니다 — 저를 껴안고,
키스하며, 깊은 애정을 표현합니다. 제가 그들의 사업을
지켜냈기 때문입니다.

저는 기존 모델을 반전시켜 미국을 다시 한번 세계 최고의
제조업 강국으로 만들 것입니다. 우리는 지성의 힘으로
충분히 그렇게 해낼 수 있습니다.

이 노력의 핵심은 관세를 활용해 미국 내 생산을 장려하고
수조 달러를 자국으로 되돌려 오는 미국 중심의 무역
정책입니다. 그리고 그거 아시나요? 우리는 충분히 그럴
자격이 있습니다.

지난 50년 동안 다른 나라들은 우리의 희생을 바탕으로 부를
축적했습니다. 우리는 그들에게 돈을 퍼부었지만 아무런
보상을 받지 못했습니다. 군사적으로 그들을 보호하고 여러
방면에서 헌신했지만, 돌아온 것은 없었습니다.

저의 계획은 기업들이 위스콘신, 펜실베이니아, 미시간, 미네소타 등 미국 전역에서 공장을 열어 기업들이 무관세로 제품을 생산할 수 있도록 만드는 것입니다.

미국에서 생산하면 세금을 내지 않아도 됩니다. 그러나 생산 시설을 해외로 옮겨 제품을 만들어 다시 미국에 들여오는 경우에는 이야기가 달라집니다. 지금 많은 기업이 그렇게 하고 있으며, 저는 이를 금지했었습니다.

하지만 저들은 이 정책을 완전히 뒤집어버렸습니다. 이제 (제가 당선된 후에는) 외국에서 생산한 제품을 미국에 들여오려면 높은 관세를 치러야 할 것입니다. 그 결과, 전 세계 기업들이 미국에서 생산하고 싶어 할 것입니다.

그들은 미국에서 제품을 만들고자 할 것이며, 계속 이곳에서 생산이 이루어질 것입니다. 우리는 다시 선박을 건조하고, 비행기를 제조할 것입니다. 우리의 군사력 또한 내부의 힘만으로 강화할 수 있을 것입니다. 오직 우리의 힘으로요.

우리는 미국 역사상 가장 크고, 가장 위대하며, 가장 강력한 중산층을 만들 것입니다. 제조업, 운송, 국방뿐 아니라 수출을 통해 창출되는 모든 영업과 지원 업무에서도 수천만 개의 고임금 일자리가 생깁니다. 특히 자동차 산업이 그 혜택을 가장 크게 누릴 것입니다.

요컨대, 다른 나라들이 우리를 이용해 먹지 못하도록 똑똑하게 대처하기만 해도 국가 경제에 르네상스가 찾아올 수 있습니다. 그들은 오랫동안 우리를 이용해왔습니다. 정말 안타까운 일입니다. 저는 그 사람들을 잘 아는데, 그들은 우리를 뒤에서 비웃고 있습니다. 그들은 미국의 지도자들이 얼마나 오랫동안 어리석은 선택을 해왔는지 믿을 수 없다고 합니다.

우리는 미국이 강력한 철강 산업, 알루미늄 산업, 제조 기지, 그리고 국방 기지를 갖추도록 할 것입니다. 국방 수요를 100퍼센트 충족할 산업 기반을 구축하는 것이 우리의 목표입니다.

그리고 여러분이 이 정책을 어떻게 부르든 상관없습니다. 누군가는 이를 경제적 내셔널리즘이라고 부를 수도 있겠죠. 저는 이를 '상식'이라고 부르며, '미국 우선주의'라고 정의합니다. 이 정책은 이 나라를 세운 기반이자, 앞으로 이 나라를 구할 해법입니다.

위대하지만 종종 과소평가되는 윌리엄 매킨리 대통령의 말처럼, 공화당의 보호무역 관세 정책은 "우리 국민의 삶을 더 달콤하고 밝게 만들었습니다."

고관세 정책은 우리 국민과 문명을 위한 최선의 길입니다. 이 정책은 우리 국민에게 더 높은 수준의 삶과 더 나은 운명을 열어줍니다. 우리는 먼저 우리나라와 산업을 돌봐야 합니다. 즉, 우리 자신을 최우선에 두어야 합니다.

우리는 매킨리 대통령 재임 기간에 가장 큰 부를 누렸습니다. 그러나 매킨리는 암살로 생을 마감해야 했습니다. 대통령직을 승계한 테디 루스벨트는 매킨리가 쌓아 올린 부를 쓰면서 위대한 대통령으로 평가받게 되었죠. 결국 매킨리에게는 손해 보는 딜이었던 셈입니다. 그는

윌리엄 매킨리 주니어(1843~1901, 재임 1897~1901)는 고율의 수입 관세, 금본위제 도입으로 1893년 공황을 극복한 제25대 미국 대통령 (공화당).

시어도어 루스벨트 주니어(1858~1919, 재임 1901~1909)는 가쓰라-태프트 밀약을 체결한 제26대 미국 대통령 (공화당).

막대한 부를 축적했고, 1887년 관세법을 제정하고
위원회를 구성해 그 자금을 어떻게 활용할지 연구했습니다.
당시 미국 입장에서는 큰 문제였죠. 저도 언젠가 이런
고민을 해볼 기회가 있었으면 좋겠습니다.

당시 외국에서 너무 많은 돈이 들어오면서 어떻게 써야
할지 몰랐습니다. 그들조차도 전혀 감이 없었죠. 그래서 "이
방에 있는 사람들과 함께 위원회를 만들어 우리가 가진 부를
어떻게 분배할지 논의하자"고 결론을 내렸습니다.

루스벨트가 댐과 철도, 국립공원을 건설할 수 있었던 것도
모두 매킨리가 고관세 정책으로 확보한 재원이 있었기
때문에 가능했던 일입니다. 이 점을 꼭 기억해야 합니다.
매킨리는 대단히 과소평가된 대통령입니다. 이런 점에서 두
사람 모두의 공로를 인정해야 합니다.

현명한 관세는 인플레이션을 일으키지 않습니다. 오히려
인플레이션과 싸우죠. 제 임기 동안 인플레이션은 거의
없었습니다. 우리는 그 누구도 본 적 없는 수준으로 높은
관세를 부과했고, 계속해서 인상해나갔습니다. 다른
나라들이 우리에게 치르는 수천억 달러로 적자를 줄이고
인플레이션을 낮출 수 있습니다. 이 재원은 우리의 적자를
크게 완화할 수 있는 규모입니다.

저의 첫 임기 동안 우리는 소비자 물가와 인플레이션에
영향을 미치지 않는 역대급 고관세를 부과했습니다. 그러나
관세에 반대하는 이들 중 상당수는 솔직히 말해, 다른
나라의 이익을 대변하며 막대한 로비 자금과 여러 혜택을
받아왔던 사람들입니다.

수입품 관세율을
50퍼센트 가까이
높인 1890년 매킨리
관세법(The Tariff
Act of 1890, a.k.a.
McKinley Tariff)을
말한다.

저의 임기 동안 우리는 인플레이션을 겪지 않았고, 산업을 보호했습니다. 많은 산업을 구했으며, 특히 철강 산업을 지켜냈습니다. 하지만 바이든-해리스 행정부는 이 모든 것을 포기하고 있습니다. 이렇게 쉽게 지킬 수 있는 것들인데도 말이죠.

공정 무역, 감세, 규제 완화, 그리고 에너지 풍요의 조합을 통해 우리는 이전보다 더 많은 제품을 더 좋은 품질로, 더 저렴하게 미국에서 생산할 수 있을 것입니다. 그러면 외국도 다시 우리를 존경할 것입니다. 저는 외국과도 좋은 관계를 유지했고, 그들에게 막대한 관세를 부과했습니다. 그럼에도 그들은 저를 좋아했습니다. 모르죠, 어쩌면 저를 존경했을지. [...]

Trump Speaks to New York Economic Club in New York

As you know, our country's vast manufacturing wealth was created at a time with very little domestic taxation, few regulations, and most revenue came from tariffs from other countries. That was when we were at the wealthiest ever, proportionately. We were the wealthiest country ever during those days. That was before income tax came along.

Now we foolishly do the opposite. We impose lower tariffs and no tariffs on foreign producers. We have the lowest tariffs of any nation in the world, and we relentlessly punish our own companies for doing business in America. You do business in America, you're punished tremendously.

I had many, many companies come to me, "Sir, I can't compete. They're sending kitchen cabinets, washers and dryers, everything. I can tell you, every motorcycles. They're sending them here, sir. We can't compete."

And I made it so they could compete and thrive. Every one of those people, we should get them up and talk to you one day, because every one of those people comes up to me, and every time I see them, they hug me, they kiss me, they love me, because I save their businesses.

I intend to reverse this model and once again turn America into the manufacturing superpower of the world. We can do that just with being intelligent.

The key to this effort will be a pro-American trade policy that uses tariffs to encourage production here and bring trillions and trillions of dollars back home. And you know what? We deserve it.

We've been helping other countries get rich at our expense. For the last 50 years, we've been pouring our money into other countries, getting nothing, nothing for it. We protect them militarily. We do so much for them. We get nothing.

My plan is that if you open your factory in Wisconsin, Pennsylvania, Michigan, Minnesota, anywhere else in our country, you don't pay a tariff tax.

You don't pay a tax to make the product here. But if you move your production outside of the United States and send it back here, which people are doing now, and I stopped it.

I stopped it cold. But they've changed that already. Then you'll have to pay a very substantial tariff to get your product back into the country. The result will be that everybody in the world will want to be here and they want to produce here.

They're going to want to produce their product in America. It's going to say made in the USA. We will be able to build ships again. We will be able to build planes again. We will be able to build our military again from within, all from within.

We will create the biggest, greatest, and strongest middle class in the history of our country. We will have tens of millions of high-paying jobs in manufacturing, transportation, defense, as well as all of the sales and support of export jobs. Our auto industry will be the biggest beneficiary.

In short, it will be a national economic renaissance just by using our heads, by being smart, by not letting other countries take advantage of us. They've been doing it for so long. It's so sad to see. And I know them all, and they laugh at us behind our back.

They can't believe how stupid our leadership has been for so many years.

We will ensure that the United States has a giant steel industry, an aluminum industry, a manufacturing base, and a defense base. We want an industrial base that can take care of our defense needs 100 percent. And you can call it what you want. Some might say it's economic nationalism. I call it common sense. I call it America First. This is the policy that built this country, and this is the policy that will save our country.

In the words of a great but highly underrated President William McKinley, the protective tariff policy of the Republicans has "made the lives of our countrymen sweeter and brighter."

It's the best for our citizenship and our civilization, and it opens up a higher and better destiny for our people. We have to take care of our own nation and our industries first. In other words, take care of our country first.

This is when we had our greatest wealth. He was assassinated, and he left his group of people that followed him. Teddy Roosevelt became a great president, spending the money that was made by McKinley.

So McKinley got a bad deal on that one. He built tremendous wealth. They had the Tariff Act of 1887, and they had a committee that studied, what are we going to do? They had a big problem, a problem like I hope to have with this country someday.

So much money was coming in from foreign countries that they didn't know how to spend it. They had no idea. So they set up a committee. "We'll set one up with the people in this room. How do we distribute the wealth that we have?"

And Roosevelt built dams and built railroads and did national parks, but he did it with the money that was made with tariffs from McKinley. So you have to remember that. Very highly underrated, a very underrated president. Let's give them both credit.

Smart tariffs will not create inflation. They will combat inflation. I had almost no inflation. I had the highest tariffs that anyone's seen, and they were going a lot higher. Foreign nations will pay us hundreds of billions of dollars, reducing the deficit and driving inflation down. It will largely reduce our deficit.

In my first term, we imposed historic tariffs with no effect on consumer prices or inflation. The anti-tariff people, many of them, I believe, honestly work for these other countries in some form, get tremendous amounts of lobbying money and other money because it doesn't make sense what they're saying.

But we had no inflation, and we had protection, and I saved so many industries. I saved the steel industry. But Biden and Harris are letting it go. They're letting it go. It's so easy to keep.

A combination of fair trade, tax cuts, regulatory cuts, and energy abundance will allow us to produce more goods better and cheaper right here in the USA than we've ever done before. And foreign nations will respect us again. I got along great with foreign nations, and I taxed the hell out of them. And they liked me. Maybe they respected me. [...]

펜실베이니아주 버틀러 MAGA 유세 [2024.10.5]

우리는 '상호무역법'을 통과시킬 것입니다. 중국이나 다른 나라가 우리에게 100퍼센트, 200퍼센트 관세를 부과한다면 우리도 그들에게 100퍼센트, 200퍼센트 관세를 부과할 것입니다. 상원에서는 이 법안에 대해 많은 논의가 있었지만, 우리는 이를 통과시킬 것입니다. 생각해보세요. 그들은 우리에게 관세를 때리는데 우리는 맞서지 않았습니다. 이제 그들이 우리에게 관세를 부과하면 우리도 똑같이 부과할 것입니다. 상호주의입니다. [...]

Trump MAGA Rally in Butler, PA

We will pass the Reciprocal Trade Act. If China or any other country charges us 100 or 200 percent tax, then we will likewise charge them a 100 or 200 percent tax. We had a lot of problems on that one with the Senate, and we're going to get that done. Think of it. They charge us, and we don't charge them. Now they charge us, we're going to charge them the same thing. Reciprocal. [...]

미시간주 디트로이트 경제인 클럽 대담 [2024.10.10]

그래서 저는 약속한 대로 취임 첫 주에 일자리를 죽이는 환태평양경제동반자협정(TPP)에서 탈퇴했습니다. 그렇게 하지 않았다면 여러분의 자동차 산업이 철저히 파괴되었을 것이기 때문입니다. 아무것도 남아나지 않았을 거예요. 재앙이었을 겁니다.

기억하시겠지만 힐러리 클린턴도, 오바마도 TPP를 원했죠. 그리고 제가 탈퇴했다는 사실을 접한 후 힐러리는 "그가 옳다"고 말하면서 반대 입장을 취했습니다. 그녀는 TPP에 전적으로 찬성하던 사람입니다. 하지만 그녀는 실제로 커밍아웃해서 저와 의견이 같다고 말했습니다. 그녀는 "나도 반대한다"고 말했습니다. [...]

Trump Speaks to Detroit Economic Club in Detroit, MI

So just as I promised, I withdrew from the job-killing Trans-Pacific Partnership in my very first week. And the reason I did is that that would have absolutely destroyed your auto industry. You would have had none left. It would have been, it was a disaster.

And if you remember, Hillary Clinton wanted it, and Obama wanted it. And then after she read the facts that when I did it, she came out against it because she said, "He's right." She was totally in favor of it. But when she said she came out and agreed with me, she said, "I'm also against it." [...]

딥 스테이트

트루스 소셜 게시물 [2022.12.20]

'사기꾼', '반란군', '공산주의자', 심지어는 우리의 친숙한 '이름만 공화당원들(RINOS)' 등 여러 이름으로 불리는 이른바 '딥 스테이트'는 제가 취임하기 훨씬 전부터 오랫동안 불길하고 사악한 '음모'를 꾸며왔습니다. 그들은 오랜 기간에 걸쳐 또아리 튼 '늪의 생명체(swamp creatures)'이며 미국에 해로운 세력입니다. 오바마, 바이든, 홀더, 코미 등이 내 선거운동을 감시하던 아주 초창기를 기억하시나요? 그들이 직접 뽑은 특별 '검사'인 잭 스미스가 무슨 일이 벌어지는지 알고 있었을지가 궁금합니다.

RINOS (이름만 공화당원, Republicans in Name Only).

Trump's Truth Social Post

The so-called Deep State, often referred to by many other names, including "Cheaters, "Insurrectionists," "Communists," and yes, even our good old "RINOS," have been working on sinister and evil "plots" for a long time, even well before I came to office. They are long seated Swamp Creatures, and are bad news for the USA. Remember very early on when Obama, Biden, Holder, and Comey were SPYING ON MY CAMPAIGN? I wonder if their handpicked Special "Prosecutor," Jack Smith, knew what was going on?

어젠다 47 - 미국 후미주의 전쟁광 및 글로벌주의자 저지 계획 발표 (동영상 연설)

[2023.2.22]

제3차 세계대전이 지금보다 더 가까웠던 적은 없습니다. 우리는 '딥 스테이트', 펜타곤, 국무부, '국가안보 산업 복합체'에 숨어 있는 모든 전쟁광들과 미국 후미주의(America-Last) 글로벌주의자들을 척결해야 합니다.

제가 여러 세대에 걸쳐 전쟁을 일으키지 않은 유일한
대통령인 이유 중 하나는 워싱턴의 많은 장성, 관료, 그리고
우리를 분쟁에 빠뜨리는 방법만 알고 빠져나오는 방법은
모르는 이른바 외교관들의 재앙적인 조언을 거부한 유일한
대통령이었다는 데 있습니다.

수십 년 동안 빅토리아 눌런드나 그녀와 비슷한 많은 사람이
우크라이나를 나토에 가입시키는 데 집착해왔습니다.
국무부가 우크라이나의 반란을 지원한 것은 말할 것도
없습니다. 이들은 오랜 세월에 걸쳐 이라크와 세계 다른
지역의 경우처럼 대립을 추구해왔으며, 그 결과 지금 우리는
제3차 세계대전 직전까지 치닫고 있습니다. 수많은 이들이
아직 보지 못하지만 저에게는 보입니다. 그리고 많은
부분에서 제가 옳았습니다. 그들은 모두 이렇게 말합니다.
"트럼프가 모든 부분에 대해 옳은 판단을 내렸다."

어떤 이유로도 1년 전 제가 대통령이었다면 절대 일어나지
않았을 터무니없고 끔찍한 우크라이나 침공에 대해 변명을
늘어놓을 수는 없습니다. 하지만 이는 미국에서 수십 년간
모든 주요 외교정책 결정을 망쳐온 부패한 글로벌주의자
기득권층을 제거해야 한다는 것을 의미합니다. 여기에는
외국과 치르는 전쟁에서 좋은 결정을 내린 적이 없다고 미국
국민이 말하는 바이든 대통령도 포함됩니다. 우리는 저들을
미국의 국익을 지지하는 사람들로 교체해야 합니다.

백악관에서 4년 동안 우리는 이 미국 후미주의자들을
제쳐두고 세계를 평화로 이끄는 데 있어 놀라운 진전을
이뤘습니다. 우리는 이제 그 임무를 완수할 것입니다. 제
임기가 끝날 때쯤 국무부, 국방부, 국가 안보 기득권층은

빅토리아 눌런드
(Victorial Nuland,
1961~)는 전 국무부
정무차관(재임 2021~
2024.03). 남편은
네오콘 사상가 로버트
케이건(Robert Kagan).
일론 머스크는 2023년
2월 23일 "눌런드만큼
우크라이나 전쟁을
옹호하는 사람은 없을
것(Nobody is pushing
this war more than
Nuland)"이라는
엑스(X·구트위터) 게시물을
남긴 바 있다.

매우 달라진 모습이 될 것입니다. 사실, 제 행정부가 들어서기만 해도 매우 다른 곳이 될 것이며, 저는 4년 전처럼 해낼 것입니다. 그 어느 때보다 좋았던 시기였습니다. 또한 우리는 로비스트와 유수 방위 산업체들이 우리의 군 지도부와 국가 안보 관리들을 갈등으로 몰아넣고 은퇴 후 수백만 달러를 받는 수익성 높은 일자리로 보답하는 일을 막을 것입니다.

우리의 반대자들을 지지하는 글로벌주의 전쟁광 기부자들을 보십시오. 이것은 순전히 저들이 전쟁의 후보이기 때문입니다. 저는 평화를 전하는 대통령입니다. 그리고 저의 평화는 힘을 통한 평화입니다. 우리에게 분쟁이 없었던 이유도, 전쟁을 하지 않았던 이유도 다른 나라들이 우리를 존중한 데 있었습니다. 저는 처음부터 우리 군을 제대로 재건했습니다. 그게 큰 이유입니다.

당시에는 미국을 건드리고 싶지 않았던 그들은 지금 우리를 비웃고 있습니다. 올바른 리더십만 있다면 우크라이나 분쟁을 24시간 안에 끝낼 수 있습니다. 앞으로 4년이 지나면 우리 정부의 고위직에 있던 전쟁광, 사기꾼, 실패자들은 모두 사라지고, 우리는 그 무엇보다 미국의 핵심 이익을 수호하는 유능한 국가 안보 관리들로 구성된 새로운 집단을 갖게 될 것입니다.

감사합니다.

Agenda 47: President Trump Announces Plan to Stop the America Last Warmongers and Globalists.

World War III has never been closer than it is right now. We need to clean house of all of the warmongers and America-Last globalists in the Deep State, the Pentagon, the State Department, and the national security industrial complex.

One of the reasons I was the only president in generations who didn't start a war is that I was the only president who rejected the catastrophic advice of many of Washington's Generals, bureaucrats, and the so-called diplomats who only know how to get us into conflict, but they don't know how to get us out.

For decades, we've had the very same people, such as Victoria Nuland and many others just like her, obsessed with pushing Ukraine toward NATO, not to mention the State Department's support for uprisings in Ukraine. These people have been seeking confrontation for a long time, much like the case in Iraq and other parts of the world, and now, we're teetering on the brink of World War III. And a lot of people don't see it, but I see it, and I've been right about a lot of things. They all say, "Trump's been right about everything."

None of this excuses in any way the outrageous and horrible invasion of Ukraine one year ago, which would have NEVER happened if I was your president—not even a little chance. But it does mean that here in America, we need to get rid of the corrupt globalist establishment that has botched every major foreign policy decision for decades, and that includes President Biden, whose own people said he's never made a good decision when it comes to looking at other countries and looking at wars. We have to replace them with people who support American interests.

Over our 4 years in the White House, we made incredible progress in putting the America-Last contingent aside and bringing the world to peace—and now, we're going to complete the mission. The State Department, Pentagon, and National Security Establishment will be a very different place by the end of my administration. In fact, just into my administration it'll be a very different place, and it'll get things done just like I did four years ago. We never had it so good. We'll also stop the lobbyists and the big defense contractors from going in and pushing our senior military and national security officials toward conflict, only to reward them when they retire with lucrative jobs—getting paid millions and millions of dollars.

Take a look at the globalist warmonger donors backing our opponents. That's because they're candidates of war. I am the President who delivers peace, and it's peace through strength. There was a reason we had no conflict, there was a reason we didn't get into wars, because other countries respected us. I entirely built all right from the beginning—rebuilt our military. It's a big reason for that.

They didn't want to mess around with the United States, and now they're laughing at us. We could end the Ukraine conflict in 24 hours with the right leadership. At the end of my next four years, the warmongers, and frauds, and failures in the senior ranks of our government will all be gone, and we will have a new group of competent national security officials who believe in defending America's vital interests above all else.

Thank you very much.

미국을 다시 위대하게(MAGA)

메릴랜드주 내셔널 하버 '보수 정치 행동 컨퍼런스' 연설 [2023.3.4]

저는 우리가 결코 사회주의 국가가 되지 않을 것이라고 말하곤 했습니다. 자주 말했죠. 한 번은 연두교서에서 이 말을 했는데 사람들이 제 말을 이해하지 못했죠. 하지만 제가 큰 소리로 외쳤고 제 말이 맞았어요. 그 열차는 이미 오래전에 사회주의의 역을 지나갔기 때문이죠. 솔직히 그 열차는 멈출 생각조차 하지 않았어요.

우리는 지금 훨씬 더 나쁜 마르크스주의, 공산주의의 정신 상태에 있습니다. 우리는 쇠퇴하는 국가입니다. 우리의 적들은 우리가 그들을 막을 수 있는 유일한 존재라는 것을 알기에 필사적으로 우리를 막으려 합니다. 그들은 이 방에 있는 사람들이 매우 중요함을 알고 있습니다. 그들은 우리가 그들을 물리칠 수 있다는 것을 알고 있습니다. 우리가 그들을 물리칠 거라는 것도 알고 있죠.

2019.2.9. 연두교서에서 트럼프는 베네수엘라와의 관계 수립을 보고하다가 미국 내의 사회주의자로 주제를 전환해 다음과 같이 말했다. "우리 미국에 사회주의를 도입하자는 주장이 나오고 있는 데 놀라움을 금할 수 없습니다. 미국은 정부의 강압과 지배, 통제가 아닌 자유와 독립을 바탕으로 세워졌습니다. 우리는 자유롭게 태어났고 앞으로도 자유로운 존재로 남을 것입니다. 오늘 밤, 우리는 미국이 결코 사회주의 국가가 되지 않을 것이라는 결의를 새롭게 다집니다."

하지만 그들은 저를 노리는 게 아니라 당신을 노리고 있고
전 그저 방해만 하고 있을 뿐입니다. 그게 제가 하는 일의
전부입니다. 저는 방해하고 있는 거죠. 그래서 제가 오늘
여기 온 겁니다. 우리가 시작한 일을 끝내기 위해 여러분
앞에 서 있는 겁니다.

우리는 미국을 위해 무언가를 시작했습니다. 우리는 임무를
완수할 것입니다. 우리는 이 전투를 궁극적인 승리로 이끌
것입니다. 우리는 미국을 다시 위대하게 만들 것입니다.
여러분과 함께 우리는 딥 스테이트를 무너뜨릴 것입니다.
우리는 전쟁광들을 추방할 것입니다. 그들은 상황을 전혀
이해하지 못하지만, 때로는 돈 앞에서 이해력이 높아질 때도
있겠죠. 하지만 그렇게 해줄 수는 없습니다.

우리는 그런 일이 일어나도록 내버려둘 수 없습니다. 우리는
글로벌주의자를 몰아내고 공산주의자를 쫓아낼 것입니다.
우리나라를 증오하는 정치 계급을 몰아낼 것입니다.
그들은 실제로 우리나라를 증오합니다. 장벽도, 국경도,
나쁜 선거도, 유권자 신분증도 없죠. 우리는 민주당을 이길
것입니다. 우리는 가짜 뉴스 미디어를 차단할 것입니다.
우리는 '이름만 공화당원(RINOS)'들을 폭로하고 적절히
대처할 것입니다. 우리는 조 바이든을 백악관에서 퇴출할
것입니다. 그리고 우리는 이 악당들로부터 미국을 완전히
해방할 것입니다. [...]

"Republican in name
only" (RINO, 이름만
공화당원. 트럼프의
초보주의 정견과
견해를 달리하는 전통적
보수주의자 공화당원의
멸칭)

**Trump Speaks at Conservative Political Action Conference(CPAC)
Conference in National Harbor, MD**

I used to say that we will never be a socialist country. I said it oftentimes.
I said it once at the State of the Union address and people didn't

understand what I was saying. But I'd shout it out loud and I was right because that train has passed the station long ago of socialism. It never even came close to stopping, frankly.

We're now in a Marxism state of mind, a communism state of mind, which is far worse. We're a nation in decline. Our enemies are desperate to stop us because they know that we are the only ones who can stop them. They know that this room is so important, the people in this room. They know that we can defeat them. They know that we will defeat them.

But they're not coming after me, they're coming after you and I'm just standing in their way. That's all I'm doing. I'm standing in their way. And that's why I'm here today. That's why I'm standing before you, because we are going to finish what we started.

We started something that was America. We're going to complete the mission. We're going to see this battle through to ultimate victory. We're going to make America great again. With you at my side, we will demolish the deep state. We will expel the warmongers. They are people that don't get it, although, in some cases, they get it. They get it for their wallets, but we can't do that.

We can't let that happen. We will drive out the globalists, we will cast out the communists. We will throw off the political class that hates our country. They actually hate our country. No walls, no borders, bad elections, no voter ID. We will beat the Democrats. We will route the fake news media. We will expose and appropriately deal with the rhinos. We will evict Joe Biden from the White House. And we will liberate America from these villains and scoundrels once and for all. [...]

텍사스주 와코 유세 [2023.3.25]

아마도 가장 중요한 것은, 다른 나라들이 더 이상 세계 무대에서 우리를 존경하거나 우리에게 귀기울이지 않는다는 점입니다. 우리는 여러 면에서 조롱거리가 되었고, 자유와 신앙에 적대적인 국가로 비치고 있습니다. 우리의 경제는 무너지고, 공급망은 붕괴했으며, 상점에는 재고가 부족하고 배송은 지연되고 있습니다. 교육 시스템마저 모든 지표에서 최하위권에 머물러 있는 나라가 되었습니다.

우리는 가학적인 범죄자와 도둑 떼가 상점에 들어가
공공연하게 물건을 털고, 직원과 고객을 폭행해 목숨을
빼앗은 뒤 물건을 잔뜩 들고 나가도 아무런 대가를 치르지
않는 나라에 살고 있습니다. 위대한 우리 경찰의 권위는
추락했고, '법 집행'이라는 말을 언급하는 것만으로 가족과
연금이 위협받으며, 삶이 파괴되는 나라에서 살고 있습니다.

우리는 펜타닐과 여타 모든 형태의 불법 약물이, 우리의
소중한 아기들을 위한 분유보다 더 쉽게 구할 수 있는 나라,
한때 멋지다고 생각하던 공항이 더럽고 혼잡해지고, 몇
시간 동안 대기한 끝에 비행기 출발 여부조차 불확실하다는
통보를 받는 나라, 항공권 가격은 세 배나 올랐고 비행기를
운항할 조종사도 없으며 자격 있는 항공교통 관제사를 찾지
못하여 자신이 무엇을 하고 있는지도 모르는 나라에 살고
있습니다.

우리는 자신감도, 의지력도, 힘도 잃은 나라가 되었습니다.
우리는 길을 잃었지만, 이 공포가 계속되도록 결코
허용하지 않을 것입니다. 2년 전, 우리는 위대한 국가였고,
곧 다시 위대한 국가가 될 수 있습니다. 여러분과 같은
근면한 애국자들이 이 나라를 세웠고, 여러분과 같은
근면한 애국자들이 이 나라를 구할 것입니다. 우리가
시작한 일을 함께 마무리합시다. 여러분과 함께 딥
스테이트를 완전히 없애고, 전쟁광을 정부에서 추방하며,
글로벌주의자들을 몰아낼 것입니다. 또한 공산주의자들과
마르크스주의자들을 쫓아내고, 부패한 정치 계급을
전복시키고, 민주당을 이기고, 가짜 뉴스 미디어를 차단할

것입니다. 우리는 '이름만 공화당원(RINO)'에 맞서 싸우고, 조 바이든과 모든 민주당원을 물리칠 것입니다.

우리는 미국을 파괴하려는 악당과 폭군들로부터 이 나라를 해방할 것입니다. 그들이 무엇을 던지든, 어떤 짓을 하든, 우리는 굽히지 않고, 부러지지 않으며, 굴복하지 않고, 포기하지 않을 것입니다. 우리는 결코 물러서지 않고, 반드시 임무를 완수하며, 결승선을 통과할 것입니다. 폭정을 근절하고, 자유와 정의를 되찾으며, 미국 공화국을 이전보다 더 위대하고 영광스러운 모습으로 회복할 것입니다.

존경하는 국민 여러분,

우리가 함께하고 있는 이 놀라운 여정은 이제 막 시작되었습니다. 우리는 하나의 운동, 하나의 국민, 하나의 가족, 그리고 하느님 아래 하나의 국가입니다.

여러분의 도움, 기도, 투표, 그리고 이 나라에 대한 변함없는 사랑으로 우리는 미국을 다시 강력하게 만들고, 미국을 다시 부유하게 만들고, 미국을 다시 막강하게 만들고, 미국을 다시 자랑스럽게 만들고, 미국을 다시 안전하게 만들고, 그리고 미국을 다시 위대하게 만들 것입니다.

감사합니다, 텍사스 주민 여러분. 감사드리고 여러분 모두에게 신의 축복이 있기를 바랍니다. 감사합니다. [...]

Trump Rally in Waco, TX

Perhaps most importantly, we are a nation that is no longer respected or listened to on the world stage. We are a nation that, in many ways has, become a joke and we are a nation that is hostile to liberty, freedom, and faith. We are a nation whose economy is collapsing, whose supply chain is broken, whose stores are not stocked, whose deliveries are not coming, and whose educational system is ranked at the very bottom of every single list.

We are a nation where large packs of sadistic criminals and thieves are allowed to go into stores and openly rob them, beat up and kill their workers and customers, and leave with armloads of goods, but with no retribution, where the authority of our great police has been taken, where their families and pensions have been threatened and their lives would be destroyed for the mere mention of the words law enforcement.

We are a nation where fentanyl and all other forms of illegal drugs are easier to get than formula for our beautiful little babies, a nation where once revered airports are dirty, they're a crowded mess, you sit and wait for hours and then are notified that the plane won't leave and they have no idea when it will, where ticket prices have tripled, yhey don't have the pilots to fly the planes, they don't seek qualified air traffic controllers, and they just don't know what the hell they are doing.

We are a nation that has lost its confidence, its willpower, and its strength. We are a nation that has lost its way, but we are not going to allow this horror to continue. Two years ago, we were a great nation and we will soon be a great nation again. It was hardworking patriots like you who built this country and it is hardworking patriots like you who are going to save our country. Together, we are going to finish what we started. With you at my side, we will totally obliterate the deep state, we will banish the war mongerers from our government, we will drive out the globalists, and we will cast out the communists and Marxists, we will throw off the corrupt political class, we will beat the Democrats, we will route the fake news media, we will stand up to the RINOs, and we will defeat Joe Biden and every single Democrat.

We will liberate America from these villains and tyrants who are looking to destroy our country. No matter what they throw at us, no matter what they do to us, we will not bend, we will not break, we will not yield, we will never give in, we will never give up, we will never, ever back down, we will complete the mission, we will cross the finish line, we will demolish tyranny and we will rescue freedom, liberty, and justice, and we will restore the American republic to all of its greatness and glory greater than ever before. My fellow citizens,

This incredible journey we are on together has only just begun. We are one movement, one people, one family, and one nation under God.

With your help, your prayers, your vote, and your unwavering love for this country, we will make America powerful again, we will make America wealthy again, we will make America strong again, we will make America proud again, we will make America safe again, and we will make America great again.

Thank you, Texas. Thank you. God bless you all. Thank you very much. Thank you. [...]

'미국의 자유'를 구할 새로운 혁명

인디애나주 인디애나폴리스 전미총기협회(NRA) 리더십 포럼 연설 [2023.4.14]

우리 보수주의자들은 더 이상 가만히 앉아 법원이 미국을 구해주기만을 기다릴 수 없습니다. 우리가 소중히 여기는 모든 권리와 자유를 불태우려는 급진 좌파 야만인들이 우리나라를 약탈하고 있습니다. 다음에 우리가 정권을 잡으면, 의회가 앞장서서 이 마르크스주의 혁명을 막아야 합니다. 이 혁명은 이미 진행 중이며, 여러분도 이제 그 사실을 깨닫기 시작했다고 저는 생각합니다. 우리는 하루속히 이를 막아야 합니다. 이것이 우리가 나라를 구하기 위해 해야 할 일입니다.

여러분의 투표로 공화당이 상·하원 다수당이 된다면, 실제로 그렇게 될 가능성이 크다고 생각합니다만, 저는 '미국의 자유'의 위대한 재탄생을 이끌 것입니다. 우리는 범죄와 폭력으로부터의 자유, 공포로부터의 자유가 있는 미래를 건설할 것입니다. 공포로부터의 자유란 외국 의존으로부터의 자유, 선출되지 않은 딥 스테이트의 족쇄로부터의 자유, 부패한 정보기관으로부터의 자유,

전쟁으로부터의 자유, 가난으로부터의 자유를 의미합니다. 마지막으로, 우리의 생각을 말할 자유와 무기를 소지하고 보유할 자유까지 포함합니다. [...]

National Rifle Association Institute for Legislative Action Leadership Forum (Indianapolis, IN)

Conservatives can no longer sit by and wait for the courts to save America. Our country is being plundered and ransacked by radical left barbarians who are trying to burn down every right and every liberty that we hold so dear. The next time we have power, Congress has to step up and stop this Marxist revolution and it strikes. We have a Marxist revolution going on and I think you're starting to see it. And we have to stop it fast. This is what we must do to save our country.

With your vote and with a Republican house and a Republican Senate, and we have a really good chance at both, I will lead the great rebirth of American freedom. We will build a future where we're free of crime and free of violence and free from fear, is fear, where we are free from dependence on foreign countries. We're so dependent on so many foreign countries, in particular China, where we are free from the shackles of an unelected deep state from corrupt intelligence agencies, free from war, free from poverty, free to speak our minds, and last but certainly not least, free to keep and bear arms. [...]

뉴햄프셔주 맨체스터 유세 [2023.4.27]

제가 대통령 집무실로 돌아가면 딥 스테이트를 완전히 소멸하겠습니다. '진실과 화해 위원회'를 설립해 딥 스테이트의 스파이 활동, 검열, 부패에 관련된 모든 문서의 기밀을 해제하고 공개하겠습니다.

그건 그렇고, 저들은 제 선거 캠프를 감시했습니다. 그리고 저들은 잡혔습니다. 상상해보십시오. 예를 들어 우리가 버락 후세인 오바마 대선 캠프를 염탐하다가 잡혔다고 가정해보겠습니다. 무슨 일이 일어날 것 같습니까?
여러분은 대부분의 신문이 이 사건을 다루지 않겠지만,
몇몇 매체에서는 기사화되리라고 생각하시겠지요. 저들은
전기의자(사형대)를 다시 꺼내왔을 것입니다. 그렇게 했을
겁니다. 이것이 바로 수치스럽고 불평등한 정의입니다.

저는 모든 연방 공무원이 새로운 공무원 시험을 통과하도록
할 겁니다. 대통령은 어때요? 대통령부터 시작해 우리
헌법에 대해 어느 정도 이해하고 있는지 보여줘야 합니다.
강간범과 살인범은 석방하면서도 보수주의자를 박해하는
마르크스주의 지방검찰을 저지하는 것부터 시작합시다.

트럼프 행정부 출범 첫날, 저는 법무부에 미국의 모든
급진주의자 지방 검사와 주 법무장관이 저지른 불법적인
인종차별과 부정의한 법 집행 사례를 철저히 조사하도록
지시하겠습니다. [...]

Trump Rally in Manchester, New Hampshire

When I get back into the Oval Office, we will totally obliterate the
deep state. We will establish a truth and reconciliation commission to
declassify and publish all documents on deep state spying, censorship and
corruption.

By the way, they spied on my campaign. They got caught. Can you imagine
if, let's take Barack Hussein Obama, let's say we spied on his campaign. You
got caught. What do you think would happen? You think it would just be
some stories, in only a few newspapers, because most of them don't even
want to write it. They would've brought back the electric chair. That's what
they would've done. It's a disgrace, unequal justice.
And I will require every federal employee to pass a new civil service test.
How about the president? Let's start with the president, demonstrating
an understanding of our constitution to stop the local Marxist prosecutors
who release rapists and murderers while persecuting conservatives.

On day one of my new administration, I will direct the DOJ to investigate every radical district attorney and attorney general in America for their illegal racist and reverse enforcement of the law. [...]

어젠다 47 - 지출유보 권한 사용으로 낭비 축소, 인플레이션 저지 및 딥 스테이트 분쇄 (동영상 연설) [2023.6.20]

불명예스러운 대통령이자 비뚤어진 조 바이든은 3년도 채 되지 않아 수조 달러의 세금을 낭비했으며, 이로 인해 통제되지 않는 인플레이션이 발생하여 서민 가계를 무너뜨리고 있습니다.

바이든의 낭비적이고 불필요한 지출을 억제하는 것은 인플레이션을 막고 우리 경제를 파탄에서 구하는 데 필수적인 조치입니다. 그러나 지출 삭감의 고통은 미국 가정과 미국 노인들이 아니라 특수 이익집단과 워싱턴 관료들이 감당해야 합니다.

200년 동안 우리 정부 시스템은 대통령에게 '지출유보'라는 제도를 통해 불필요한 지출을 막을 수 있는 헌법적 권한을 부여했고, 이는 명백한 사실입니다.

간단히 말해, 이는 의회가 정부 운영에 필요한 것보다 더 많은 자금을 제공하면 대통령이 추가 자금을 낭비하지 않고 대신 그 돈을 일반 국고로 반환하고 세금을 낮출 수도 있다는 것을 의미합니다. 하지만 우리는 역사상 가장 대대적인 세금 감면과 역사상 가장 큰 규제 완화, 제가 매우 자랑스럽게 생각하는 두 가지를 제공했습니다. 비록 바이든 정부에서 빠르게 사라지고 있지만 이 업적은 여전히 존재하고 있습니다.

토머스 제퍼슨은 다른 여러 대통령과 마찬가지로 이 권한을
사용했던 것으로 유명합니다. 그다지 좋은 법이 아니었던
1974년의 지출유보통제법에 의해 부당하게 축소되기
전까지요. 이 법은 재앙이고 삼권 분립을 노골적으로 위반한
명백한 위헌입니다.

백악관으로 돌아가면 저는 법정에서 지출유보통제법에
이의를 제기하고, 필요하다면 의회에서 이를 뒤집을 수
있도록 가능한 모든 일을 할 것입니다. 우리는 그것을
뒤집을 것입니다.

그런 다음 오랫동안 인정받아온 대통령의 지출유보 권한을
사용하여 비대해진 연방 관료 조직을 압박해 막대한 비용을
절감할 것입니다. 이는 여러분에게 세금 감면의 형태로
돌아갈 것입니다. 이는 인플레이션을 막고 재정적자를
줄이는 데 도움이 될 것입니다.

이러한 사태에 대비하기 위해 저는 취임 첫날부터 모든
연방기관에 압류를 통해 효율성과 낭비를 줄임으로써
절약할 수 있는 예산의 큰 덩어리를 찾아내도록 명령할
것입니다.

물론 여기에는 국방비는 포함되지 않을 것이며, 무슨 일이
일어나고 있는지 잘 모르는 론 디샌티스와는 달리 저는
메디 케어나 사회보장제도에는 손도 대지 않을 것입니다.
그는 사회보장제도를 파괴하고 기본적으로 메디 케어를
없애려고 합니다. 이것은 우리 노인들을 위한 혜택입니다.

우리는 그것을 건드리지 않을 것입니다. 우리가 할 수 있는 다른 많은 일들이 있습니다. 우리는 론 디샌티스가 메디 케어나 소셜 시큐리티를 해치도록 내버려두지 않을 것입니다.

오히려 정부의 다른 부문으로부터의 압류를 통해 절약한 자금 중 일부는 향후 몇 년 동안 메디 케어와 사회보장을 강화하는 데 사용할 수 있습니다.

대통령의 역사적인 압류 권한을 재확인하면 지출을 통제하기 위해 의회와의 중요한 협상력을 회복할 수 있습니다. 아주 간단합니다. 우리는 지출을 계속 통제할 것입니다.

우리는 그것을 해냈고 코로나가 들어와서 나라를 구하기 위해 몇 가지 일을 해야 했습니다. 우리는 잘 해냈습니다. 하지만 우리는 많은 돈을 벌기 시작했습니다. 우리는 에너지 독립국이었습니다. 우리는 에너지 지배국이 될 예정이었죠. 발밑에 매장된 액상 금을 통해 막대한 돈을 벌어들이고 있었죠. 다른 어떤 나라보다 더 많이요. 그리고 우리는 세금을 줄이고 부채를 갚을 것입니다.

이것이 우리가 균형 잡힌 예산을 회복할 수 있는 유일한 방법입니다. 바로 지출유보입니다.

마찬가지로 중요한 것은, 지출유보를 되찾는 것은 우리에게 '딥 스테이트'와 '늪(swamp)'을 없애는 한편, 전쟁을 원하고, 죽이고, 죽이고, 죽이는 것을 좋아하는 전쟁광들을 없애고, 글로벌주의자들을 정부에서 몰아낼 중요한 도구를

트럼프는 경선 후보 경쟁자였던 플로리다 주지사 로널드 디샌티스(Ronald DeSantis, 1978~)를 '신성한 척하는 (Sanctimonious) 디샌티스'라는 멸칭으로 불렀다.

'늪(Swamp)'은 트럼프 대통령이 2016년 취임 당시부터 '말려버려야 한다(drain)'고 주장한, 로비를 중심으로 한 워싱턴 DC의 정치부패를 뜻한다.

제공한다는 것입니다.

우리는 전쟁광과 글로벌주의자들을 정부에서 몰아낼
것입니다.

지출유보를 통해 우리는 간단히 돈의 숨통을 끊을 수
있습니다.

이 정책은 인플레이션, '늪', 글로벌주의에 반대하는
정책이며 성장, 납세자, 미국, 자유를 지지하는 정책입니다.

저만이 해낼 수 있습니다. 반드시 해내고 미국을 다시
위대하게 만들겠습니다.

감사합니다.

Agenda47: Using Impoundment to Cut Waste, Stop Inflation, and Crush the Deep State (Video)

Crooked Joe Biden, our disgraced president, has wasted trillions of taxpayer dollars in less than three years—causing uncontrolled inflation that is crushing working families.

Reining-in Biden's wasteful and unnecessary spending is vital to stopping inflation and rescuing our economy from ruin. But the pain of the spending cuts must be borne by the special interests and Washington bureaucrats, NOT by American families and American seniors in particular.

For 200 years under our system of government, it was undisputed that the President had the Constitutional power to stop unnecessary spending through what is known as Impoundment.

Very simply, this meant that if Congress provided more funding than was needed to run the government, the President could refuse to waste the extra funds, and instead return the money to the general treasury and maybe even lower your taxes, although we did give you the biggest tax reduction in history, and the biggest regulation reduction in history, two things I am very proud of. And they still are there, although they are disappearing rapidly under Biden.

Thomas Jefferson famously used this power, as did many other presidents until it was wrongfully curtailed by the Impoundment Control Act of 1974 — not a very good act. This disaster of a law is clearly unconstitutional—a blatant violation of the separation of powers.

When I return to the White House, I will do everything I can to challenge the Impoundment Control Act in court, and if necessary, get Congress to overturn it. We will overturn it.

I will then use the president's long-recognized Impoundment Power to squeeze the bloated federal bureaucracy for massive savings. This will be in the form of tax reductions for you. This will help quickly to stop inflation and slash the deficit.

To prepare for this eventuality, on Day One, I will order every federal agency to begin identifying large chunks of their budgets that can be saved through efficiencies and waste reduction using Impoundment.

Of course, this will not include national defense and, unlike Ron DeSanctimonious, who doesn't really know what is happening, I will not lay a finger on Medicare or Social Security. He wants to destroy Social Security and basically obliterate Medicare. These are benefits for our seniors. We are not going to touch it. There are many other things we can do. We are not going to let Ron DeSantis do anything to hurt Medicare or Social Security.

On the contrary, some of the funds we save through Impoundment from other parts of the government can be used to strengthen Medicare and Social Security for years to come.

Reasserting the president's historic Impoundment authority will also restore critical negotiating leverage with Congress to keep spending under control. Very simple. We are going to keep spending under control.

We had it done and then Covid came in and we had to do some things to help save our country. We did a great job. But we were starting to make lots of money. We were Energy Independent. We were going to be Energy Dominant. We were going to be taking in massive amounts of money from the liquid gold that we have under our feet. More than any other nation.

And we were going to reduce taxes and pay off debt.

This is the ONLY way we will ever return a balanced budget: Impoundment.

Just as importantly, bringing back Impoundment will give us a crucial tool with which to obliterate the Deep State, Drain the Swamp, and starve the Warmongers — these people that want wars all over the place; killing, killing, killing, they love killing — and the Globalists out of government.

We are going to get the Warmongers and the Globalists out of our government.

With Impoundment, we can simply choke off the money.

This policy is anti-inflation, anti-Swamp, anti-globalist—and it's pro-growth, pro-taxpayer, pro-American, and pro-freedom.

I alone can get that done. I will get it done and Make America Great Again.

Thank you very much.

딥 스테이트, 선출되지 않은 권력 청산

워싱턴 DC '신앙과 자유 연대 정책 컨퍼런스' 연설 [2023.6.24]

집무실로 돌아가면 '딥 스테이트'를 척결하겠습니다. 우리는 '딥 스테이트'가 존재하는지 몰랐고 사람들도 "모르겠다"고 말하곤 했죠. 하지만 이제는 대부분이 "그래, 딥 스테이트가 있다"고 인정합니다. 저는 이를 '배드 스테이트'라고 부릅니다.

저는 사법 시스템을 무기화한, 선출되지 않은 관료들을 추방할 것입니다. 그들은 사법 시스템을 무기화했습니다.

우리는 '진실과 화해 위원회'를 설립해 '딥 스테이트'의

스파이 활동에 관한 모든 관련 문서를 기밀 해제하고 공개하겠습니다. 그들은 기독교인에 대한 모든 것을 포함해 검열, 부패 등 여러 분야를 감시하고 있습니다. 기독교인들은 현 행정부 아래에서 포위된 상태에 놓여 있습니다. [...]

Trump Speaks at Freedom Coalition Conference in Washington DC

When I get back at the Oval Office, I will totally obliterate the deep state. Remember, we didn't know if there was a deep state. People would say, "I don't know." Now, about everybody thinks, "Yeah, there's a deep state." I call it a bad state.

I'll fire the unelected bureaucrats who have weaponized our justice system. They have weaponized.

We'll create the Truth and Reconciliation Commission to declassify and publish all documents on deep state spying. They spy on so much, censorship, corruption, including all of that on Christians. The Christians have been under siege under this administration. [...]

트루스 소셜 게시물 [2023.9.26]

미국의 투사 카시 파텔이 새 책 『정부 갱스터』를 출간하여 '딥 스테이트'의 실체를 폭로합니다. 이 책은 너무 훌륭한 나머지, 바이든 행정부가 무려 10개월 동안 출간을 저지하려 했을 정도입니다. 카시는 이 책을 통해 트럼프 행정부를 약화시키고 선거를 조작하며 미국을 파괴하기 위해 노력한 '정부 갱스터'들의 배후, 워싱턴 DC의 가장 어두운 구석으로 독자를 안내합니다. 이 책은 바로 '딥 스테이트'의 통치를 *끝내기* 위한 로드맵입니다. 『정부 갱스터』는 필독서입니다!

Trump's Truth Social Post

An All American fighter, Kash Patel, releases his new book, *Government Gangsters*, and obliterates the Deep State. It's so good, the Biden admin blocked its release for 10 months. Kash takes you behind the scenes, into the darkest corners of D.C, where these Government Gangsters worked to undermine the Trump administration, rig elections, and destroy our Country. This is the roadmap to end the Deep State's reign. *Government Gangsters* is a must-read!

트루스 소셜 게시물 [2024.5.11]

여러분과 함께 우리는 '딥 스테이트'를 무너뜨리고, 우리 정부에서 전쟁광들을 추방하고, 세계주의자들을 몰아내고, 공산주의자, 마르크스주의자, 파시스트들을 축출할 것입니다. 또한 조국을 증오하는 병든 정치 계급을 몰아내고, 가짜 뉴스 매체를 제거하며, '늪(swamp)'을 말려 버리고, 이 폭군과 악당들로부터 조국을 영원히 해방할 것입니다.

우리의 애국자 선조들처럼 우리는 결코 굽히지 않을 것입니다. 우리는 꺾이지도 굴복하지도 않을 것입니다. 우리는 결코 항복하지 않고, 포기하지 않으며, 물러서지도 않을 것입니다.

여러분의 지지를 바탕으로 우리는 누구도 경험하지 못한 승리를 향해 나아갈 것이며, 2024년 11월 5일에 사악한 조 바이든을 백악관에서 쫓아낼 것입니다!

위대한 침묵의 다수가 전례 없이 일어나고 있으며, 우리의 리더십 아래 잊힌 남성과 여성은 더 이상 잊히지 않을 것입니다!

Trump's Truth Social Post

With you at my side, we will demolish the Deep State, we will expel the warmongers from our government, we will drive out the globalists, we will cast out the Communists, Marxists, and Fascists, we will throw off the sick political class that hates our Country, we will rout the Fake News media, we will Drain the Swamp, and we will liberate our Country from these tyrants and villains once and for all.

Like those PATRIOTS before us, we will not bend. We will not break. We will not yield. We will never give in, we will never give up, and we will never, ever back down.

With your support, we will go on to victory the likes of which no one has ever seen, and we will evict Crooked Joe Biden from the White House on November 5th, 2024!

The Great Silent Majority is rising like never before—and under our leadership, the Forgotten Man and Woman Will Be Forgotten No Longer!

PBD 팟캐스트 (패트릭 베트-데이비드 진행) [2024.10.15]

그래서 제 문제는 제가 워싱턴에 있었다는 사실이었어요. 가짜 뉴스에서 그렇게 집계하던데 일단 그게 사실이라고 가정해봅시다. 제가 워싱턴에 간 날은 다 합쳐도 고작 17일 정도에 불과합니다. 그중 단 하루도 거기서 묵은 적이 없어요. 저는 워싱턴 사람이 아니었습니다. 대통령이 되고 보니 그 사람들을 모르더라고요.

다시 말해, 저는 대통령 선거에 출마했지만 워싱턴에 고작 17번밖에 가본 적이 없던 사람이었습니다. 그마저도 대부분 호텔을 짓기 위해 방문한 거였어요. 아름다운 호텔을 지어서

팔았는데, 지금은 월도프 아스토리아 호텔이 됐죠. 잘
지었고, 팔아서 돈도 벌었으니 좋은 일이었습니다. 하지만
제가 워싱턴에 간 대부분의 이유는 그 일이었습니다. 한번
생각해보세요. … 총 17일이었고, 그중 단 하루도 묵은
적이 없어요. 사람들이 그렇게 집계하더군요. 대략 맞는 것
같아요.

다시 말해, 저는 워싱턴의 인사이더가 아니었습니다.
그런데 그런 제가 갑자기 대통령이 된 겁니다.
에어포스원(전용기)에서 내렸을 때, 그렇게 많은
모터케이드 차량은 본 적이 없었어요. 군인들이 모두
행진하고 있었죠. 저는 그 광경을 보고 아내에게
말했습니다. "오."

펜실베이니아 애비뉴를 따라 주행하는, 세계에서 가장 긴
군용 차량인 '비스트'의 뒷자리에 앉아 있었습니다. 왼쪽을
보니 건물들이 보였죠. 그런데 도로를 역주행하고 있는
겁니다. 그날은 도로가 전부 폐쇄된 걸 아시죠? 어디든
원하는 곳으로 갈 수 있었어요.

The Beast (a.k.a.
Cadillac One)
캐딜락에서 제조한
미국 대통령의 공식
의전 차량. 차체 길이가
5.5미터에 달하고
무게는 9톤이다.

그래서 제가 말했습니다. "저기가 호텔이고, 저기는
백악관이네." 몇 블록 더 가니 백악관이 나오더군요. 그리고
저는 이렇게 말했습니다. "이렇게 놀라운 걸 본 적이 있나?"
그 순간은 정말 초현실적이었습니다. 한쪽에는 제가 지은
새 호텔이, 다른 한쪽에는 백악관이 있었죠. 그리고 저는
대통령이었습니다.

하지만 이게 문제였습니다. 워싱턴에서 제가 아는
사람은 정치인 몇 명뿐이었고, 그나마도 그들을 알게

된 것은 정치인이어서가 아니라 기부자로서 만난 인연
때문이었습니다. 제가 정치에 뛰어든 지 불과 몇 달밖에
되지 않았으니까요. […]

그래서 저는 사람들에게 조언을 구할 수밖에 없었습니다.
그리고 저는 대체로 옳았습니다. 대개 존 볼튼 같은 멍청한
사람 이야기만 듣기 마련인데, 윌리엄 바 같은 사람에
대해서는 언급하고 싶지도 않아요. 바가 얼마 전에 저를
강력하게 지지한 것을 보셨죠. 꽤 인상적이긴 했습니다.
어쨌든 사람들을 고르다 보니 실수할 때도 있었지만
대부분은 옳았습니다. 무역협상 쪽 인재들은 훌륭했습니다.
[…]

존 볼튼 (John Bolton, 1948~) 전 백악관 국가안보 보좌관.

윌리엄 바(William Bar, 1950~) 2019~2021 법무장관.

로버트 라이트하이저 (Robert Lighthizer, 1947~) 2017~2021 무역대표부 대표.

가장 강한 힘을 가진 자는 단연 대통령입니다. 모든 사람을
다스릴 수 있는 엄청난 권력이죠. 그러나 동시에 일종의
'딥 스테이트'라는 것이 존재합니다. 많은 경우 오래전부터
자리를 지키고 있던 사람들이고, 그중에는 나쁜 사람들도
있습니다. 그리고 다른 나라들보다 여러 면에서 더
위험하다고 생각되는 급진 좌파들도 존재합니다. 정말
그렇게 생각해요. '구린 애덤 시프(Shifty Adam Schiff)'
같은 사람을 예로 들 수 있죠. 그들은 나쁜 사람들이에요.
정신적으로 문제가 있는 사람들이지, 멍청한 사람들은
아닙니다. 하지만 악랄한 사람들이죠. 우리에게 매우 해가
되는 존재입니다.

애덤 시프(Adam Schiff, 1960~) 2015~현재 캘리포니아주 연방 하원의원, 2019~2023 하원 정보위원장을 지내며 트럼프 탄핵 절차를 주도했다.

(그 위에 누가 있는지 묻는다면) 저는 그것이
'무정형(無定形) 집단'이라고 생각합니다. 특정한 한 사람이
아니라 집단이에요. 미치광이들의 '무정형 집단'입니다.
그리고 이들이 함께 모이면 극악한 존재가 되죠. 하지만

분명히 말씀 드리고 싶은 게 있어요. 대통령은 절대적인….

바이든은 자신이 살아 있는지도 제대로 인지하지 못할
정도의 정신 상태라고 저는 생각합니다. 그래서 저는 저들이
바이든을 단순히 '스쳐 지나가는 존재'처럼 도구화해서
이용해 먹은 것에 불과하다고 확신합니다.

그녀(카멀라 해리스)는 기본적으로 아버지처럼
마르크스주의자이기 때문에 조금 더 위험합니다. 그녀의
아버지는 마르크스주의자예요. 그런데 정말 이해가 안 되는
게 뭔지 아세요? 왜 아무도 그녀의 아버지를 인터뷰하지
않았을까요? 아무도 그 얘기를 다루지 않습니다. 만약 이게
공화당 쪽 인사와 관련된 일이었다면, 그 아버지의 이야기는
온갖 매체에 다 나왔을 겁니다. 하지만 저는 해리스의
아버지를 다룬 기사를 본 적이 한 번도 없습니다. 그리고
흥미로운 점은 그녀의 아버지가 마르크스주의 경제학
교수라는 사실입니다. 마르크스주의와 경제학이라니, 전혀
어울리지 않는 조합 아닌가요? [...]

> 도널드 해리스
> (Donald Harris,
> 1938~) 스탠퍼드
> 대학교 경제학과
> 명예교수.

PBD Podcast (Patrick Bet-David)

So my problem was I was in Washington, they say - the fake news said this
but let's assume it's true for a change - I was there seventeen times. I never
stayed over. I was not a Washington person. I didn't know people when I
became president.

In other words, I ran for President. I was only in Washington 17 times. And
most of it was I was building a hotel, a beautiful hotel that I sold. It's now
the Waldorf Astoria. And I did a great job, sold it, made some money, and it
was good. But that was most of the time. I was only there. Think of it. [⋯]
Seventeen days in total. Never stayed over. That's what they say, but it's
about right.

In other words I wasn't a Washington person. So all of a sudden I'm president. I land on Air Force One. You never saw so many motorcycles and cars and everything. Military marching. Everybody's marching. I said to my wife, "Oh."

And we're going down Pennsylvania Avenue, and we're in the back of the Beast, the world's longest army tank. And I look to the left and there's the building. And we're going in the opposite direction of the roads. You know the roads are closed on that day. You could have gone anywhere you want.

So we're going and I say, "Look, there's the hotel and there's the White House." A couple of blocks further there is the White House. Then I say, "Did you ever see anything so incredible?" This is surreal. I have the brand new hotel. I have the White House. And I'm President.

But here's the bad part. I didn't know anybody in Washington, other than some politicians. And I knew them because I was a contributor not because I was a politician. Because I had only done this a few months. […]

So what happens is I had to rely on people for advice. And largely I got it right. Don't forget you only hear about like stupid people like a Bolton or I don't want to mention even Barr because he endorsed me the other day. You saw that endorsed me strongly. I was impressed by that. But I put people in there who I made mistakes. But I I got it mostly right. Great trade people […]

The most powerful person by far the President. Power over everybody. The power is enormous. But there is a sort of a deep state. And a lot of that's people that have been there. And then there's some bad guys. And then there's radical left which I think are more dangerous in many ways than other countries. I really do. Guys like Shifty Adam Schiff and other people. They're bad people. They're sort of sick people, not stupid people either, by the way. But, they're vicious. They're very bad for our…

(On who is their boss) I think it's an amorphous group. It's a group. It's not one person. It's an amorphous group of lunatics. And when they come together, they're pretty bad. But let me just say this. the president has the absolute…

Now, Biden doesn't know he's alive, so I really believe they used him as a vessel, like a vessel in the night. And I really believe that.

She's a little bit more dangerous because she's basically a Marxist like her father. Her father's a Marxist. You know what I don't understand? Why is her father not been interviewed? I mean nobody talks about that. If that were a Republican situation the father would be all over the place. I haven't had one I haven't seen one article where they're looking for the father. So the father is a Marxist professor of economics which is an interesting thing. Marxist and economics don't go together. […]

부록

2024 미국 대통령 선거 타임라인

22.11.8.   **미국 중간선거**

민주당 상·하원 장악 구도에서 (1) 민주당 50석 vs. 공화당 49석으로 민주당 상원
다수당 (2) 공화당 222석 vs. 민주당 213석으로 공화당 하원 다수당으로 재편됨.
(3) 주지사 선거에서 민주당 24석 vs. 공화당 26석 차지함.

22.11.15.   **플로리다주 | 팜비치 마러라고 자택 | 트럼프 대선 출마 공식 선언**

출마 선언 연설은 (1) 바이든 행정부하에서의 미국의 쇠퇴를 강조하며 자신의 대통령
재임 시절의 경제적 번영 및 세계적 존경과 대조적으로 묘사함. 중국, 러시아, 이란,
북한이 "미국을 존경하고 솔직히 나를 존경했다"며 재임 당시 외교 정책을 부각함.
특히 김정은 북한 국무위원장과 정상회담을 한 이후 북한이 단 한 발의 장거리
미사일도 발사하지 않았다며 "그것은 좋은 일이었다"고 평가함. (2) 바이든 행정부의
에너지, 이민, 외교 정책을 비판하며 미국의 위대함 회복을 약속함. (3) 미국의 통합과
다양한 유권자 그룹의 성공을 강조함.

22.12.15.   **어젠다 47 (동영상 정견 발표) | 언론의 자유 정책 이니셔티브 발표**

검열 카르텔을 해체하고 언론의 자유를 회복하기 위한 새로운 정책 이니셔티브를
발표함. 주요 내용은 (1) 연방기관의 검열 중단을 명령함. (2) 법무부에 검열에 관여한
모든 단체와 개인의 조사 및 관련 범죄의 엄격한 처벌을 지시함. (3) 섹션 230을
개정하여 검열을 제한함. (4) 검열에 연루된 대학과 단체에 대한 연방 자금 지원을
중단하고 공무원의 검열 협력 시 형사 처벌함. (5) 플랫폼의 검열 및 제한을 제약하는
디지털 권리장전을 제정함.

22.12.21.   **어젠다 47 | 불법체류 외국인 석방 비용의 국고 지출 금지**

불법체류 외국인을 석방하기 위해 세금을 사용하는 것을 전면 금지함.

23.1.11.   **어젠다 47 | 온라인 검열에서의 정보 커뮤니티의 역할에 대한 조사 촉구**

불법 검열 체제를 해체하기 위한 계획이 시급히 필요하다고 함.

23.1.18.   **어젠다 47 | 중국의 미국 소유 저지**

미국의 미래가 미국의 손에 굳건히 남도록 하겠다고 함.

23.1.20.   **어젠다 47 | 메디 케어와 사회보장제도의 보호**

공화당원들에게 어떤 상황에서도 메디 케어나 사회보장제도 예산을 삭감하는 투표에
참여하지 말 것을 촉구함.

23.1.26. **어젠다 47 | 미국 교육의 재건 및 학부모의 권한 회복 계획**
'급진 좌파 미치광이들'에 의해 점령당한 공립학교의 현실에서 학부모에게 권한을
돌려주기 위한 계획을 발표함.

23.2.1. **어젠다 47 | 좌파의 젠더 광기로부터의 어린이 보호**
청소년들의 화학적·신체적·정서적 훼손을 막기 위한 계획을 발표함.
어젠다 47 | 즉각적인 긴장 완화와 평화 촉구
바이든의 약점과 무능은 미국을 핵전쟁 직전까지 몰고 갔고 제3차 세계대전으로
이끌고 있음. 러시아-우크라이나 전쟁이 통제 불능 상태에 빠져 핵전쟁으로 치닫기
전에 모든 관련 당사자들이 평화적인 종식을 추구해야 한다고 함.

23.2.2. **어젠다 47 | 새로운 미사일 방어막 구축**
극초음속 미사일의 위협으로부터 조국과 동맹국, 전 세계의 군사 자산을 미사일이
어디에서 발사되든 방어할 수 있어야 함. 이를 위해 최첨단 차세대 미사일 방어막을
구축할 것이라고 함.

23.2.3. **어젠다 47 | 중국의 스파이 활동 중지**
바이든이 약한 리더십으로 중국이 미국의 주권을 짓밟도록 허용한다고 지적함.

23.2.9. **어젠다 47 | 미국의 에너지 자립 실현**
바이든의 에너지 전쟁은 58년 만에 최악의 인플레이션이 발생한 핵심 동인임. 취임
즉시 국내 에너지 생산을 방해하는 민주당의 모든 규제를 철폐하겠다고 함.

23.2.20. **어젠다 47 | 범죄 근절 및 법 질서 회복 계획 발표**
첫 임기 동안 폭력 범죄를 줄이고 미국 법 집행 기관과 함께 강력하게 대응했으나
바이든 임기 중 폭력 범죄가 급증하고 경찰력이 약화되면서 지역사회가
불안정해졌다고 지적하고 법질서 회복 계획을 발표함.

23.2.22. **어젠다 47 | '미국 후미주의 전쟁광 및 글로벌주의자' 저지 계획 발표**
'딥 스테이트', 국방부, 국무부, 국가안보 산업 복합체(national security industrial
complex)에서 미국 후미주의(America Last) 전쟁광과 글로벌주의자들을 물리치기
위한 계획을 발표함.

23.2.25.	**어젠다 47	급진 좌파의 ESG 투자로부터 미국인 보호**

23.2.25. **어젠다 47 | 급진 좌파의 ESG 투자로부터 미국인 보호**
미국인들의 저축과 투자를 '금융 사기'로부터 보호하기 위해 'ESG 투자'(환경, 사회, 기업 지배구조 투자) 금지를 재차 천명함.

23.2.27. **어젠다 47 | 미국 노동자를 보호하기 위한 새로운 무역 계획**
주요 내용은 (1) '보편적 기본 관세(universal baseline tariffs)'를 통해 미국 노동자를 보호함. (2) 중국에 대한 최혜국대우(MFN)를 철회함. (3) 미국의 대중국 의존을 종식할 무역 정책을 실시함.

23.2.28. **어젠다 47 | 바이든의 재앙적인 무역 적자 축소를 통한 미국의 독립성 달성**
일자리를 죽이는 바이든의 재앙적인 무역 적자를 끝내고 미국의 독립을 되찾을 것이라고 함.

23.3.2. **어젠다 47 | 바이든의 행정명령을 통한 연방정부 내 마르크스주의 이식 시도 무력화**
해롭고 차별적인 '형평성(equity)' 프로그램을 통해 미국의 제도를 약화하려는 모든 시도 근절을 약속함.

23.3.3. **어젠다 47 | 미국 생활 수준을 혁신하기 위한 새로운 퀀텀 점프**
이제 다시 미국의 위대함을 이야기해야 한다고 함.

23.3.4. **메릴랜드주 | 내셔널 하버 | 트럼프 '보수 정치 행동 컨퍼런스(CPAC)' 연설**
트럼프는 CPAC 연설에서 (1) 정치 엘리트, 글로벌주의자, '딥 스테이트'를 비판함. (2) 미국이 '미국 우선주의' 원칙에 따라 통치되도록 하겠다고 다짐함. (3) 자신의 선거운동을 자유를 되찾고 미국의 주권을 수호하는 임무로 규정함. (4) 외국에 얽매이지 않고, 미국의 이익을 우선시하며 부패한 영향력을 종식하겠다고 약속함.

23.3.16. **어젠다 47 | 제3차 세계대전의 방지**
글로벌주의 기득권자들과 러시아-우크라이나 전쟁을 중단하고 워싱턴 DC에서 '네오콘 국가건설 산업 복합체(neo-con nation-building industrial complex)' 해체를 위해 전력하는 사람들의 차이점을 설명함.

23.3.17. **어젠다 47 | 바이든은 미국 경제의 재앙**
높은 인플레이션과 치솟는 이자율이라는 재앙적인 경제 상황에서 무너진 은행을 구제(bail out)하지 않는 것이 중요하다고 강조함.

| 23.3.20. | **어젠다 47 | 아메리칸 드림을 멀어지게 하는 바이든의 '교외에 대한 전쟁' 종식** |
| | 모든 주, 카운티, 도시가 연방정부에 "형평성 계획"을 제출하는 의무안을 폐지하겠다고 함. |

23.3.20. **어젠다 47 | 아메리칸 드림을 멀어지게 하는 바이든의 '교외에 대한 전쟁' 종식**

모든 주, 카운티, 도시가 연방정부에 "형평성 계획"을 제출하는 의무안을 폐지하겠다고 함.

23.3.21. **어젠다 47 | 딥 스테이트를 해체하고 권력을 미국 국민에게**

딥 스테이트, 불량 관료와 직업 정치인, 정부 부패를 종식해야 한다고 함.

23.3.25. **텍사스주 | 와코 | 트럼프 유세**

트럼프의 2024년 대선 첫 유세. 연설 내용은 (1) 자신을 부당하게 겨냥한 법 집행이 미국의 자유를 위협함. (2) 자신의 재선은 미국을 구할 "마지막 전투"로 대선 승리를 통해 "딥 스테이트"를 소멸시키고, 선거 부정과 부패한 권력을 끝낼 것임. (3) 압도적인 승리가 필요한 선거에 지지자의 참여 촉구함.

23.3.30. **뉴욕 맨해튼 대배심 트럼프 기소 결정**

건국 이래 최초의 전·현직 대통령의 기소 결정. 11월 대선 일정 이전에 재판 일정이 예정된 유일한 형사사건(총 4건). 2016년 대선 직전 전직 성인영화 배우 스토미 대니얼스와의 과거 성관계 폭로를 막기 위해 입막음 돈 13만 달러(한화 약 1억 8천만 원)를 지불한 뒤 그 비용과 관련된 회사의 회계 기록을 조작한 혐의 등 총 34개 혐의 적용. 2023.4.15. 배심원 선정 개시. 트럼프는 전 재판 일정에 출석해야 함.

23.4.13. **어젠다 47 | 미국을 파괴하는 급진적 마르크스주의 검사 해고**

공정하고 공평한 법치의 회복 없이 자유 국가가 될 수 없다고 함.

23.4.14. **인디애나주 | 인디애나폴리스 | 트럼프 '전미총기협회(NRA) 리더십 포럼' 연설**

주요 내용은 (1) 개인의 총기 소유 권리를 지지하고 민주당의 총기 규제 정책을 비판함. (2) 헌법에 따른 권리를 지키고 범죄를 강력하게 단속할 것을 약속함. (3) 범죄, 폭력, 공포(딥 스테이트의 족쇄, 외국 정부에 대한 의존)에 맞선 공화당과 NRA의 결속을 강조하고, 미국 시민의 자유와 안전을 보호하기 위한 지속적인 투쟁을 독려함.

23.4.16. **어젠다 47 | 바이든의 규제 폭풍으로부터 해방**

'워싱턴의 늪(Washington Swamp)'에 해당하는 선출되지 않은 소수 집단이 우리 공화국의 제4부(fourth branch)처럼 행동하는 것은 용납하지 않겠다고 강조함.

23.4.18. **어젠다 47 | 노숙자, 마약 중독자, 위험에 처한 정신질환자의 악몽 해소**

우크라이나에 지출하는 비용 일부에 해당하는 재원으로 미국의 모든 노숙 퇴역군인을 돌볼 수 있다고 함.

23.4.21.	**플로리다주 | 포트 마이어스 | 트럼프 '리 카운티 링컨-레이건 만찬' 연설**

플로리다주 \| 포트 마이어스 \| 트럼프 '리 카운티 링컨-레이건 만찬' 연설

주요 내용은 (1) 자신의 정책을 강조하고, 2024년 대선에서 강력한 리더십을 재확립하겠다는 의지를 표명함. (2) 바이든 행정부의 정책을 비판하고, 미국의 경제와 국경 문제를 개선하겠다고 약속함. (3) 지지자들에게 정치적 투쟁에 동참할 것을 촉구함.

23.4.27. **뉴햄프셔주 \| 맨체스터 \| 트럼프 유세**

주요 내용은 (1) 인플레이션과 전반적인 경제 침체를 강조함. (2) 에너지 독립과 세금 감면을 약속함. (3) 불법 이민과 마약 문제 해결을 위한 강력한 국경 정책을 강조함. (4) 보수적 가치 수호를 약속함. (5) 선거 부정 방지와 종이 투표 사용을 주장함.

23.5.2. **어젠다 47 \| 급진 좌파 및 마르크주의 사상으로부터 학생 보호**

교육기관을 감염시키는 급진 좌파와 마르크스주의 미치광이로부터 학생들을 보호하기 위해 연방지원금 중단을 포함하는 강력한 조치를 취하겠다고 함.

23.5.30. **어젠다 47 \| 불법체류자 자녀의 시민권 부여 중단**

국경 보안 계획의 일환으로, 임기 첫날 불법체류자 미국 출생 자녀의 시민권 부여를 중단하는 행정명령에 서명하겠다고 함.

23.5.31. **어젠다 47 \| 마약 중독 재앙의 종식**

취업 기회와 기술 교육 등을 제공하는 기업들을 위한 새로운 민관 파트너십을 구축하고 신앙 기반 상담, 치료 및 회복 프로그램에 대한 연방 지원을 확대함.

어젠다 47 \| 아이오와 주립 박람회장에서 미국 독립 250주년 기념행사 개최

3년 후의 미국 독립 250주년을 역대 최고의 '생일 파티'로 기획하겠다고 함.

23.6.6. **어젠다 47 \| 만성 아동 질환 증가에 대응**

"우리의 공중 보건 기관은 많은 돈을 버는 빅 파마, 대기업 및 기타 특수 이익단체와 너무 가까워서 우리 아이들의 건강에 무슨 일이 일어나고 있는지 질문하기를 꺼리는 경우가 너무 많습니다."

23.6.10. **노스캐롤라이나주 \| 그린즈버러 \| 트럼프 노스캐롤라이나주 공화당 전당대회 연설**

주요 내용은 (1) 무기와 리더십의 부재로 미국이 위험에 처해 있다고 주장함. (2) 바이든 행정부의 국경 정책과 무기 관리 실패를 비판함. (3) 에너지 독립과 경제 회복 등 트럼프 1기의 주요 성과를 언급함. (4) 국경 관리, 경제 재건, 언론 개혁 등의 주요 정책을 발표함.

23.6.24.	**워싱턴 DC	트럼프 '신앙과 자유 연대 정책 컨퍼런스' 연설**

주요 내용은 (1) '딥 스테이트'를 척결하고 '진실과 화해 위원회'를 만들어 '딥 스테이트' 활동에 관한 기밀문서를 해제함. (2) 인플레이션을 막고 메디 케어와 소셜 시큐리티를 보호함. (2) 불법 이민자 자녀의 자동 출생 시민권을 폐지함. (3) 트럼프 1기의 이민 정책을 복원하고 국경 장벽을 완공하며 대규모 추방 작전을 실시함. (4) 급진적인 학교 내 이데올로기 교육을 금지하고 필요시 학교에 대한 연방 지원금을 삭감함.

23.6.30.	**펜실베이니아주	필라델피아	트럼프 '맘스 포 리버티 컨벤션' 연설**

23.7.1.	**사우스캐롤라이나주	피컨스	트럼프 유세**

23.7.7.	**아이오와주	카운슬 블러프스	트럼프 유세**

23.7.15.	**플로리다주	웨스트 팜비치	트럼프 '터닝 포인트 액션 컨퍼런스' 연설**

23.7.17.	**어젠다 47	교육기관을 오염시키는 급진 좌파와 마르크스주의 사상으로부터 학생 보호**

학계가 미국 젊은이들을 세뇌하는 데 집착하는 수년 동안 대학 등록금은 폭발적으로 증가해왔음. 급진 좌파로부터 미국의 위대한 교육기관을 되찾기 위해 노력하겠다고 함.

23.7.18.	**어젠다 47	미국의 소진된 군사력 재건**

주요 내용은 (1) 미국 국익을 최우선으로 하는 외교 정책으로 복귀함. (2) 동유럽에서 미국의 최우선 관심사는 평화와 안정이며 전쟁을 종식하는 것이 목표임. (3) 바이든이 약화시킨 군사력과 억지력 재건. (4) 국방 조달과 방위 산업 기반을 철저히 재점검하고 군사비 지출의 효율성을 높임. (5) 유럽의 우크라이나 비축 물자 및 재건 비용 분담을 요구함. (6) 군복무 기피 현상을 시정하고 미군의 자랑스러운 문화와 명예의 전통을 회복함. (7) 군대 내에서 마르크스주의, 공산주의, 파시즘을 용인하지 않음.

23.7.20.	**어젠다 47	바이든의 재앙적인 일자리 죽이기 정책으로부터 미국 자동차 산업 구하기**

전기차 의무화 정책을 규탄하고 자동차 산업이 소재한 미시간, 오하이오, 인디애나, 조지아, 사우스캐롤라이나와 노스캐롤라이나 유권자의 지지 호소함.

어젠다 47 | 지출유보 권한 사용으로 낭비 축소, 인플레이션 저지 및 딥 스테이트 분쇄

주요 내용은 (1) 대통령의 압류 권한을 사용하여 비대해진 연방 관료 조직에서 막대한 비용을 절감함. (2) 절감분은 국민에게 세금 감면의 형태로 돌려줌. (3) 인플레이션을 막고 재정적자를 축소할 것으로 기대함.

| 23.7.21. | **어젠다 47 | 인신매매범에 대한 사형 선고 촉구** |
| | 인신매매의 재앙을 종식하고 인간 생명의 존엄성 수호를 약속함. |

어젠다 47 | 트럼프 호혜무역법을 통한 공정하고 호혜적인 무역 강화

미국의 무역 상대국에게 미국 제품에 대한 관세를 없애거나 미국에 관세로 수천억 달러를 치르게 하겠다고 함.

23.7.28. **아이오와주 | 디모인 | 아이오와주 공화당 링컨 만찬 연설**

23.7.29. **펜실베이니아주 | 이리 | 트럼프 유세**

23.8.3. **워싱턴 DC 연방법원 | 트럼프 기소인부 절차 위해 법원 출석**

23.8.4. **앨라배마주 | 몽고메리 | 앨라배마주 공화당 만찬 연설**

23.8.5. **사우스캐롤라이나주 | 컬럼비아 | 사우스캐롤라이나주 공화당 만찬 연설**

23.8.8. **뉴햄프셔주 | 윈더햄 | 트럼프 유세**

23.8.24. **애틀랜타주 | 풀턴 카운티 | 트럼프 구치소 자진 출두**

조지아주 2020 선거 개입 관련.

23.9.8. **사우스다코타주 | 래피드 시티 | 사우스다코타주 모뉴멘털 리더즈 집회 연설**

조지아주 선거 개입 기소 결정 이후 첫 공식 일정.

23.9.14. **어젠다 47 | 미국의 에너지와 전기를 세계에서 가장 저렴하게**

주요 내용은 (1) 액상 금을 개발하고 원자력, 청정 석탄, 수력 발전 등 모든 형태의 저렴한 에너지를 활용하여 에너지 가격을 낮춤. (2) 바이든의 발전소 규정과 전기자동차 의무화 정책 폐지함. (3) 에너지 프로젝트의 신속 승인으로 신규 발전소 건설 촉진함.

어젠다 47 | 필수 의약품 생산의 미국 복귀와 바이든의 의약품 부족 사태 종식

중국으로부터 완전한 독립을 이루기 위한 계획의 일환으로, 관세와 수입 제한을 단계적으로 폐지하여 모든 필수 의약품의 생산을 원래의 미국으로 되돌리겠다고 함.

어젠다 47 | 홈스쿨 가정에 대한 공약

주요 내용은 (1) 529 교육 저축 계좌에서 매년 자녀 1인당 최대 1만 달러까지 사용하게 함. (2) 방과후 활동 등에서 정규학교 학생과 같은 혜택을 제공함.

어젠다 47 | 훌륭한 학교가 훌륭한 일자리로 이어지기 위한 10대 원칙

주요 내용은 (1) 자녀의 교육을 통제할 수 있는 부모의 권리를 존중함. (2) 학부모와 지역 교육청에 저성과 교사의 해고를 포함하는 교장·교사에 대한 인사권을 부여함. (3) 교실에서 '정치적 세뇌 교육(political indoctrination)'을 배제하고 읽기, 쓰기, 수학 등 '유용한 과목(useful subjects)' 중심으로 교육함. (4) 학생들에게 조국을 사랑하도록 교육함. (5) 학교에서 기도를 되살리도록 지원함. (6) 해를 끼치는 학생은 퇴학시키고 안전하고 마약 없는 학교 환경을 조성함. (7) 모든 학부모가 원할 경우 '학교 선택권(school choice)'을 부여함. (8) 학생들의 교실 내 프로젝트 기반 학습 경험을 보장함. (9) 모든 학생에게 첫 직장으로 이어지는 인턴십과 직장 경험을 위해 노력함. (10) 고등학생과 대학생에게 학교 내 직업 및 진로 상담을 제공함.

23.9.15.	**워싱턴 DC	트럼프 '미국을 걱정하는 여성 서밋' 연설**
23.9.20.	**아이오와주	더뷰크	트럼프 유세** **아이오와주	마쿼케타	트럼프 '커밋 투 코커스' 행사 연설**
23.9.25.	**사우스캐롤라이나주	서머빌	트럼프 유세**
23.9.27.	**미시건주	클린턴 타운십	트럼프 유세**
23.9.29.	**캘리포니아주	애너하임	캘리포니아주 공화당 전당대회 연설**
23.10.7.	**아이오와주	워털루	트럼프 유세**
23.10.9.	**뉴햄프셔주	울프버러	트럼프 유세**
23.10.23.	**뉴햄프셔주	데리	트럼프 유세** **뉴햄프셔주	트럼프 프라이머리 신청서 접수** **어젠다 47	미국 자동차 노동자에게 보내는 메시지**

23.10.23.의 '어젠다 47' 항목 설명:
바이든의 '전기차 의무화' 정책을 규탄함. 주요 내용은 (1) 바이든 정책을 지지한 전미자동차노조(UAW)에 조합원의 회비 납입 중단 촉구. (2) 당선 후 '전기차 의무화' 정책을 폐기하고 모든 유형의 차량 선택권을 보장함. (3) 미국 내 자동차 생산을 독려함.

23.10.29.	**아이오와주	수 시티	트럼프 유세**
23.11.4.	**플로리다주	키시미	플로리다 프리덤 서밋 연설**

23.11.10.　　**어젠다 47 | 불법체류 외국인에 대한 복지 중단**

불법체류자에 대한 복지 지원을 중단하고 근면한 미국인 가정의 부를 보호함. 주요 내용은 (1) 불법체류자의 공공주택 입주 제한함. (2) 불법체류자의 미국 출생 자녀에 대한 시민권 부여 중단함.

어젠다 47 | 아메리칸 아카데미 설립

사립대학의 대규모 기금(endowments)에 세금을 부과하여 그 재원으로 아메리칸 아카데미를 신설함. 주요 내용은 (1) 세계적 수준의 무료 교육을 제공함. (2) 비정치적인 내용만을 교육함. (3) 학사 학위 인정하여 4년제 대학 체제와 직접 경쟁함.

23.11.11.　　**뉴햄프셔주 | 클레어몬트 | 트럼프 유세**

23.11.18.　　**아이오와주 | 포트 닷지 | 트럼프 '커밋 투 코커스' 행사 연설**

23.12.2.　　**아이오와주 | 시더래피즈 | 트럼프 유세**

23.12.5.　　**아이오와주 | 앤크니 | 트럼프 유세**

23.12.13.　　**아이오와주 | 코럴빌 | 트럼프 '커밋 투 코커스' 연설**

23.12.16.　　**뉴햄프셔주 | 더럼 | 트럼프 유세**

23.12.17.　　**네바다주 | 르노 | 트럼프 유세 '커밋 투 코커스' 연설**

미국의 주권을 되찾고 미국인의 안전과 번영을 우선시할 것을 약속함. 주요 내용은 (1) 대규모 이민자 추방 작전과 국경 통제를 실시함. (2) 힐러리 클린턴이 대통령이 되었다면 북한 문제는 핵전쟁으로 비화했을 것임.

23.12.19.　　**콜로라도주 대법원 | 트럼프 대선 출마 자격 박탈 판결**

2023.12.19 '내란에 가담한 자는 공직을 맡을 수 없다'는 수정헌법 14조를 근거로 4:3 판결함. 2024.3.4. 연방대법원, 콜로라도주 대법원 판결을 뒤집고 만장일치로 트럼프의 출마 자격 유지를 인정함(헌법은 개별 주에 연방 업무에 출마하는 대선 후보의 자격 박탈권을 허락하지 않음).

23.12.22.　　**어젠다 47 | 카르텔과의 전쟁 선포**

다시 대통령이 되면 ISIS를 소탕한 것처럼 마약 카르텔을 소탕하는 것이 미국의 공식 정책이 될 것이라고 발표함.

어젠다 47 | 퇴역군인 노숙 문제 해결

퇴역군인 노숙 문제의 완전한 해결을 개인적인 사명으로 삼아 취임 첫날 퇴역군인 노숙자를 위한 행정명령에 서명하겠다고 함. 주요 내용은 (1) 바이든 행정부의 쉼터와 불법체류자 수송을 위한 막대한 자금 지원을 중단함. (2) 그 절감액을 노숙 미국 재향군인에게 쉼터와 치료를 제공하는 데 사용함.

24.1.5. **아이오와주 | 수 센터 | 트럼프 유세**

주요 내용은 (1) 불법 이민을 막고 대규모 추방을 실시함. (2) 인플레이션을 줄이고, 에너지 생산을 재개하며, 바이든의 전기차 의무화 정책을 폐지함. (3) 의료 서비스를 개선하고 학교에서의 비판적인 인종 이론(CRT)과 백신 의무 접종을 금지함. (4) 군대 재건, 제3차 세계대전 방지, 글로벌 분쟁 해결을 약속함(김정은 언급). (5) 종이 투표용지, 유권자 신분증, 선거 사기 방지를 지지함.

24.1.14. **아이오와주 | 인디애놀라 | 트럼프 유세**

북한 김정은과의 개인적 관계가 미국 안보에 도움이 되었다고 주장함.

24.1.15. **뉴햄프셔주 | 라코니아 | 트럼프 유세**
아이오와 코커스 | 트럼프 승리

51%로 1위, 대의원단 20명 확보. 비벡 라마스와미·팀 스콧 상원의원 사퇴, 트럼프 지지 선언.
아이오와주 | 디모인 | 트럼프 유세

24.1.16. **뉴햄프셔주 | 앳킨슨 | 트럼프 유세**

24.1.17. **뉴햄프셔주 | 포츠머스 | 트럼프 유세**

24.1.19. **뉴햄프셔주 | 콩코드 | 트럼프 유세**

사우스캐롤라이나주 팀 스콧 연방 상원의원 트럼프 지지 선언.

24.1.20. **뉴햄프셔주 | 맨체스터 | 트럼프 유세**

24.1.21. **뉴햄프셔주 | 로체스터 | 트럼프 유세**

론 디샌티스 플로리다 주지사 경선 후보 사퇴, 트럼프 지지 선언.

24.1.22. **뉴햄프셔주 | 라코니아 | 트럼프 유세**

24.1.23. **뉴햄프셔 프라이머리 | 트럼프 승리**
득표율 54.3%로 대의원단 22명 중 13명 확보.

24.1.27. **네바다주 | 라스베이거스 | 트럼프 유세**

24.1.31. **트럼프 팀 스터스(운수노조) 션 오브라이언 위원장 면담·기자회견**

24.2.8. **네바다주 | 라스베이거스 | 트럼프 '네바다 코커스' 연설**
득표율 99.1%로 대의원단 26명 중 26명 확보.
미국령 버진아일랜드 코커스 | 트럼프 승리
득표율 74.2%로 대의원 4명 중 4명 확보.
펜실베이니아주 | 해리스버그 | 트럼프 전미총기협회 대회 연설

24.2.10. **사우스캐롤라이나주 | 콘웨이 | 트럼프 유세**
나토 회원국이 돈을 내지 않을 경우 "회원국을 보호하지 않고 그들에게 원하는 대로
하라고 부추기겠다(I would not protect you. In fact, I would encourage them to
do whatever the hell they want)"는 나토 헌장 5조의 자동 개입 조항을 부정하는
발언으로 파문을 일으킴. 2024.2.18. J. D. 밴스 상원의원(이후 부통령 후보로 지명)은
독일 뮌헨 안보 회의에서 트럼프의 발언은 "유럽이 방위 문제에서 좀 더 자립해야
한다는 메시지"라고 변호하면서 독일 등 경제 강국의 적극적 역할을 주문함.

24.2.16. **뉴욕 맨해튼 지방법원 | 트럼프 사기 대출 의혹 인정, 3억 5,500만 달러 벌금 명령**
트럼프 항소. 당일 팜비치 마라라고 자택에서 기자회견 갖고 "선거 개입" 비난.

24.2.17. **미시간주 | 워터퍼드 타운십 | 트럼프 유세**

24.2.23. **사우스캐롤라이나주 | 록힐 | 트럼프 유세**
'미국 우선주의,' '바이 아메리칸(Buy American)'과 '하이어 아메리칸(Hire
American)'을 강조함.

24.2.24. **메릴랜드주 | 내셔널 하버 | CPAC 연설**

24.2.25. **미시간 프라이머리 | 트럼프 승리**
득표율 68.1%로 대의원 16명 중 12명 확보. 경선 일정 문제로 2024.2.25.
프라이머리와 2024.3.2. 코커스로 나누어 개최.
사우스캐롤라이나 프라이머리 | 트럼프 승리

득표율 59.8%로 대의원 50명 중 47명 확보.

| 24.2.29. | **텍사스주 | 이글 패스 | 트럼프 남부 멕시코 국경 방문** |

24.3.1.　　**폭스뉴스 인터뷰**

진행자 숀 해너티, 임신 15주 이후 낙태 금지 추진 가능성 시사함.

24.3.2.　　**노스캐롤라이나주 | 그린즈버러 | 트럼프 유세**

미시간 코커스 | 트럼프 승리

득표율 97.8%로 대의원 39명 중 39명 확보.

미주리 코커스 | 트럼프 승리

득표율 100.0%로 대의원 54명 중 54명 확보.

버지니아주 | 리치먼드 | 트럼프 유세

아이다호 코커스 | 트럼프 승리

득표율 84.9%로 대의원 32명 중 32명 확보.

24.3.3.　　**워싱턴 DC 프라이머리 | 헤일리 승리**

득표율 33.2%로 대의원 19명 중 0명 확보. 헤일리는 62.9%로 19명 확보.

24.3.4.　　**노스다코타 코커스 | 트럼프 승리**

득표율 84.6%로 대의원 29명 중 29명 확보.

연방대법원 | 트럼프 대선 자격 유지 판결

2023.12.19. '내란에 가담한 자는 공직을 맡을 수 없다'는 수정헌법 14조를 근거로 4:3
판결함. 2024.3.4. 연방대법원, 콜로라도주 대법원 판결 뒤집고 만장일치로 트럼프의
출마 자격 유지를 인정함(헌법은 개별 주에 연방 업무에 출마하는 대선 후보의 자격
박탈권을 허락하지 않음). 트럼프 팜비치 마러라고 자택에서 기자회견.

24.3.5.　　**노스캐롤라이나 프라이머리 | 트럼프 승리**

득표율 73.9%로 대의원 78명 중 53명 확보, 트럼프 슈퍼 화요일 압승. 2024.3.6.
니키 헤일리 사퇴, 트럼프 지지 유보.

매사추세츠 프라이머리 | 트럼프 승리

득표율 59.9%로 대의원 40명 중 40명 확보.

메인 프라이머리 | 트럼프 승리

득표율 72.7%로 대의원 20명 중 20명 확보.

미네소타 프라이머리 | 트럼프 승리

득표율 69.0%로 대의원 39명 중 27명 확보.

버몬트 프라이머리 | 헤일리 승리
득표율 46.5%로 대의원 17명 중 8명 확보. 헤일리가 59.1%로 9명 확보.

버지니아 프라이머리 | 트럼프 승리
득표율 63.1%로 대의원 48명 중 33명 확보.

아칸소 프라이머리 | 트럼프 승리
득표율 76.9%로 대의원 40명 중 40명 확보.

앨라배마 프라이머리 | 트럼프 승리
득표율 83.2%로 대의원 50명 중 50명 확보.

앨라스카 프라이머리 | 트럼프 승리
득표율 87.6%로 대의원 29명 중 29명 확보.

오클라호마 프라이머리 | 트럼프 승리
득표율 81.8%로 대의원 43명 중 43명 확보.

워싱턴 프라이머리 | 트럼프 승리
득표율 76.4%로 대의원 43명 중 43명 확보.

유타 프라이머리 | 트럼프 승리
득표율 56.3%로 대의원 40명 중 40명 확보.

조지아 프라이머리 | 트럼프 승리
득표율 84.5%로 대의원 59명 중 59명 확보.

캘리포니아 프라이머리 | 트럼프 승리
득표율 79.2%로 대의원 169명 중 169명 확보.

콜로라도 프라이머리 | 트럼프 승리
득표율 63.5%로 대의원 37명 중 24명 확보.

테네시 프라이머리 | 트럼프 승리
득표율 77.3%로 대의원 58명 중 51명 확보.

텍사스 프라이머리 | 트럼프 승리
득표율 77.9%로 대의원 162명 중 141명 확보.

하와이 코커스 | 트럼프 승리
득표율 97.1%로 대의원 19명 중 19명 확보.

24.3.8.　**미국령 사모아 코커스 | 트럼프 승리**
득표율 100.0%로 대의원 9명 중 9명 확보.

24.3.9.　**조지아주 | 롬 | 트럼프 유세**
주요 내용은 (1) 바이든 국정연설 비판, (2) 여대생 레이큰 라일리 살인사건 관련 불법 이민자 vs. 미등록 이민자(undocumented immigran) 논쟁.

| 24.3.12. | **미시시피 프라이머리 | 트럼프 승리** |
| | 득표율 92.5%로 대의원 40명 중 40명 확보. |

| 24.3.15. | **북마리아나 제도 코커스** |
| | 득표율 90.1%로 9명 중 9명 확보. |

24.3.16.	**괌 코커스**
	득표율 100.0%로 9명 중 9명 확보.
	**오하이오주	데이턴 국제공항	트럼프 연설**
	'피바다' 발언으로 파문을 일으킴. 자동차 산업에 대한 주요 언급은 (1) 중국의
	멕시코산 자동차에 100% 관세를 부과함. (2) 본인이 낙선하면 (자동차 산업) 전체가
	피바다가 될 것이라고 함.
	**오하이오주	밴덜리아	트럼프 유세**
	이 유세를 마지막으로 4월 2일까지 법원 출석 등 사법 리스크 대응에 집중함.

24.3.19.	**애리조나 프라이머리**
	득표율 78.8%로 43명 중 43명 확보.
	오하이오 프라이머리
	득표율 79.2%로 명 78중 78명 확보.
	일리노이 프라이머리
	득표율 80.5%로 명 64중 64명 확보.
	캔자스 프라이머리
	득표율 75.5%로 명 39중 39명 확보.
	플로리다 프라이머리
	득표율 81.2%로 명 125중 125명 확보.

| 24.3.23. | **루이지애나 프라이머리** |
| | 89.8%로 47명 중 47명 확보. |

24.3.25.	**뉴욕 맨해튼 지방법원	트럼프 형사재판 첫 출석**
	2016년 대선 직전 전직 성인영화 배우 스토미 대니얼스와의 과거 성관계 폭로를
	막기 위해 '입막음 돈'을 지불한 뒤 그 비용과 관련된 회사 회계 기록을 조작한 혐의로
	기소됨. 총 34개의 혐의가 적용되었고 트럼프는 무죄를 주장함.

| 24.4.2. | **뉴욕 프라이머리** |
| | 득표율 81.2%로 91명 중 91명 확보. |

로드아일랜드 프라이머리

득표율 84.5%로 19명 중 17명 확보.

미시간주 | 그랜드 래피즈 | 트럼프 유세

자동차 산업 보호, 한국 일본과의 무역협정 재협상, 핵무기와 제3차 세계대전 가능성을 언급함.

위스콘신주 | 그린베이 | 트럼프 유세

위스콘신 프라이머리

득표율 79.2%로 41명 중 41명 확보.

코네티컷 프라이머리

득표율 77.9%로 28명 중 28명 확보.

24.4.12. **〈타임〉지 | 트럼프 인터뷰**

4월 27일 후속 전화 인터뷰, 4월 30일 인터넷판 게재. 주한미군 규모를 4만 명으로 언급함.

24.4.13. **펜실베이니아주 | 리하이 카운티 | 트럼프 유세**
펜실베이니아주 | 슈넥스빌 | 트럼프 유세

이란의 이스라엘 보복 공습 다음 날 열린 유세에서 "미국이 나약함을 보였기 때문에(because we show great weakness)" 공격받았다고 주장하며 "힘을 통한 평화(peace through strength)"를 다시 실현하겠다고 공약함.

24.4.15. **뉴욕 맨해튼 지방법원 | 트럼프 형사재판 출석**

24.4.20. **와이오밍 프라이머리**

득표율 100.0%로 29명 중 29명 확보.

24.4.21. **푸에르토리코 프라이머리**

득표율 96.2%로 23명 중 23명 확보.

24.4.23. **뉴욕 트럼프 타워 | 아소 다로 일본 전 총리 면담**
펜실베이니아 프라이머리

득표율 82.8%로 67명 중 62명 확보.

24.5.1. **미시간주 | 프리랜드 | 트럼프 유세**
위스콘신주 | 워키쇼 | 트럼프 유세

24.5.7.　　　**인디애나 프라이머리**
득표율 78.3%로 58명 중 58명 확보.

24.5.10.　　　**뉴햄프셔주 | 맨체스터 | 트럼프 타운 홀**
CNN 케이틀란 콜린스 진행, 러시아-우크라이나 전쟁 종전과 푸틴 전범 문제 언급.

24.5.11.　　　**뉴저지주 | 와일드우드 | 트럼프 유세**
주요 내용은 (1) 주한미군 방위비 분담금 증액 필요성 제기함. (2) 전기차 의무화
정책을 비판하고 자동차 산업 보호를 약속함. (3) 10·7 관련 이스라엘 지지를 천명함.

24.5.14.　　　**네브래스카 프라이머리**
득표율 79.9%로 36명 중 36명 확보.
메릴랜드 프라이머리
득표율 78.3%로 37명 중 37명 확보.
웨스트버지니아 프라이머리
득표율 88.4%로 32명 중 32명 확보.

24.5.17.　　　**미네소타주 | 세인트 폴 | 트럼프 '미네소타 공화당 연례 만찬' 연설**

24.5.18.　　　**텍사스주 | 댈러스 | 트럼프 전미총기협회 연례회의 연설**

24.5.21.　　　**오리건 프라이머리**
득표율 91.6%로 31명 중 31명 확보.
켄터키 코커스
85.0%로 46명 중 46명 확보.

24.5.23.　　　**뉴욕 브롱크스 | 트럼프 유세**

24.5.25.　　　**워싱턴 DC | 트럼프 '자유지상당 전당대회' 연설**

24.5.30.　　　**뉴욕 맨해튼 형사법원 | 트럼프 유죄 평결**
포르노 배우 스토미 대니얼스에게 성관계 사실을 함구하는 대가로 13만 달러를 준 뒤
'법률 비용'으로 회계 처리한 혐의. 형량 선고는 7월 11일→9월 18일→11월 26일로 연기됨.

24.6.4.　　　**뉴멕시코 프라이머리**
득표율 84.5%로 22명 중 22명 확보.

뉴저지 프라이머리

득표율 96.7%로 12명 중 12명 확보.

몬태나 프라이머리

득표율 90.9%로 31명 중 31명 확보.

24.6.9.　　**네바다주 | 라스베이거스 | 트럼프 유세**

24.6.14.　　**플로리다 | 웨스트 팜비치 | 트럼프 유세**

트럼프 팬클럽 '클럽 47 USA' 주최.

4.6.15.　　**미시간주 | 디트로이트 | 트럼프 '국민 전당대회' 연설**

백인 우월주의자들의 보수 우익단체 '터닝 포인트 액션' 주최.

미시간주 | 디트로이트 | 트럼프 라운드테이블 대담

흑인 교회 주최.

24.6.18.　　**위스콘신주 | 러신 | 트럼프 유세**

24.6.22.　　**워싱턴 DC | 트럼프 '신앙과 자유 연합 컨퍼런스' 연설**

펜실베이니아주 | 필라델피아 | 트럼프 유세

24.6.27.　　**CNN | 트럼프-바이든 TV 토론**

24.6.28.　　**버지니아주 | 체서피크 | 트럼프 유세**

바이든이 김정은, 푸틴, 시진핑 등을 "위에 서본 적(at the top of his game)"이 없으며 "외국의 지도자들에게 존경받지 못한다(Foreign leaders don't respect him)"고 비난한 것을 지적함.

24.7.9.　　**플로리다주 | 도럴 | 트럼프 유세**

24.7.13.　　**펜실베이니아주 | 버틀러 | 트럼프 1차 암살 미수**

24.7.18.　　**위스콘신주 | 밀워키 | 공화당 전당대회 4일 차 트럼프 수락 연설**

24.7.20.　　**미시간주 | 그랜드 래피즈 | 트럼프-밴스 공동 유세**

암살 미수 사건 이후 첫 군중 집회. 밴스와의 첫 공동 유세로, 다음과 같은 계획을 밝힘. (1) 자동차의 미국 생산을 장려함. (2) 외국산 자동차 및 기타 수입품에 최대

200~400%의 관세를 부과함. (3) 취임 첫날 바이든의 '전기차 의무화' 정책을 폐지함. (3) 에너지 시추를 통해 에너지 독립성을 확보함. (4) 불법 이민을 막기 위해 미국 역사상 최대 규모의 추방 작전을 실시함. (5) 사회보장 및 메디 케어에서 연금 삭감이나 은퇴 연령 인상이 없도록 함. (6) 인프라 투자로 미국 도시를 재건함. (7) 당일 투표, 종이 투표용지, 엄격한 유권자 신분증 법안을 추진함. (8) 아이언 돔 방어 시스템을 구축하고 군사력을 재건함. (9) 수정헌법 2조의 권리를 수호하여 표현의 자유를 보장함. (10) 인플레이션을 해소하고 경제 성장을 회복함. (10) 중국에 대한 최혜국대우(MFN)를 박탈하고 불공정한 무역에 상호 관세를 적용함.

24.7.23.	**트럼프 '국경 안보 텔레컨퍼런스' 연설**
24.7.24.	**노스캐롤라이나주 | 샬롯 | 트럼프 유세**
24.7.26.	**플로리다주 | 웨스트 팜비치 | 트럼프 '터닝 포인트 빌리버즈 서밋' 연설**
24.7.27.	**미네소타주 | 세인트 클라우드 | 트럼프-밴스 공동 유세**

24.7.31. **일리노이주 \| 시카고 \| 트럼프 전미흑인언론인협회(NABJ) 대담**
펜실베이니아주 \| 해리스버그 \| 트럼프 유세

24.8.3. **조지아주 \| 애틀랜타 \| 트럼프-밴스 공동 유세**

24.8.6. **플로리다주 \| 팜비치 마러라고 자택 \| 에이딘 라이브**
(1) 김정은 일화(리틀 로켓맨), (2) 시진핑 주석 일화 언급함.

24.8.8. **플로리다주 \| 팜비치 마러라고 자택 \| 트럼프 기자회견**
김정은·미중 관계 언급.

24.8.9. **몬태나주 \| 보즈먼 \| 트럼프 유세**

24.8.14. **노스캐롤라이나주 \| 애슈빌 \| 트럼프 유세**
경제, 에너지, 주택 가격, 물가 관리, 멕시코 잔류(Remain in Mexico) 등 국내 문제에 집중함.

24.8.15. **뉴저지주 \| 베드민스터 트럼프 내셔널 골프 클럽 \| 트럼프 '반유대주의 반대 이벤트' 연설·기자회견**

24.8.17.	**펜실베이니아주	윌크스배리	트럼프 유세**

24.8.19. **펜실베이니아주 | 요크 | 트럼프 유세**

24.8.20. **미시간주 | 하웰 | 트럼프 유세**

24.8.21. **노스캐롤라이나주 | 애슈버러 | 트럼프-밴스 공동 유세**

24.8.22. **애리조나주 | 몬테주마 패스 | 트럼프 국경 지대 방문**

24.8.23. **네바다주 | 라스베이거스 | 트럼프 유세**
로버트 케네디 주니어 후보 사퇴, 트럼프 지지.
애리조나주 | 글렌데일 | 트럼프 유세

24.8.26. **미시간주 | 디트로이트 | 트럼프 미국방위군협회 연설**

24.8.29. **미시간주 | 포터빌 | 트럼프 연설**
위스콘신 | 라크로스 | 트럼프 타운 홀
털시 개버드 진행.

24.8.30. **워싱턴 DC | 트럼프 '맘스 포 리버티 컨퍼런스' 대담**
펜실베이니아 | 존스타운 | 트럼프 연설
주요 내용은 (1) 성조기를 불태우면 1년의 징역형에 처함. (2) 엄격한 국경 통제를
약속함. (2) 인플레이션과 경제 문제 해결을 공약함. (3) 언론의 편향 보도 비판함.
(4) 선거 공정성에 대한 우려를 피력함. (5) 김정은과의 일화를 소개하고 북·중·러를
관리할 수 있는 지도자는 자신뿐임을 강조함.

24.9.5. **뉴욕 | 트럼프 '뉴욕 경제인 클럽' 대담**

24.9.6. **노스캐롤라이나주 | 샬럿 | 트럼프 '노스 캐롤라이나 가톨릭 경관의 모임' 연설**
뉴욕 | 트럼프 기자회견
주요 내용은 (1) 수입사 자동차에 고관세 부과함. (2) 새로운 규제 1건당 10개의 기존
규제 폐지함. (3) 미국 내 제조업 기업에 대한 법인세율 15%로 인하함. (4) 규제 개혁
태스크포스(위원장 일론 머스크)를 구성함.

24.9.7. **위스콘신주 | 모시니 | 트럼프 유세**

위스콘신주 공화당 상원의원 후보 에릭 호브데(Eric Hovde) 찬조 연설.

24.9.10. **ABC | 트럼프-해리스 TV 토론**

24.9.11. **뉴욕 | 트럼프 9·11 23주기 추도식 연설**

24.9.12. **애리조나 | 투손 | 트럼프 유세**
9월 10일의 ABC TV 토론을 평가하고 오하이오주 스프링필드의 아이티 이민자
문제를 재차 언급함.

24.9.13. **네바다주 | 라스베이거스 | 트럼프 유세**
해리스에게는 "계획도 정책도 없다"면서 '공산주의자'라고 비난함.
캘리포니아주 | 로스앤젤레스 인근 | 트럼프 기자회견
9월 10일의 ABC TV 토론을 평가함.

24.9.15. **플로리다주 | 웨스트 팜비치 트럼프 인터내셔널 골프 코스 | 트럼프 2차 암살 미수**

24.9.17. **미시간주 | 플린트 | 트럼프 타운 홀**
진행자 세라 허커비 샌더스(Sarah Huckabee Sanders) 아칸소 주지사·전 백악관
언론비서관 진행. 미국 경제, 미시간주의 자동차 산업, 두 번째 암살 미수 사건에 대해
언급함.

24.9.18. **뉴욕 | 롱아일랜드 유니온데일 | 트럼프 유세**
"도널드 트럼프에게 투표하십시오. 그래서 잃을 게 뭐가 있습니까?(Vote for Donald
Trump, what the hell do you have to lose?)"라면서 지지를 호소하고 경제와 이민
정책을 강조함.

24.9.19. **워싱턴 DC | 트럼프 '반유대주의 배격 행사' 연설**
워싱턴 DC | 트럼프 '이스라엘 미국 위원회(IAC) 컨퍼런스' 연설

24.9.21. **노스캐롤라이나주 | 윌밍턴 | 트럼프 유세**
손자 루크 트럼프, 손녀 캐롤라이나 트럼프 소개. 주요 내용은 (1) 불법 이민자와 '성소
도시' 문제를 제기함. (2) 중국산 제품에 대한 관세 부여를 공약함. (3) 스포츠계의
트랜스젠더 문제를 제기함. (4) CNN TV 토론 제안을 거부함.

24.9.23. **펜실베이니아주 | 스미스턴 | 트럼프 '농업 라운드테이블' 대담**

펜실베이니아주 | 인디애나 | 트럼프 유세

24.9.24.   **조지아주 | 사바나 | 트럼프 유세**
주요 내용은 (1) 일본의 유에스스틸 인수를 반대함. (2) 러시아-우크라이나 전쟁 종전
(푸틴, 젤렌스키, 제3차 대전 위기, 전기 탱크 반대 언급). (3) 감세 의지 피력하고
해리스를 '세금의 여왕(Tax Queen)'으로 명명함.

24.9.25.   **노스캐롤라이나주 | 민트 힐 | 트럼프 유세**
경제 문제 해결과 러시아-우크라이나 전쟁 종전 강조함.

24.9.26.   **뉴욕 트럼프 타워 | 트럼프 기자회견**
해리스의 애리조나주 더글러스 미국-멕시코 국경 지대 방문과 에릭 애덤스 뉴욕시장
기소에 대해 언급함.

24.9.27.   **뉴욕 트럼프 타워 | 트럼프-젤렌스키 회담**

24.9.28.   **미시간주 | 워런 | 트럼프 타운 홀 대담**
마샤 블랙번(Marsha Blackburn) 테네시주 상원의원 진행. 수입품에 대한 고관세
부과와 연방 법인세율을 15%로 인하할 것을 공약함.

24.9.28.   **위스콘신주 | 프레리 두신 | 트럼프 유세**

24.9.29.   **펜실베이니아주 | 이리 | 트럼프 유세**
펜실베이니아주 상원의원 후보인 데이비드 매코믹 찬조 연설. 주요 내용은 (1) 취임
첫해에 에너지와 전기 요금 50% 인하를 약속함. (2) 환경 문제는 "역사상 가장 큰
사기 중 하나"라고 말함. (3) 해리스 당선 시 1억 5천만에서 2억 명의 불법 입국이
예상된다고 말함.

24.9.30.   **조지아주 | 에반스 | 트럼프 '허리케인 헬렌 수해 복구' 기자회견**

24.10.1.   **CBS | 밴스-월즈 부통령 후보 TV 토론**
위스콘신주 | 밀워키 | 트럼프 유세
위스콘신주 | 와우나키 | 트럼프 유세

24.10.3.   **미시간주 | 새기노 | 트럼프 유세**
미국 내 생산을 늘리기 위한 인센티브 약속하고 유에스스틸 일본 매각 반대함.

24.10.5. **노스캐롤라이나주 | 파이에트빌 | 트럼프 타운 홀 대담**

애나 폴리나 루나 플로리다주 하원의원 진행.

펜실베이니아주 | 버틀러 | 트럼프 유세

암살 미수 현장 재방문, 유에스스틸 일본 매각 반대. J. D. 밴스 후보, 일론 머스크 찬조 연설.

24.10.6. **위스콘신주 | 주노 | 트럼프 유세**

플로리다주 | 마이애미 | 트럼프 '10·7 추도식' 연설

24.10.7. **휴 휴잇 쇼 | 트럼프 인터뷰**

이란 핵 개발에 대해 언급하면서 북한은 이미 핵무기가 있다, 핵을 이미 가진 나라와는 달리 이야기하게 된다고 언급함.

24.10.9. **펜실베이니아주 | 리딩 | 트럼프 '터닝 포인트 빌리버즈 서밋' 유세**

경제, 국경 안보, 이민 정책 언급.

펜실베이니아주 | 스크랜턴 | 트럼프 유세

김정은 '리틀 로켓맨', 미중 관계, 전기차 언급.

24.10.10. **미시간주 | 디트로이트 | 트럼프 '미시간주 디트로이트 경제인 클럽' 대담**

(1) 한미 FTA, 김정은(리틀 로켓맨), (2) 아베 신조와의 일화(미일 무역 재협상), (3) 일본의 유에스스틸 인수 반대, (4) 미국 자동차 산업의 보호를 언급함.

24.10.11. **네바다주 | 르노 | 트럼프 유세**

메디 케어/메이케이드 인슐린 약가 35달러로의 인하는 자신의 공적이라 주장함.

콜로라도주 | 오로라 | 트럼프 유세

불법 이민 단속 계획인 '오로라 작전'을 발표하고 불법 이민자 대량 추방을 위한 '1798 적성국민법' 발동을 공약함. 불법 이민자의 미국 재입국 시 가석방 없는 10년 징역형과 미국 시민을 살해한 불법 이민자에게 사형 적용을 약속함.

24.10.12. **캘리포니아주 | 코첼라 | 트럼프 유세**

24.10.13. **애리조나주 | 프레스콧 밸리 | 트럼프 유세**

24.10.14. **펜실베이니아주 | 오크스 | 트럼프 타운 홀 대담**

크리스티 놈(Kristi Noem) 사우스다코타 주지사 진행. 청중의 질문에 답변하고 러시아-우크라이나 전쟁을 끝내겠다고 강조함.

플로리다주 | 도럴 | 트럼프 '10·7 추도식' 연설

이스라엘-하마스 전쟁 종전 언급.

24.10.15. **PBD 팟캐스트 | 트럼프 대담**

이란 출신 사업가 패트릭 벳-데이비드 진행, 딥 스테이트의 '비정형' 형체에 대해 묘사함.

일리노이주 | 시카고 | 트럼프 '시카고 경제인 클럽' 대담

블룸버그 뉴스 편집장 존 미클스웨이트(John Micklethwait) 진행. (1) 트럼프 공약이 국가 부채에 미칠 영향, (2) 트럼프 관세가 미국 물가에 미칠 영향, (3) 2021년 1월 6일 미국 국회의사당 공격에 대한 입장, (4) 퇴임 후 블라디미르 푸틴 러시아 대통령과 통화했는지에 대해 질문받고 답변함.

조지아주 | 애틀랜타 | 트럼프 유세

24.10.16. **일리노이주 | 시카고 | 트럼프 '시카고 경제인 클럽' 대담**

주요 내용은 (1) 방위비 분담금 인상, '머니 머신' 등 한미 동맹 언급함. (2) 아베 신조, 미일 무역 재협상 등 미일 동맹 언급함. (3) 무역 적자, 개도국 지위 등 미중 관계 언급함. (4) 미국 철강 산업 보호 의지 천명함.

24.10.17. **뉴욕 | 트럼프 '앨 스미스 만찬' 연설**

'적진'에 해당하는 로마 가톨릭 뉴욕 대교구의 자선 단체 후원 만찬에서 연설. 코미디언 짐 개피건(Jim Gaffigan) 진행. 2024년 대선에 대한 소회를 밝힘. 해리스는 1984년 몬데일 이후 40년 만에 민주당 대선 후보로서는 처음으로 불참하고 영상 메시지를 보냄.

24.10.18. **미시간주 | 디트로이트 | 트럼프 유세**

미시간주 | 오번 힐스 | 트럼프 라운드테이블 대담

미시간주 상원의원 후보 바이런 도널즈(Byron Donalds) 참석. 선거에 대한 우려와 주요 이슈에 대한 청중의 의견 청취함.

미시간주 | 오클랜드 카운티 | 트럼프 유세

24.10.20. **펜실베이니아주 | 라트로브 | 트럼프 유세**

펜실베이니아주 | 랭캐스터 | 트럼프 타운 홀 대담

방송인 페이지 스틸(Paige Steele).

24.10.21. **노스캐롤라이나주 | 그린빌 | 트럼프 유세**

벤 카슨(Ben Carson) 전 주택도시개발부 장관 지지 연설.

24.10.22. **노스캐롤라이나주 | 그린즈버러 | 트럼프 유세**

주요 내용은 (1) 허리케인 피해 지역 언급. (2) 물가 상승 해결, 국경 관리, 미국의 꿈 복구를 약속함. (3) 제조업 일자리 복원 및 미국 내 생산 독려함. (4) 불법 이민 문제와 국경 통제 강화를 약속함. (5) 11월 5일 중간선거에서 공화당 지지 촉구함. (6) 푸틴, 시진핑, 김정은과의 일화(핵 개발, 취미 생활과 오바마 평가) 언급함.

플로리다주 | 마이애미 | 트럼프 '라틴계 라운드테이블' 대담

(1) 남부 국경 문제, (2) 자동차 생산, (3) 에너지 정책 문제에 대해 대담하고 "이번 선거에서 패배하면 이 나라가 없어질지 모른다(If we lose this election, we may not have a country anymore)"고 주장함.

24.10.23. **조지아주 | 덜루스 | 트럼프 유세**

조지아주 | 제불론 | 트럼프 '기독교인과 투표' 타운 홀 대담

버트 존스 주지사 지지 연설. 질의응답 방식으로 (1) 국경 안보, (2) 외교정책, (3) 조기 투표에 대해 대담함.

24.10.24. **네바다주 | 라스베이거스 | 트럼프 유세**

털시 개버드 전 민주당 하원의원 참석. 주요 내용은 (1) 바이든 행정부의 국경정책을 비판함. (2) 러시아-우크라이나 전쟁, 이스라엘-하마스 전쟁 문제를 비판함. (3) 에너지 독립을 강조함.

애리조나주 | 템피 | 트럼프 유세

주요 내용으로 (1) 역대 최대 규모의 불법 이민자 추방 프로그램 실시를 약속함. (2) 살인죄로 유죄 판결을 받은 불법 이민자에 대한 사형 집행을 촉구함.

24.10.25. **미시간주 | 트래버스 시티 | 트럼프 유세**

딕 체니 전 부통령의 지지를 받는 해리스를 무슬림이나 아랍인이 지지해서는 안 된다고 주장함.

텍사스주 | 오스틴 | 트럼프 유세

주요 내용으로 (1) 베네수엘라 불법 이민자에 살해된 딸의 어머니 알렉시스 눈가레이(Alexis Nungaray) 지지 연설과 함께 이민 제도 개혁을 약속함. (2) 시민권을 입증하지 못한 사람을 대상으로 한 버지니아주 유권자 명부 삭제를 금지한 연방 판사의 결정을 비난함.

24.10.26. **미시간주 | 노비 | 트럼프 유세**

주요 내용은 (1) 미시간의 자동차 산업 부흥을 약속함. (2) 불법 이민 문제 해결을 약속함.

24.10.27. **뉴욕 매디슨 스퀘어 가든 | 트럼프 유세**
멜라니아 트럼프가 무대에 함께 등장. 일론 머스크, 헐크 호건 지지 연설. 주요 내용은 (1) 기존의 감세안에 추가해 '가족 간병인을 위한 세금 공제' 공약함. (2) 미국 시민을 살해하는 이민자에 대한 사형 선고를 약속함.

24.10.28. **조지아주 | 애틀랜타 | 트럼프 '내셔널 페이스 서밋' 대담**
(1) 어린 시절의 경험과 신앙의 의미, (2) 암살 미수 사건이 신앙에 미친 영향, (3) 이스라엘 내 미 대사관 이전, (4) 가족에 대한 조언 등을 주제로 대화함.

24.10.28. **조지아주 | 애틀랜타 | 트럼프 유세**

24.10.29. **펜실베이니아주 | 드렉셀 힐 | 트럼프 유세**
국경 안보 강화와 불법 입국자 강제 추방을 공약함.
펜실베이니아주 | 앨런타운 | 트럼프 라운드테이블 대담
플로리다주 | 팜비치 마러라고 자택 | 트럼프 회견
매디슨 스퀘어 가든 유세를 '사랑이 충만한 축제(An absolute lovefest)'로 평가함.

24.10.30. **노스캐롤라이나주 | 록키 마운트 | 트럼프 유세**
바이든의 트럼프 지지자에 대한 '쓰레기' 비하 논란을 규탄하며 2016년 힐러리 클린턴의 "개탄스러운 사람들(a basket of deplorables)"이라는 발언과 비교함.
위스콘신주 | 그린베이 | 트럼프 유세
주요 내용으로 (1) 이민, (2) 국경 안보, (3) 법 집행, (4) 바이든의 트럼프 지지자에 대한 '쓰레기' 비하 논란에 대해 언급함.

트럼프의 사람들 (과거)

매티스, 짐 Jim Mattis (1950~) 전 국방장관

워싱턴주 풀먼 출신. 1971 센트럴 워싱턴대 학사. 2010.8.11. ~ 2013.3.22. 미군
중부사령부(CENTCOM) 사령관. 2013 4성 장군으로 은퇴. 2017.1.20. ~ 2019.1.1.
트럼프 행정부 국방장관. [NATO와 동맹국들의 협력 강조, 시리아에서의 미군 철수
반대 등으로 트럼프와 대립함. "ISIS에 패배할 후임 국방장관을 찾아야 할 것"이라는
말과 함께 사임함. 트럼프가 붙인 별명은 군 시절 별명인 '미친 개(Mad Dog)'이며,
"군사보다는 개인 홍보에 더 능했다"고 매티스를 비판한 바 있음.]

밀리, 마크 Mark Milley (1958~) 전 합참의장

매사추세츠주 윈체스터 출신. 1980 프린스턴대 학사. ROTC로 임관.
2019.10.1. ~ 2023.9.30. 합참의장. 2024 해리스 대선 캠프 광고 '최고의 사람들(The
Best People)'에 출연해 트럼프 비판. [4성 장군. 서방의 우크라이나 군사 지원을
진두지휘한 바이든의 수석 군사 고문.]

바, 윌리엄 William Barr (1950~) 전 법무장관

뉴욕 출신. 1971 컬럼비아대에서 학사. 1973 같은 대학 석사. 1977 조지 워싱턴대
로스쿨 법학 박사. 1991 조지 H. W. 부시 행정부 법무장관. 2019 트럼프 행정부
법무장관. 뮬러 보고서에 대한 요약 발표, 로저 스톤과 마이클 플린 사건에 대한 개입
등으로 논란 일으킴. 2020 대선 이후 트럼프의 선거 사기 주장에 동조하지 않아
트럼프의 불만을 초래함. 2024 대선에서는 트럼프가 바이든보다 나은 지도자가 될
것으로 생각한다면서 트럼프를 지지함. [트럼프는 바에 대한 과거의 조롱 발언을 일부
철회함.]

배넌, 스티브 Steve Bannon (1953~) 백악관 수석전략가

버지니아주 노퍽 출신. 1976 버지니아공대 학사. 1977~1983 공군 장교. 1983
조지타운대 외교학 석사. 하버드대 경영대학원 MBA. 1991~2016 할리우드 영화
제작자. 2007 극우매체 '브레이바트 뉴스' CEO. 2016 트럼프 대선 캠프 CEO.
2017.1.20. ~ 2017.8.18. 백악관 수석전략가. 2017.8.16. 진보 성향 온라인 매체
'아메리칸 프로스펙트'와의 인터뷰에서 북핵 문제에 대한 군사적 해법은 없으며
핵 개발 동결 대가로 주한미군 철수를 고려할 수 있다고 주장하여 경질됨. 2020
국경 장벽 모금을 가로챈 혐의로 기소되었지만 트럼프 대통령의 사면을 받음.
2021.11.12. 의사당 난동 사태(2020.1.6.)와 관련해 하원 특별조사위원회의 출석

요구에 불응했다는 이유로 의회 모독 혐의로 기소됨. [트럼프가 붙인 별명은 '교활한 스티브(Sloppy Steve)'.]

볼턴, 존 John Bolton (1948~) 전 국가안보보좌관

메릴랜드주 볼티모어 출신. 1970 예일대 학사. 1971~1974 예일대 로스쿨 법학 박사. 2001.5.11. ~ 2005.7.31. 조지 W. 부시 행정부 국무부 군축관리, 국제안전보장담당 차관. 2005.8.2. ~ 2006.12.31. 조지 W. 부시 행정부 주유엔대표부 미국 대사. 2018.4.9. ~ 2019.9.10. 백악관 국가안보보좌관. 2020 회고록(*The Room Where It Happened*)을 내고 트럼프가 외국 정상들로부터 정치적 이익을 추구했다고 주장함. 2024 해리스 대선 캠프 광고 '최고의 사람들(The Best People)'에 출연해 트럼프 비판. [아프가니스탄 탈레반과의 평화 협상, 시리아 주둔 미군 철수 문제, 북한과의 협상 방식을 놓고 트럼프와 대립함. 트럼프가 붙인 별명은 '전쟁광(warmonger)'.]

세션스, 제프 Jeff Sessions (1946~) 전 법무장관

앨라배마주 셀마 출신. 1969 헌팅던 칼리지 학사. 1973 앨라배마대 로스쿨 법학 박사. 1975 연방검사. 1995~1997 앨라배마주 법무장관. 1997~2017 앨라배마주 상원의원. 2017.2.9. ~ 2018.11.7. 트럼프 행정부 법무장관. 2016 러시아 선거 개입 수사에서 자신을 회피(recusal)하여 트럼프의 분노를 샀고, 2018 트럼프 요청으로 사임함. [트럼프는 세션스를 '겁쟁이(coward)'로 부름.]

에스퍼, 마크 Mark Esper (1964~) 전 국방장관

펜실베이니아 유니언 타운 출신. 레바논계 미국인. 1986 웨스트포인트 육군사관학교 졸업. 1995 하버드대 케네디스쿨 석사. 2008 조지 워싱턴대 공공정책학 박사. 걸프전 참전. 2017.11.20. ~ 2019.7.23. 트럼프 1기 육군 장관. 2019.7.23. ~ 2020.11.9. 국방장관. 2020 조지 플로이드 시위 당시 트럼프가 군 투입을 요구하자 반대하여 트럼프와 갈등을 빚음. 대선 패배 직후 경질됨. 2022 회고록(*A Sacred Oath*)에서 트럼프가 여러 차례 군사적 조치를 부적절하게 제안했다고 폭로함. 2024 해리스 대선 캠프 광고 '최고의 사람들(The Best People)'에 출연해 트럼프 비판. [트럼프가 붙인 별명은 '예스퍼(Yesper)'.]

켈리, 존 John F. Kelly (1950~) 전 백악관 비서실장

매사추세츠주 보스턴 출신. 1970 해병대 입대. 1976 매사추세츠대 보스턴 캠퍼스 학사. 조지타운대, 국방대 석사. 2012.11.19. ~ 2016.1.16. 남부사령부 사령관. 4성 장군. 2017.1.20. ~ 2017.7.31. 국토안보부 장관. 2017.7.31. ~ 2019.1.2. 백악관 비서실장. 2023.11.20. 트럼프의 지지율 급등을 이해할 수 없다고 비판함.

틸러슨, 렉스 Rex Tillerson (1952~) 전 국무장관

텍사스주 위치타 폴스 출신. 1975 텍사스대 오스틴 토목공학 학사. 2006 엑슨모빌
회장. 2017 트럼프 행정부 국무장관(파리 기후협약, 이란 핵협정과 북한 문제에서
트럼프와 이견을 보임). 2018 트럼프가 트위터로 틸러슨을 해임함. [2018.12.
틸러슨이 공개 연설에서 트럼프를 '제멋대로(pretty undisciplined)'라고 표현하자
트럼프는 틸러슨을 '돌대가리(dumb as a rock)'라거나 '게으름뱅이(lazy as hell)'로
맞대응했음.]

펜스, 마이크 Mike Pence (1959~) 전 부통령

인디애나주 콜럼버스 출신. 1981 해노버 칼리지 역사학 학사. 1986 인디애나대
로버트 H. 맥키니 로스쿨 법학 박사. 2001~2013 연방 하원의원. 2013~2017
인디애나 주지사. 2017~2021 부통령. 2020 대선 결과를 뒤집지 않고 인증하면서
트럼프와의 갈등 심화. 2024 해리스 대선 캠프 광고 '최고의 사람들(The Best
People)'에 출연해 트럼프 비판. [트럼프가 1·6 의회 난입 사태 때 붙인 별명은
'겁쟁이(wimp)'이며, 트럼프 선거 캠프는 '배신자'라는 의미에서 '유다 펜스(Judas
Pence)'로 부름.]

폼페이오, 마이크 Mike Pompeo (1963~) 전 국무장관

캘리포니아주 오렌지 출신. 1986 웨스트포인트 육군사관학교 수석 졸업(기계공학
학사). 미군 기갑 장교 복무. 1994 하버드대 로스쿨 법학 박사(*Harvard Law Review*
편집진 역임). 2011~2017 캔사스주 4지역구 연방 하원의원. 2017~2018 CIA 국장.
2018~2021 국무장관. 트럼프의 정책을 강력히 지지하며 북한, 이란, 중국과 관련된
외교 문제에서 주도적인 역할을 함. 2020 현직 국무장관 신분으로 트럼프 지지 연설.
트럼프와는 전반적으로 긍정적인 관계를 유지했으나 2024 선거에서 공개적으로
지지하지 않음.

트럼프의 사람들 (현재)

그레넬, 리처드 Richard Grenell (1966~) 전 주독일 미국대사

캘리포니아 출신. 에반스빌대 학사. 하버드 케네디스쿨 석사. 2001~2008
주유엔 미국대표부 대변인. 2018.5.8.~2020.6.1. 주독일 미국대사.
2020.2.20.~2020.5.26. 국가정보국(DNI) 국장(미국 최초의 공개 성소수자
장관급 인사). 2019.10.4.~2021.1.20. 세르비아 코소보 평화협상 특사. 2024.7.18.
공화당 전당대회 후 열린 외신기자회견에서 "전 세계 어떤 클럽도 자기 책임을 지지
않고는 그 시설을 회원 자격으로 사용할 수 없다"며 동맹국의 안보 관련 책임 공유
촉구. [트럼프의 외교 정책을 옹호하고, 특히 유럽과의 관계 조정에서 중요한 역할을
담당함. 트럼프 2기 국무장관, 백악관 국가안보좌관 후보.]

나바로, 피터 Peter Navarro (1949~) 전 백악관 무역제조업정책국장

매사추세츠주 케임브리지 출신. 1972 터프스대 학사. 1972~1975 태국 주재
평화봉사단원. 1979 하버드대 행정대학원 석사. 1986 하버드대 경제학 박사.
1989~2017 UC 어바인 경제학과 교수. 2017~2021 백악관 무역제조업정책국장.
2017.3.6. 워싱턴 DC에서 열린 '전미실물경제협회(NABE) 총회'에서
삼성전자·LG전자가 세탁기에 관세를 부과하자 베트남·태국 생산물량을 미국 수출로
돌리는 '무역 눈속임(trade cheating)'을 했다고 비판. 2024.3.19.~2014.7.17. 1·6
사태와 관련, 의회 청문회 소환을 거부하고 의회 모독죄로 기소되어 1심에서 징역
4개월을 선고받고 복역함. 2024.7.16. 트럼프 2기의 경제 정책을 해설한 책 *The New
MAGA Deal*을 출간함.

노엄, 크리스티 Kristi Noem (1971~) 사우스다코타 주지사

사우스다코타주 워터타운 출신. 2012 사우스다코타 주립대 정치학 학사.
2011~2019 사우스다코타주 연방 하원의원. 2019~현재 사우스다코타 최초의 여성
주지사. [보수적 정책과 트럼프 행정부의 어젠다를 강력히 지지하는 인물. 부통령
후보.]

라마스와미, 비벡 Vivek Ganapathy Ramaswamy (1985~)

오하이오주 신시내티 출신. 인도계. 2007 하버드대 생물학 학사. 2013 예일대 법학
박사(JD). 2007~2014 QVT 파이낸셜 헤지펀드 파트너. 2014~2021 로이반트
사이언스 CEO. 2023 공화당 대선 경선 출마. 2024.1. 아이오와 코커스에서 후보
사퇴 후 트럼프 지지. [부통령·국토안보부 장관 후보.]

라시비타, 크리스 Chris LaCivita (1966~) 공동선거대책위원장

1989 버지니아 커먼웰스대 학사. 해병대 걸프전 참전 용사. '퍼플 하트' 수훈자. 정치
컨설턴트. 대선 캠페인 메시지, 예산, 유세 조직 등을 총괄. 2022 트럼프 대선 캠프
합류. [트럼프 핵심 측근 6인방 멤버.]

라이트하이저, 로버트 Robert Lighthizer (1947~) 전 미국무역대표부(USTR) 대표

오하이오주 애슈터뷸라 출신. 1969 조지타운대 학사. 1973 같은 대학 법학 박사.
1983~1985 무역대표부 부대표. 2017~2021 무역대표부 대표. [트럼프의 평가가
일관되게 높은 보호무역주의자. 재무장관 후보.]

랫클리프, 존 John Ratcliffe (1965~) 전 국가정보국(DNI) 국장

텍사스주 히스 출신. 1987 노터데임대 행정학·국제관계학 학사. 1989 서던
메소디스트대 로스쿨 법학 박사. 텍사스 연방 검사. 2004.6.14. ~ 2012.5.14.
텍사스주 히스 시장. 2015.1.3. ~ 2020.5.22. 텍사스주 4구역 연방 하원의원.
2020.5.26. ~ 2021.1.20. DNI 국장. [2019년 탄핵 절차가 진행되는 동안 트럼프를
강하게 옹호함. 국무장관·국방장관·DNI 국장 후보.]

롤린스, 브룩 Brooke Rollins (1972~) 미국우선정책연구소(AFPI) 회장 & CEO

텍사스주 글렌 로즈 출신. 1994 텍사스 A&M대 학사. 텍사스대 로스쿨 법학 박사.
2003~2018 텍사스공공정책재단 회장·CEO. 2020.5.24. ~ 2021.1.20. 대통령
직속 국내정책위원회 국장. [트럼프의 싱크 탱크 AFPI 3인방 멤버.]

루비오, 마르코 Marco Rubio (1971~) 상원의원

플로리다주 마이애미 출신. 쿠바계. 1993 플로리다대 정치학 학사. 1996 마이애미대
로스쿨 법학 박사. 2011~현재 플로리다주 상원의원. 2016 경선 패배 후 트럼프를
지지했고 상원의원으로서 트럼프의 주요 정책을 지지함. 트럼프 행정부의 중남미
관련 정책에서 중요한 영향력을 행사함. 2024 대선에서 트럼프 지지. [2016 대선
경선 당시 트럼프가 루비오를 '리틀 마르코(Little Marco)'로 부름. 국무장관 후보.]

리, 마이크 Mike Lee (1971~) 상원의원

애리조나주 메사 출신. 1994 브리검 영대 정치학 학사. 1997 같은 대학 법학 박사.
2010~현재 유타주 연방 상원의원. 2016 대선에서 테드 크루즈 지지. 2020, 2024
대선에서 트럼프 지지. [헌법주의적 관점 옹호, 정부의 권한 제한과 규제 축소에
주력하는 보수주의자. 법무장관 후보.]

매카시, 케빈 Kevin McCarthy (1965~) 전 하원의장

캘리포니아주 베이커즈필드 출신. 1989 캘리포니아 주립대 베이커즈필드
경영학 학사. 1994 같은 대학 경영대학원 MBA. 2006~2023 연방 하원의원.
2023.1.~2023.10. 하원의장. 2024.5.22. 아시아리더십컨퍼런스 참석차 내한.
[트럼프의 초창기 지지자. 트럼프가 '우리 케빈(My Kevin)'으로 부를 정도로 친밀한
관계였음. 2021년 의사당 폭동 이후 트럼프를 비판하면서 사이가 멀어졌다가 다시
회복됨. 백악관 비서실장 후보.]

맥마혼, 린다 Linda McMahon (1948~) 전 중소기업청장

노스캐롤라이나주 뉴번 출신. 1969 이스트 캐롤라이나대 불어과 학사. 1980~2009
프로레슬링 WWE CEO. 2017.2.24.~2019.4.12. 중소기업청장. 2024
미국우선정책연구소(AFPI) 의장, 정권전환팀 공동의장. [트럼프의 싱크 탱크 AFPI
3인방 멤버.]

밀러, 제이슨 Jason Miller (1974/1975~) 대선 캠프 선임 고문

워싱턴주 에드먼즈 출신. 1997 조지 워싱턴대 정치학 학사. 2016 트럼프 대선 캠프
커뮤니케이션 담당 선임 고문. 2016 트럼프 인수위 참여. 2020 트럼프 대선 캠프
선임 고문, 수석대변인. 2023~현재 트럼프 대선 캠프 언론 전략 담당 선임 고문.
[트럼프 핵심 측근 6인방 멤버.]

밀러, 스티븐 Stephen Miller (1985~) 전 백악관 선임 보좌관

캘리포니아 산타모니카 출신. 2007 듀크대 정치학 학사. 2016 트럼프 대선 캠프 선임
정책 보좌관. 2017~2021 트럼프 1기 백악관 연설실장·선임 보좌관. [트럼프 1기의
가장 보수적인 국경 정책 설계자. 법무장관·국토안보부 장관 후보.]

밀러, 크리스토퍼 Christopher C. Miller (1965~) 전 국방장관 직무대행

위스콘신주 플랫빌 출신. 1987 조지 워싱턴대 역사학 학사. 2001 해군대학
국가안보학 석사. 1983~2014 미 육군 특수부대(그린 베레) 복무. 이라크와
아프가니스탄 전쟁 참전. 2020.8. 국가정보국(DNI) 산하 국가대테러센터(NCTC)
센터장. 2020~2021 국방장관 직무대행. [국방장관 후보.]

밴스 J. D. Vance (1984~) 오하이오주 상원의원

오하이오 미들타운 출신. 2003 해병대 입대. 2009 오하이오 주립대 정치학·철학
학사. 2014 예일대 로스쿨 법학 박사. 2016~2017 미스릴 캐피털 파트너(벤처
캐피털). 2016 저서 『힐빌리의 노래』 출간. 2023~현재 오하이오주 상원의원.
2024.7.15. 공화당 부통령 후보 지명.

버검, 더글러스 Douglas J. Burgum (1956~) 노스다코타 주지사

노스다코타 아서 출신. 1978 노스다코타 주립대 학사. 1980 스탠퍼드대 경영학 석사. 1980~1983 매킨지 & 컴퍼니 컨설턴트. 1983~2001 그레이트 플레인스 소프트웨어 CEO. 2001~2007 마이크로소프트 비즈니스 솔루션스 선임 부회장(SVP). 2008~2016 아서 벤처스 CEO. 2016~현재 노스다코타 주지사. 2024 공화당 대통령 선거 경선 후보였다가 사퇴한 후 트럼프 지지 선언. 2024.7.15. 공화당 전당대회 1일 차에 CNN과 가진 인터뷰에서 트럼프가 J. D. 밴스를 부통령 후보로 낙점했음을 알리며 자신을 '장관님'으로 불렀다는 일화를 소개함. [국무장관 후보.]

샌더스, 세라 Sarah H. Sanders (1982~)

아칸소주 호프 출신. 마이크 허커비 전 주지사의 딸. 우아치타 침례대 학사. 2016 대선 트럼프 선거 캠프 고문. 2017.1.20.~2017.7.26. 백악관 부대변인. 2017.7.26.~2019.7.1. 백악관 대변인. 2023 아칸소 주지사. 2024 트럼프 지지 선언.

베선트, 스콧 Scott Bessent (1962~) 트럼프 경제 자문

사우스캐롤라이나주 콘웨이 출신. 1984 예일대 졸업. 1991~2000, 2011~2015 소로스 펀드 파트너. 2015~현재 키스퀘어 그룹 CEO. [재무장관 후보.]

슈워츠먼, 스티븐 Stephen Schwarzman (1947~) 블랙스톤 CEO

펜실베이니아 헌팅던 밸리 출신. 유대계. 1969 예일대 졸업. 1972 하버드대 경영대학원 MBA. 1985 블랙스톤 그룹 설립. 2016 트럼프 행정부 경제 및 정책 자문위원회 의장. 2020 대선에서 트럼프 지지. 2021.1.6. 연방 의사당 점거 사건으로 트럼프 지지 철회. 2024.5.24. "반유대주의의 극적인 증가"와 "경제, 이민, 외교 정책에서 나라를 잘못된 길로 이끌고 있다"는 우려 속에서 변화를 위해 트럼프를 지지한다고 선언함. [재무장관 후보.]

스카비노, 댄 Dan Scavino (1976~) 대선 캠프 디지털 담당 보좌관

뉴욕 출신. 1998 뉴욕 주립대(SUNY) 플래츠버그 언론학 학사. 1990 트럼프 골프 캐디. 2008 트럼프 내셔널 골프 클럽 웨스트체스터 제너럴 매니저. 2016 트럼프 대선 캠프 소셜 미디어 담당. 2017~2021 백악관 소셜 미디어 담당 디렉터. 2020~2021 백악관 커뮤니케이션 부실장. 2024 트럼프 대선 캠프 디지털 담당. [트럼프의 최장수 보좌관이자 핵심 측근 6인방 멤버.]

스콧, 팀 Tim Scott (1965~) 사우스캐롤라이나주 상원의원

사우스캐롤라이나주 노스찰스턴 출신. 1988 사우스캐롤라이나 주립대 학사. 2013~현재 상원의원. 공화당 유일의 흑인 상원의원. [부통령 후보.]

스테파닉, 엘리스 Elise Stefanik (1984~) 하원의원

뉴욕주 올버니 출신. 2006 하버드대 행정학 학사. 2015~현재 뉴욕주 21선거구 하원의원. 2019 첫 탄핵 절차 진행 때 트럼프를 강력히 옹호함. 2021 하원 공화당회의 의장. [부통령 후보.]

애벗, 그렉 Greg Abbott (1957~) 텍사스 주지사

캔자스주 위치타 폴스 출신. 1981 텍사스대 오스틴 금융학 학사. 1984 밴더빌트대 로스쿨 법학 박사. 2002~2015 텍사스주 법무장관. 2015~현재 텍사스 주지사. 총기 규제 완화, 낙태 제한, 강경한 이민 정책 등 보수적 의제를 적극적으로 추진함. 2024 트럼프 지지. [기존 트럼프 충성파, 부통령 후보.]

오브라이언, 로버트 Robert C. O'Brien (1966~) 전 국가안보보좌관

캘리포니아 로스앤젤레스 출신. 1989 UCLA 정치학 학사. 1992 UC 버클리 법학 박사. 2005~2016 미국 유엔대표부 부대표(조지 W. 부시 대통령 임명). 2018~2019 미국 인질 문제 담당 대통령 특사. 2019~2021 국가안보보좌관(볼튼의 후임). 2024.6. 〈포린 어페이즈〉에 실린 '힘을 통한 평화의 귀환' 기고에서 1992년 자체 금지한 지하 핵실험을 다시 시작해 핵무기를 강화할 필요가 있다고 주장함. 2024.9.13. 조태열 외교부 장관 면담(방한 일정). [국가안보보좌관·국무장관 후보.]

와일스, 수지 Susie Wiles (1957~) 공동선거대책위원장

메릴랜드대 컬리지파크 졸업. 2016, 2020, 2024 트럼프 대선 캠프 참여. 대선 캠페인 메시지, 예산, 유세 조직 등을 총괄. [트럼프 핵심 측근 6인방 멤버, 백악관 비서실장 후보.]

왈츠, 마이크 Mike Waltz (1974~) 하원의원

플로리다주 보인튼 비치 출신. 버지니아 군사학교 학사. 2019~현재 플로리다주 6선거구 하원의원.

울프, 채드 Chad Wolf (1976~) 전 국토안보부 장관 대행

미시시피주 잭슨 출신. 서던 메소디스트대 사학과 졸업. 2019~2021 국토안보부 장관 대행. ['국경 차르' 후보.]

잭, 브라이언 Brian Jack (1988~) 대선 캠프 수석고문

텍사스주 애틀랜타 출신. 2010 페퍼다인대 학사. 2016 트럼프 대선 캠프 합류. 2017 백악관 정무국 부국장. 2019 백악관 정무국 국장. 2020 대통령 보좌관. 2024 트럼프 대선 캠프에서 경합주 선거운동 담당. [트럼프 핵심 측근 6인방 멤버.]

젤딘, 리 Lee Zeldin (1980~) 전 하원의원

뉴욕주 롱아일랜드 출신. 2001 뉴욕 주립대(SUNY) 앨버니 정치학 학사. 2003 앨버니 로스쿨 법학 박사. 2003~2007 ROTC 복무. 2015~2023 뉴욕주 1선거구 하원의원. [국방장관 후보.]

청, 스티븐 Steven Cheung (1982~) 대선 캠프 대변인

캘리포니아 새크라멘토 출신. 캘리포니아 주립대 새크라멘토(CSUS) 졸업. 2008 존 매케인 대선 캠프. 2013~2016 이종격투기(UFC) 홍보 담당 이사. 2016 트럼프 대선 캠프 신속대응팀장. 2017~2018 백악관 전략대응국장. 2020 트럼프 대선 캠프 참여. 2024 트럼프 대선 캠프 대변인. [트럼프의 핵심 측근 6인방 멤버.]

켈로그, 키스 Keith Kellogg (1944~) 전 국가안전보장회의(NSC) 사무총장

오하이오주 데이튼 출신. 2016 트럼프 대선 캠프 국가안보팀 핵심 고문. 2017.2.20.~2018.4.27. NSC 사무총장. 2018.4.27.~2021.1.20. 부통령 국가안보보좌관.

코튼, 톰 Tom Cotton (1977~) 아칸소주 상원의원

아칸소주 다더넬 출신. 1998 하버드대 학사. 2002 하버드대 로스쿨 법학 박사. 2013.1.3.~2015.1.3. 아칸소주 4선거구 하원의원. 2015~현재 아칸소주 상원의원. [부통령·국방장관 후보.]

콜비, 엘브리지 Elbridge A. Colby (1979/1980~) 전 국방부 부차관보

윌리엄 콜비 CIA 국장(재임 1973~1976)의 손자. 2002 하버드대 정치학 학사. 2009 예일대 법학 박사. 2017~2018 트럼프 1기 국방부 전략군개발 부차관보. 2018 미국국방전략(NDS) 작성 주도. [중국에 외교력을 집중하고 여타 지역에는 개입을 최소화해야 한다는 입장. 백악관 국가안보보좌관 후보.]

쿠들로, 래리 Larry Kudlow (1947~) 전 국가경제위원회 위원장

뉴저지 출신. 유대계. 1969 로체스터대 졸업. 2018.4.2.~2021.1.20. 백악관 자문기구 국가경제위원회 국장. 2021.4.~현재 미국우선정책연구소 부의장. [트럼프의 싱크 탱크 AFPI 3인방 멤버.]

클레이튼, 제이 Jay Clayton (1966~) 전 미국 증권거래위원회(SEC) 위원장

버지니아 뉴포트 뉴스 출신. 1988 펜실베이니아대 공학사. 1990 케임브리지대
경제학 석사. 1993 펜실베이니아대 로스쿨 법학 박사. 2017.5.4. ~ 2020.12.23. SEC
위원장. [재무장관 후보.]

폴슨, 존 John Paulson (1955~) 해지펀드 매니저

뉴욕 퀸즈 출신. 1978 뉴욕대 재무학 학사. 1980 하버드대 경영대학원 MBA. 1994
폴슨 앤 컴퍼니 설립. 2016, 2020, 2024년 트럼프 선거 캠프의 주요 기금 모금자.
[트럼프가 공개 거론한 재무장관 후보.]

플라이츠, 프레드 Fred H. Fleitz (1962~) 전 백악관 국가안보회의(NSC) 사무총장

펜실베이니아 랜스돈 출신. 세인트 조세프대 정치학 학사. 포드햄대 정치경제학 석사.
2018.4.27. ~ 2018.10.31. 백악관 NSC 사무총장. 2024 미국우선정책연구소 부소장.
2024.6. 일본 방문. 2024.7. 현대차그룹 초청으로 방한.

해거티, 빌 Bill Hagerty (1959~) 테네시주 상원의원

테네시주 갤러틴 출신. 1981 밴더빌트대 경제학-경영학 학사. 1984 밴더빌트대
법학 박사. 2017 ~ 2019 트럼프 1기 주일미국대사. 2021 테네시주 상원의원 출마 때
트럼프로부터 "나의 완전하고 완벽한 지지를 받고 있다"는 트위트를 받음. [트럼프의
골프 파트너. 국방장관·국무장관·국가안보보좌관 후보.]

휠셔, 더글러스 Douglas Hoelscher (1977/1978~) 미국우선정책연구소 COO

아이오와주 윌리엄즈 출신. 1999 아이오와대 정치학 학사. 2024
미국우선정책연구소 COO.

트럼프 코리아
2024 미국 대선, 도널드 트럼프의 말과 한국의 미래

2024년 11월 6일 초판 1쇄 인쇄
2024년 11월 15일 초판 1쇄 펴냄

엮어 옮긴이   구갑우·박유현
단행본 총괄   강상훈
편집위원   최연희
편집   엄귀영 석현혜 윤다혜 이희원 조자양
경영지원본부   나연희 주광근 오민정 정민희 김수아 김승현
마케팅본부   윤영채 정하연 안은지 진채은
디자인   이수경

펴낸이   윤철호
펴낸곳   (주)사회평론

등록번호   10-876호(1993년 10월 6일)
전화   02-326-1182
주소   서울시 마포구 월드컵북로6길 56 사평빌딩
이메일   editor@sapyoung.com

ISBN 979-11-6273-335-6 (03300)